Erfolgreiche Kochwurstrezepturen

Hermann Jakob

Erfolgreiche
Kochwurstrezepturen

Deutscher Fachverlag

Die Deutsche Bibliothek – CIP-Einheitsaufnahme

Jakob, Hermann:
Erfolgreiche Kochwurstrezepturen / Hermann Jakob. – 1. Aufl. –
Frankfurt am Main : Dt. Fachverl., 2001
   (Reihe Produktionspraxis im Fleischerhandwerk)
   ISBN 3-87150-696-6

Reihe Produktionspraxis im Fleischerhandwerk
ISSN 1438-3160
ISBN 3-87150-696-6
© 2001 by Deutscher Fachverlag GmbH, Frankfurt am Main
Alle Rechte vorbehalten.
Nachdruck, auch auszugsweise, nur mit Genehmigung des Verlages.
Umschlag: Bayerl & Ost GmbH, Frankfurt am Main
Satz: TypoForum GmbH, Nassau
Druck und Bindung: Lengericher Handelsdruckerei, Lengerich

Vorwort

Kochwurst gehört zu den bekanntesten Wurstsorten im deutschsprachigen Raum. Ihre lange Tradition lebt auch heute noch in den Schlachtfesten fort, die in vielen ländlichen Regionen zu den Höhepunkten des Jahres zählen. In meinen zahlreichen Vorträgen und Seminaren wurde mir immer wieder begeistert davon erzählt. Von Wurstmachern aus Holstein, dem Eichsfeld, Niedersachsen, Brandenburg, Schlesien, Hessen, der Lausitz, Pommern, dem Rheinland, Sachsen, Thüringen, Österreich und Böhmen, ja selbst aus Frankreich und Belgien erhielt ich Rezepte, die ich ausprobiert und aktualisiert habe. Sie gaben mir ferner nützliche Ratschläge, auf die ich in der Praxis gerne und häufig zurückgreifen konnte. Regionale Spezialitäten aus Westfalen, Baden-Württemberg, der Pfalz und natürlich aus Franken und Bayern lernte ich durch meine eigene Tätigkeit kennen und schätzen.

Alle in diesem Buch vorgestellten Rezepte wurden so überarbeitet, dass sie den heutigen Anforderungen gerecht werden und leicht nachvollziehbar sind. Doch nicht nur altbewährte Rezepturen wurden aufgenommen. Das Buch möchte vielmehr auch neue Perspektiven in der Kochwurstherstellung eröffnen und beispielsweise die Möglichkeiten der Verarbeitung von Fisch, Gemüse, Obst oder Nüssen aufzeigen. In diesem Bereich habe ich mit Hilfe meiner Schüler durch viele Versuche in der Berufs- und in der Meisterschule neue Produkte entwickelt und ausprobiert.

Dieses Buch soll Ihnen ermöglichen, sowohl mit traditionellen regionalen Produkten als auch mit innovativen modernen Kreationen frischen Wind in Ihre Theke zu bringen.

Ich wünsche Ihnen dabei viel Erfolg!

Hermann Jakob

Inhalt

Kochwurst 9

   Leitsätze 9

   Gewürze und Zutaten 10

   Sortierung 10

Kochstreichwürste 12

   Leitsätze 12

   Materialauswahl 12

   Herstellungsablauf 14

Pasteten 19

   Herstellungsablauf 21

   Fehlfabrikate – Ursachen und Möglichkeiten zur Abhilfe 24

   Pasteten-Rezepte 27

Leberwürste 41

   Fehlfabrikate – Ursachen und Möglichkeiten zur Abhilfe 41

   Leberwurst-Rezepte 44

Kochmettwürste 93

   Fehlfabrikate – Ursachen und Möglichkeiten zur Abhilfe 94

   Kochmettwurst-Rezepte 96

Blutwürste 114

   Leitsätze 114

   Materialauswahl 114

   Herstellungsablauf 115

   Fehlfabrikate – Ursachen und Möglichkeiten zur Abhilfe 120

   Blutwurst-Rezepte 123

Sülzwürste 175

   Leitsätze 175

   Materialauswahl 175

S ü l z e n 178

   Materialauswahl 178

   Herstellungsablauf 178

   Fehlfabrikate – Ursachen und Möglichkeiten zur Abhilfe 180

   Sülzen-Rezepte 182

C o r n e d M e a t 229

   Materialauswahl 229

   Herstellungsablauf 229

   Fehlfabrikate – Ursachen und Möglichkeiten zur Abhilfe 230

   Corned-Meat-Rezepte 231

P r e s s w ü r s t e 237

   Materialauswahl 237

   Herstellungsablauf 237

   Fehlfabrikate – Ursachen und Möglichkeiten zur Abhilfe 238

   Presswurst-Rezepte 239

Verzeichnis der Rezepte 271

Kochwurst

Leitsätze

Definition:

- Kochwurst besteht vorwiegend aus gegartem Ausgangsmaterial.
- Nur Blut und Leber werden roh verwendet.
- Kochwurst wird in der Regel vor dem Verzehr erhitzt.
- Kochwurst ist nur in erkaltetem Zustand schnittfest.

Nach den Leitsätzen werden die Kochwürste unterteilt in:

- **Kochstreichwürste**   2.231
- **Blutwürste**   2.232
- **Sülzwürste**   2.233

Für alle drei Gruppen gemeinsam gelten folgende Grundsätze:

▸ Das Material sollte möglichst frisch, am besten noch am Schlachttag verarbeitet werden, dies bewirkt den einmaligen „Hausmacher Geschmack".

▸ Verschmutzung, Borsten, Brandstellen sind gründlich zu entfernen.

▸ Schwarten sollten zudem hell und weich sein und gut entfettet werden. Ist die Verarbeitung am Schlachttag nicht möglich, sollten sie über Nacht mit der gleichen Menge 4 %iger Lage gekühlt vorgequollen und vor dem Garen nochmals gründlich warm gewaschen werden.

▸ Alle Bestandteile sollten gewogen werden, nur so ist eine gleichbleibende Qualität möglich.

▸ Während der Produktion sollte das Material immer möglichst heiß bleiben, also nicht abgekühlt und wieder erwärmt werden, da gerade bei Schweinefleisch leicht ein unerwünschter „Aufwärmgeschmack" auftreten kann. Gegarte Einlagen, die gepökelt wurden und maschinell geschnitten werden, können abgekühlt werden, da Pökeln den Aufwärmgeschmack stark vermindert.

▸ Wird Brühwurstbrät verarbeitet, sollten die anderen Bestandteile auf 10 bis 15 °C heruntergekühlt werden, damit ein guter Zusammenhalt erzielt wird.

Gewürze und Zutaten

▸ Zugabezeitpunkt und Zugabemenge bei Salz und Gewürzen sind bei den einzelnen Rezepten angegeben. Die Angaben gelten pro kg Masse, dabei ist jedoch zu beachten, dass fertige Bestandteile wie Leberwurstmasse nicht mehr gesalzen und gewürzt werden müssen. Ebenso dürfen vorgepökelte Bestandteile wie Schinken oder Pökelzungen nicht mehr gesalzen werden. Bitte achten Sie hierauf besonders, denn eine salzscharfe Wurst ist ein Fehlfabrikat.

▸ Bei der Zugabemenge der Zusatzstoffe sollte man die Packungsanweisungen beachten und sparsam damit umgehen. So ist statt Nitritpökelsalz die Verwendung von Kochsalz oder, wenn auf die rosa Farbe nicht verzichtet werden soll, eine Mischung aus 50 % Kochsalz und 50 % Nitritpökelsalz gut denkbar. Die Verwendung von Emulgatoren ist bei meinen Rezepturen nicht notwendig.

Die notwendigen Gewürze und Zutaten finden Sie bei den jeweiligen Rezepten.

Es wurde darauf geachtet, mit wenig Zusatzstoffen auszukommen, dies geschah auch im Hinblick auf die Deklarationspflicht.

Kenntlich zu machen sind bei den folgenden Rezepten nur:
- Nitritpökelsalz: „Konservierungsstoff Natriumnitrit"
- Ascorbinsäure, Na-Ascorbat: „Antioxidationsmittel Ascorbinsäure, Na-Ascorbat"
- Aspikpulver, Gelatine: „Geliermittel Gelatine"
- Glutamat: „Geschmacksverstärker Mononatriumglutamat"

Glutamat sollte bei allen Rezepten, die Schwarten enthalten, zugesetzt werden, und zwar **1 g Glutamat pro kg Schwarten.**

Wer auf Glutamat verzichten will, kann mit Liebstöckelbrühe (deklarationsfrei) arbeiten, d. h. in der verwendeten Brühe Liebstöckelblätter mitkochen, aber nur die Brühe verwenden. Liebstöckel kann für den Winter haltbar gemacht werden, indem man die Blätter mit der gleichen Menge Salz zerkleinert und in Gläsern gekühlt lagert.

Sortierung

Das Material sollte genau sortiert werden, da nur so gleich bleibende Produkte und Qualitätssicherung möglich sind. Bei den Rezepten wird mit der GeHa-Sortierung gearbeitet, die im Folgenden kurz erklärt wird.

Sortierung nach dem GeHa-System

Bezeichnung	Kurzbeschreibung
S I	Schweinefleisch ohne sichtbare Sehnen und Fett
S II	Schweinefleisch ohne sichtbare Sehnen, sichtbares Fett bis 5 %
S III	sehnenhaltiges Kutterfleisch mit 5 % sichtbarem Fett
S IV	magerer Schweinebauch
S V	kerniger Schweinebauch
S VI	Schweinebacke, magere Wamme
S VII	Kammspeck
S VIII	Rückenspeck
S IX	Schulterspeck, Speck vom Schinken
S X	schmalzige Wammen
S XI	Schweinemasken, nur gegart verarbeiten
R I	Rindfleisch ohne sichtbare Sehnen und Fett
R II	Rindfleisch ohne sichtbare Sehnen, sichtbares Fett bis 10 %
R III	sehnenhaltiges Kutterfleisch mit 5 % sichtbarem Fett
R IV	sehr sehnenreiches Rindfleisch
R V	fettes sehnenfreies Rindfleisch mit bis zu 30 % sichtbarem Fett
KA I	Kalbfleisch ohne sichtbare Sehnen und Fett
KA II	Kalbfleisch ohne sichtbare Sehnen, sichtbares Fett bis 10 %
KA III	sehnenhaltiges Kutterfleisch mit 5 % sichtbarem Fett

Genauere Angaben mit Analysenwerten und Bildern finden Sie im GeHa-Atlas, der u. a. von der Firma Gewürzmüller, Stuttgart, vertrieben wird.

Da die einzelnen Kochwurstarten sehr unterschiedlich sind, wird der allgemeine Teil für jede Gruppe getrennt behandelt. Sie finden den allgemeinen Teil mit:

- Materialauswahl
- Herstellungsablauf
- Fehlfabrikaten, Ursachen und Möglichkeiten zur Abhilfe

vor den Rezepten der jeweiligen Kochwurstart bzw. deren Untergruppen.

Kochstreichwürste

2.231

Leitsätze

Kochstreichwürste sind Kochwürste, deren Konsistenz im erkalteten Zustand von erstarrtem Fett oder zusammenhängend koaguliertem Lebereiweiß bestimmt ist.

Die Kochstreichwürste werden in drei Untergruppen eingeteilt:

- Pasteten   2.2311
- Leberwürste   2.2312
- Kochmettwürste   2.2313

Materialauswahl

Für Pasteten, Leberwürste und Kochmettwürste gelten folgende Grundsätze:

Vorbehandlung

- **Fleisch und Fett ohne Schwarte** sollten 10 bis 15 Minuten blanchiert werden.
- **Schwarten** werden weich gekocht, d. h., die Schwarte muss sich leicht mit dem Finger durchstoßen lassen.
- **Schweineköpfe** werden ca. 2 Stunden gekocht, heiß von Knochen, Knorpeln und Schleimhäuten befreit und so schnell wie möglich nach Rezept weiterverarbeitet.
- **Mickerfett und alle Innereien** außer Leber werden ebenfalls weich gekocht.
- **Leber** bleibt roh, als Einlagematerial wird sie gewürfelt und kurz blanchiert. Ideal sind schlachtfrische Schweinelebern, aus denen die Gallengänge herausgeschnitten bzw. herausgezogen werden, damit die Wurst nicht zu bitter (Gallerückstände) oder rau (Bindegewebe) wird. Das Gleiche gilt für die Verarbeitung von Rinderleber und Schafleber, diese sollten aber nur bei Würsten mit geringem Leberanteil zugesetzt werden, weil die Leber vor allem bei alten Tieren dunkel und trocken ist sowie bitterer schmeckt. Der Bittergeschmack und die dunkle Farbe können durch Einlegen der in Scheiben geschnittenen Lebern in Milch verbessert werden. Kalbsleber wird wegen des hohen Preises höchst selten verwendet, ist aber gut geeignet.
- **Feingewürfelter Speck** als Einlagematerial wird 2 bis 3 Minuten blanchiert, sodass er elastisch wird und „springt".

▸ **Herzen und Zungen** werden vorgepökelt und weich gekocht, bei Zungen soll die Spitze weich sein.

▸ **Euter, Lungen und Nieren** werden weich gekocht, bei Lungen werden die dicken Knorpel, bei Nieren vorher die weißen Teile entfernt.

▸ **Milz** kann roh mit der Leber gekuttert oder gekocht verarbeitet werden.

▸ Bei **Obst- oder Gemüsekonserven** Brühe abgießen (evtl. unterkuttern), Einlagen würfeln, 10 Sekunden heiß, 2 Sekunden kalt abschwenken.

Weitere Hinweise finden Sie bei den einzelnen Rezepten.

Brühe

Der Kochverlust des Ausgangsmaterials wird oft durch Brühe ersetzt, damit die Wurst nicht zu trocken wird. Ideal ist hier der Einsatz von Würzbrühen. Um diese herzustellen, wird das Fleisch mit möglichst wenig Wasser erhitzt. Die Zugabe von frischen Knochen macht die Brühe gehaltvoller und kräftiger und ist auf jeden Fall zu empfehlen. Dem Wasser werden Zwiebeln, Pfefferkörner und Liebstöckelblätter zugegeben. Durch den Zusatz von Liebstöckelblättern kann auf Glutamate verzichtet werden. Die zum Garen verwendete Würzbrühe wird abgesiebt und der Wurstmasse vor der Leberzugabe zum Ausgleich des Kochverlusts zugesetzt.

Für die einzelnen Wurstarten kann diese Brühe natürlich verfeinert werden, z. B.

• mit Vanilleschoten und Honig für feine Leberwürste (hier kann die Brühe ganz oder teilweise durch Sahne ersetzt werden),

• mit Hühnerbrühe und Apfelgelee für Gänseleberwurst,

• mit Wildfond und Tannenspitzengelee für Wildpasteten,

• mit Dessertweinen (Sherry, Madeira, Portwein) oder Weinbrand für Pasteten und Trüffelleberwurst.

Die einzelnen Brühen werden bei den Rezepten angegeben.

Es ist sehr wichtig für Geschmack und Qualität, dass das Material sofort nach dem Erhitzen zerkleinert, gefüllt und gebrüht wird.

Herstellungsablauf

Wolfen

Vor allem grobe Kochstreichwürste erhalten durch das Wolfen eine gleichmäßige, harmonische Körnung. Dazu reicht bei der 4- und 5-mm-Scheibe der einfache Satz, während man bei 2- und 3-mm-Scheiben vor allem bei sehnigem Material den doppelten Satz verwenden kann. Die für die einzelnen Wurstsorten benötigten Scheiben finden Sie bei den jeweiligen Rezepten.

Die Leber oder das rohe Fleisch (bei Kochmettwürsten) sollte dem gegarten, heißen Material erst nach dem Wolfen beigemischt werden, da bei Temperaturen über 50 °C ein Teil des rohen Eiweißes gerinnt und so für die Bindung ausfällt. Deshalb werden die Leber oder das rohe Magerfleisch zuerst gewolft und mit einem Teil des Salzes bindig gemischt, danach werden das heiße Fleisch und Fett gewolft und gründlich mit Leber oder Magerfleisch vermengt.

Die Masse sollte nach dem Mischen sofort gefüllt und erhitzt werden.

> **Besonders bei groben Kochstreichwürsten ist gründliches Mischen Pflicht!**

Kuttern

- **Das Lebereiweiß wird aufgeschlossen.** Um dies zu erreichen, muss die Leber ohne Salz so fein gekuttert werden, bis sie Blasen zieht. Danach wird im Langsamgang das Salz untergemischt. Salz löst das Globulin (= salzlösliches Eiweiß) der Leber, die Lebermasse wird hell und bindig aus dem Kutter genommen. Bei längerem Kuttern mit Salz im Schnellgang würde die Bindekraft der Leber geschwächt und somit die Qualität der Leberwurst leiden. Auch sollte man darauf achten, dass nur die Hälfte des Salzes für die ganze Wurstmasse der Leber zugesetzt wird, da sich zu hohe Salzkonzentrationen ebenfalls schädlich für die Bindekraft der Leber erweisen.

- **Das Fleisch und das Fettgewebe werden fein zerkleinert.** Da sich das Fett nur im flüssigen Zustand emulgieren lässt, muss die Temperatur bei der Zugabe des Emulgators über 40 °C liegen. Deshalb müssen Fleisch und Fett so heiß wie möglich gekuttert werden, Restsalz (s. o.) und Gewürze, vor allem Bratzwiebeln, werden gleich zu Anfang zugegeben, damit sie fein verteilt und gegebenenfalls zerkleinert werden können. Heiße Kesselbrühe sollte erst dann zugeben werden, wenn der erwünschte Zerkleinerungsgrad erreicht ist.

- **Fett und Wasser (Fleisch, zugesetzte Brühe) werden mit dem aufgeschlossenen Lebereiweiß durch Zerkleinern und vor allem durch Mischen emulgiert.** Als Emulgator dient das rohe Lebereiweiß, deshalb muss darauf geachtet werden, dass Lebereiweiß der fein zerkleinerten Fleisch- und Fettmasse unter 50 °C zugegeben wird, da bei höheren Temperaturen ein Teil des Lebereiweißes gerinnt und so für die Bindung ausfällt. **Die optimale Temperatur für die Leberzugabe liegt zwischen 42 und 45 °C.** Danach wird die Masse so lange gekuttert, bis sie homogen ist, Blasen zieht und glänzt, d. h. die Emulsion geglückt ist. Jetzt kann zur Verbesserung der Fülleigenschaften Eis zugegeben werden, ohne dass die Emulsion darunter leidet, vorausgesetzt, dass die Eismenge von der vorher verwendeten Brühe abgezogen wurde.

Mengen

Eine fein gekutterte Masse wird im Kutter ausreichend durchgemischt. Sobald aber grobe Einlagen hinzukommen, ist ein gründliches Mengen nötig. Auch hier sollte die Leber zwischen 40 und 50 °C untergemengt werden. Vor allem bei groben, gewolften Leberwürsten wird durch das Mengen Lebereiweiß gelöst, und die Wurst bekommt einen guten Zusammenhalt.

Eine alte Regel lautet:

> **Das Mischen ist das A und O bei der Leberwurstherstellung!**

Füllen

Naturdärme werden möglichst luftfrei, aber nicht zu prall gefüllt, da sich die Masse beim Erhitzen ausdehnt und die Wurst sonst platzen kann. Für Kochstreichwürste eignen sich folgende Naturdärme:

- Schweinedünndarm   → Leberwürstchen, Semmelleberwurst
- Kranzdarm   → Pfälzer Leberwurst
- Mitteldarm   → alle feinen und groben Leberwürste

- Schweinefettende   → ideal für alle feinen und groben Leberwürste
- Schweinekappe (Butte)   → Leberpresssack, Kasseler und Thüringer Leberwurst
- Schweinemagen   → Leberpresssack
- Schweinekrausdarm   → grobe Leberwürste

Füllregeln und Darmbehandlung

- Naturdärme werden mindestens 20 Minuten vor der Verarbeitung in handwarmem Wasser eingeweicht. Bis auf Schweinelaufdarm und Kranzdarm sollten sie gewendet und von eventuellen Verunreinigungen und dicken Darmfettschichten befreit werden.

- Kunstdärme werden nach Packungsvorschrift behandelt. Sie sollten lange genug eingewässert werden, vor allem bedruckte Därme, die meist längere Vorweichzeiten benötigen. Kunstdärme werden prall, jedoch nicht über Kaliber gefüllt.

Füllvorgang

Folgende Regeln sollten beachtet werden:

Füllregel	Mögliche Fehler bei Nichtbeachtung
• Leberwurstmasse möglichst luftfrei in die Spritze einbringen, ideal ist die Verwendung einer Vakuumspritze	→ Luftlöcher, die später zu Geleeabsatz oder grau-grünen Verfärbungen führen können
• rauchdurchlässige Därme für geräucherte Ware verwenden	→ Wurst bekommt keinen Rauchgeschmack
• Kunstdärme prall füllen, Naturdärme etwas weicher	→ faltige, weiche Wurst → zu straff gefüllte Naturdärmen platzen
• möglichst luftfrei füllen	→ Luftlöcher, die später zu Geleeabsatz oder grau-grünen Verfärbungen führen können
• Därme fest und sicher abbinden bzw. abclippen	→ faltige, weiche Wurst, die ausläuft oder an der Abbindung platzt

• Tische sauber halten	→ graue Randschichten durch Darmwasser
• Würste nach dem Füllen baldmöglichst aufhängen und abspülen	→ graue Randschichten durch Darmwasser, Brätreste verschmutzen den Darm, ermöglichen keine gleichmäßige Räucherung und greifen im weiteren Verlauf den Darm bis zu Zersetzung an

Brühen

Beim Brühvorgang wird die Kochstreichwurst durch Pasteurisieren über 68 °C Kerntemperatur haltbar gemacht. Ferner erhält die Kochstreichwurst dadurch Struktur, da rohes Leber-/Fleischeiweiß durch Hitze gerinnt und in dem so entstandenen „Netz" Fett und Wasser stabilisiert werden.

> **Die Faustregel zu Erhitzung von Kochwurst lautet: Erhitzungszeit pro mm Kaliber 1 Minute bei 80°C, d. h., eine Wurst mit Darmkaliber 50 mm muss 50 Minuten gebrüht werden.**

Sicherer ist jedoch die Erhitzungsdauer nach der Kerntemperatur, d. h., die Wurst muss im Innern ihrer dicksten Stelle gemessen werden und dort mindestens 68°C erreichen. Erhitzungs- und Kerntemperatur sind bei den einzelnen Rezepten angegeben.

Abkühlen

Undurchlässige Kunstdärme werden nach dem Erhitzen in kaltem Wasser mindestens die Hälfte der Brühzeit abgekühlt, d h. eine Wurst mit Darmkaliber 50 mindestens 25 Minuten.

Räuchern

Das Räuchern verleiht Kochstreichwürsten eine schöne goldbraune Farbe und einen angenehmen Räuchergeschmack. Darüber hinaus wird durch Austrocknung und keimtötende Wirkung sowie durch Ausbildung eines Räucherfilms die Haltbarkeit verlängert.

Naturdärme werden entweder:

- kurz abgeschreckt, d. h. in kaltes Wasser getaucht, aufgehängt und abgetrocknet und danach warm bei 40 bis 50 °C geräuchert oder
- ein Drittel der Brühzeit in fließendem Wasser abgekühlt, herausgenommen, damit sie abtrocknen können, und danach kalt bei 20 bis 25 °C geräuchert.

Tauchen

Nach dem Abkühlen können Naturdärme in Wachs getaucht werden. Die Wachsschicht verleiht der Wurst ein gleichmäßig glattes Aussehen, schützt vor MO-Befall von außen und senkt natürlich die Gewichtsverluste durch Austrocknung.

Lagern

Ideal sind dunkle Kühlräume mit einer Raumtemperatur von 0 bis 4 °C mit geringer Luftbewegung und einer relativen Luftfeuchte von ~ 75 %.

Pasteten

Besondere Merkmale

- Besondere Auswahl des Ausgangsmaterials, Verwendung hochwertiger Zutaten,
- spezielle Herrichtung und typische äußere Aufmachung (z. B. Form, Teigrand, gold- oder silberfarbene Folie, Terrine oder ähnliches Behältnis, siehe auch 2.12),
- der Anteil zum Mitverzehr bestimmter Umhüllungen übersteigt nicht das technologisch erforderliche Maß.

Typische äußere Aufmachung

- **Teigrand**

▸ 1 kg Mehl, 6 Eier, 500 g Butter, 100 g Wasser, 10 g Salz zu einem Teig verkneten.
▸ Mindestens 2 Stunden ruhen lassen und danach auf Mehl ausrollen.
▸ Mit einem Teigroller zuschneiden und in die gefettete Form einbringen.
▸ Deckel ausschneiden, mit Eigelb verbinden und 2 Kamine einstechen, die mit Aluröllchen offen gehalten werden, damit der Dampf entweichen kann.
▸ Eventuell verzieren und mit Eigelb einpinseln. Eigelb dient als Verbindungsmittel zwischen den einzelnen Teigplatten, verbessert aber auch beim Backen die schöne goldbraune Farbe.

- **Speckrand**

▸ Rückenspeck mit der Abschwartmaschine auf Stärke 5 abschwarten und Fettschwarten flach auskühlen lassen.
▸ Speckschwarten nochmals auf Stufe 1 bis 2 abschwarten.

Die gewonnenen 3 bis 4 mm dicken Speckplatten sind gut zum Auslegen der Formen geeignet. Für eine gute Haftung mit der Pastetenfüllung sind folgende Punkte zu beachten:

▸ Die mit der Füllmasse in Berührung kommende Seite muss gut abgekratzt werden, da ein Fettfilm den Zusammenhalt verschlechtert.
▸ Die Schwartenzugseite muss der Füllung zugekehrt werden, neben der besseren Verbindung bekommt die Pastete so eine glatte weiße Außenansicht.
▸ Die Schwartenzugseite sollte dünn mit Pastetenmasse eingerieben werden.

- **Terrinen**

▸ Terrinen vor der Verwendung einfetten, eventuell mit Speckplatten oder Schweinenetz auslegen.

- **Gold- oder Silberfolien**

▸ Pasteten mit oder ohne Speckrand werden nach dem Auskühlen eng mit Folie
umwickelt, möglich ist auch das Vakuumverpacken in Schrumpffolien, die nach
Tauchen in heißem Wasser glatt und eng anliegen und zusätzlich schützen.

Grundmassen

Grundmasse für Kochwurstpasteten

30 % feine Leberwurstmasse	Leberwurstmasse auskühlen lassen und gut
70 % feines Aufschnittbrät	mit dem Aufschnittbrät vermengen (kuttern).

Grundmasse für Kochwurstpâtés

50 % feine Leberwurstmasse	Leberwurstmasse auskühlen lassen und gut
50 % feines Aufschnittbrät	mit dem Aufschnittbrät vermengen (kuttern).
oder	
75 % Leberwurstmasse	Leberwurstmasse mit der ausgequollenen
25 % Einbrenne	Einbrenne zu einer homogenen Masse kuttern.

Herstellung und Verarbeitung der Einbrenne

100 g Schweinefett	Fett erhitzen, Mehl dazugeben, leicht anrösten, mit
100 g Mehl	Brühe aufgießen und um 200 g reduzieren. Danach
750 g Brühe	die Sahne und 750 g Brühe zugeben, mindestens
250 g Sahne	12 Stunden gekühlt ausquellen lassen und unter die
	Leberwurstmasse kuttern.

Um geschmackliche Unterschiede zu erzielen, werden für die einzelnen Pasteten und
Pâtés passende Leberwurstmassen und Brühwurstbräte, wie z. B. für die Putenpastete
eine Mischung aus Putenleberwurst und Putenlyoner, aufgeführt. Bei der Einbrenne
werden zu den einzelnen Pasteten passende Brühen verwendet, wie z. B. Fleischbrühe,
Hühnerbrühe, Gemüsebrühe, Zungenbrühe oder Wildfond.

Herstellungsablauf

Anmischen

Pâté und Pastetengrundmassen werden, evtl. unter Zugabe von rohen Eiern, süßer Sahne sowie Weinbrand, Sherry o. ä., gut durchgemischt und mit den Einlagen bindig vermengt, sodass eine gute Bindung ohne Lufteinschlüsse erzielt wird.

Füllen

- Terrinen werden bis zu 2 cm unter den Rand gefüllt und mithilfe von etwas Wasser glattgestrichen. Ideal ist das Abdecken mit einem Schweinenetz, das vor zu starker Austrocknung schützt.
- Pasteten im Teigmantel werden luftfrei und bis zum Rand gefüllt, der überstehende Teig wird nach innen geklappt, mit Eigelb bestrichen und darauf der Deckel festgedrückt. Wichtig ist, dass in den Deckel markstückgroße Löcher eingestochen werden, die mithilfe von Alukaminen offen gehalten werden, damit der beim Backen entstehende Dampf entweichen kann, sodass die Teighülle nicht platzt.
- Pasteten im Speckmantel oder in geschlossenen gefetteten Formen werden luftfrei bis knapp unter den Rand gefüllt und verschlossen. Bei Speckumrandungen sollte der Speck nicht überlappen, sondern Rand an Rand zusammenstoßen.

Garen

Im Wasserbad

- Terrinen und Pasteten im Teigmantel werden im Wasserbad bei 110 bis 125 °C gebacken, wobei die Kerntemperatur mindestens 68 °C betragen sollte.

Im Kessel

- Pasteten in geschlossenen Formen oder mit Speckrand werden bei 75 °C bis mindestens 68 °C Kerntemperatur gebrüht, ein Drittel der Brühzeit in kaltem Wasser abgekühlt und mit der Form im Kühlraum durchgekühlt.

Auffüllen

- Terrinen sofort nach dem Garen mit Aspik ausgießen.
- Pasteten im Teigmantel erst 1 bis 2 Stunden abkühlen und dann durch die Kamine mit Aspik ausgießen.

▸ Pâtés werden mit Gallerte aufgefüllt, dekoriert, abgekühlt und dann nochmals mit einer dünnen Aspikschicht überzogen, damit die Garnierung nicht austrocknet und besser hält.

Zum Auffüllen wird aus Flüssigkeit und Aspikpulver eine Gallerte angerührt:

▸ Aspikpulver mit wenig kalter Flüssigkeit vorquellen.

▸ Restliche Flüssigkeit (Menge siehe Packungsvorschrift) heiß dazugeben und die Gelatine auflösen. Als Flüssigkeiten werden verwendet:

   – Fleischbrühe oder Kochbrühe, gesiebt und entfettet, z. B. Zungenbrühe für Zungenpasteten, Rinderkraftbrühe für Pasteten mit Rindfleisch, Hühnerbrühe für Pasteten mit Kalbfleisch oder Kalbsbries sowie für Gans-, Enten- oder Hühnerpasteten,

   – entfetteter Bratfond des jeweiligen Fleisches für Bratenpasteten aller Art,

   – Gemüsebrühe (auch Konservenaufguss) für alle Pasteten mit Gemüse,

   – klarer Orangensaft für Entenpasteten.

▸ Am Schluss abschmecken (falls nicht bereits fertig vorgewürzt) und heiß aufgießen.

Zum Verfeinern der Gallerte sind Dessertweine wie Madeira, Sherry, Marsala, Pineau de Charente oder der zyprische Commandaria geeignet. Sie sollten jedoch kurz aufgekocht werden und nie mehr als ein Viertel der Flüssigkeit ausmachen.

Dekorieren

macht die Pastete noch attraktiver und betont ihre Besonderheit.

Nach dem Auffüllen wird die noch warme Gallerte belegt und nach dem Erkalten nochmals aufgefüllt, bis die Dekoration dünn mit Aspik bedeckt ist.

Zum Beispiel:

Blumen aus
blanchierten Lauchblättern und
Lauchstielen
Blüten aus blanchierten Karotten
und Sellerie

Rosette aus
blanchierten Lauchblättern
Eischeiben, Cocktailtomatenscheibe

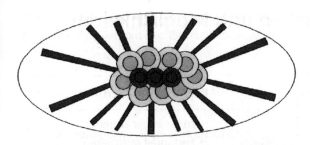

ovale Form

Paprikastreifen

Eischeiben mit

Scheiben von gefüllten Oliven

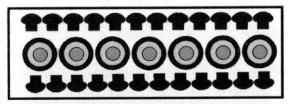

Kastenformen

Champignonscheiben

Eischeiben mit

roter Paprika umlegt

Champignonscheiben

Süße Dekoration

Sauerkirschen von

Mandarinenfilets

umlegt

Ananasstücke

Lagern

Terrinen, Pasteten und Pâtés müssen unter 7 °C gelagert werden. Ideal sind Temperaturen zwischen 0 und 2 °C. Eine Folienumhüllung schützt vor Austrocknung und Fremdgeschmack.

Fehlfabrikate – Ursachen und Möglichkeiten zur Abhilfe

Fehler	Mögliche Ursachen	Fehler vermeiden
Fett- und Gelee- absatz bei Pasteten	• zu wenig Leber • Fettanteil zu hoch (Fettab- satz) • zu viel Brühe (Geleeabsatz) • rohe Leber nicht mit Salz bin- dig gemengt oder gekuttert • Masse nicht richtig vermengt • Leberzugabe bei über 50 °C ⇒ Lebereiweiß gerinnt und kann nicht mehr emulgieren • Leberzugabe bei unter 40 °C ⇒ Fett wird zu fest und kann nicht mehr emulgiert werden • grobe Masse wurde beim Anmischen zu kalt • Pastete zu heiß oder zu lange gebrüht	→ mehr Leber zugeben → Fettanteil reduzieren → Brühe reduzieren → rohe Leber fein kuttern und zuletzt mit Salz bindig mischen → Masse besser durchmischen → Leberzugabe zwischen 40 und 50°C → Leberzugabe zwischen 40 und 50°C → Masse heiß wolfen, mischen und sofort füllen und brühen → Brühtemperatur und Brühzeit prüfen
Einlagen fallen heraus	• Gemüse oder Obst nass • Fleisch und/oder Innereien fettig • zu viele Einlagen	→ Gemüse oder Obst abbrühen, abtrocknen lassen, evtl. mit etwas Aspikpulver vermischen → Fleisch, Innereien abbrühen und mit wenig Grundmasse vermischen → Brätmenge erhöhen
Pastete zu weich	• zu wenig Leber • Fettanteil zu hoch • zu viel Brühe • Pastete zu heiß oder zu lange gebrüht	→ mehr Leber zugeben → Fettanteil reduzieren → Brühe reduzieren → Brühtemperatur und Brühzeit prüfen

Fehler	Mögliche Ursachen	Fehler vermeiden
	• Einbrenne mit zu wenig Mehl oder Stärke angerührt	→ Mehl- oder Stärkemenge überprüfen bzw. erhöhen
	• Einbrenne nicht lange genug nachgequollen	→ Einbrenne mindestens 12 Stunden nachquellen lassen
Pastete zu fest	• Leberanteil zu hoch	→ Leberanteil reduzieren
	• Fett zu kernig, zu fest	→ weiches, schmalziges Fett verwenden
	• nicht fein genug zerkleinert	→ länger kuttern oder durch die Kolloidmühle laufen lassen
	• zu wenig Brühe	→ Kochverlust durch Bratfond oder Fleischbrühe ausgleichen
Teighülle löst sich	• zu wenig Aspikaufguss	→ mehr Aspikaufguss zugeben
	• Aspikaufguss zu weich	→ Gelatineanteil erhöhen
	• Aspikaufguss nicht richtig verteilt, zu kalt, Hohlstellen	→ Aspikaufguss heiß zugeben, auf gute Verteilung achten
	• Teig zu weich	→ Mehl- und Eianteil erhöhen
	• zu lange gebacken	→ Backzeit überprüfen
	• nicht oder zu wenig mit Eigelb eingepinselt	→ Ränder, Überlappungen und Dekoration mit Eigelb als „Klebstoff" einpinseln
Speckumrandung löst sich	• Speckplatten nicht abgekratzt oder abgebrüht	→ Speckplatten abkratzen oder abbrühen
	• Schwartenzug nach außen gelegt	→ Schwartenzug in Richtung Pastetenmasse legen
	• Umrandung nicht mit Pastetenmasse bestrichen	→ Umrandung gut mit der Pastetenmasse einstreichen
Geschmack • salzig	• zu viel Salz	→ Salzmenge prüfen bzw. reduzieren
• fade	• zu wenig Salz, Gewürz	→ Salzmenge, Würzung prüfen bzw. verstärken

Fehler	Mögliche Ursachen	Fehler vermeiden
• bitter	• zu viel Leber, zu alte Leber, Rinderleber	→ max. 35 % frische Schweineleber verarbeiten
• sauer	• zu lange Standzeiten vor dem Erhitzen, alte Lebern, zu kurz oder zu niedrig erhitzt, zu wenig gekühlt	→ „Heißkette" nicht unterbrechen, frische Lebern verwenden, bei 76 °C bis 70 °C Kerntemperatur erhitzen, lagern bei 0 bis +2 °C
• ölig, tranig, fischig oder ranzig	• altes, verdorbenes oder durch Fütterung fremdartig schmeckendes Fett	→ nur frisches Fett von normal gemästeten Schweinen verwenden
• Fremdgeschmack	• zu lange offen neben anderen Lebensmitteln gelagert	→ Verpacken, ideal: Schrumpffolie oder Vakuumverpacken

Pasteten-Rezepte

Natürlich lassen sich – bis auf die Ententerrine – alle folgenden Rezepte auch mit anderen Umhüllungen (Speckrand und/oder Gold- oder Silberfolie, Teigmantel) herstellen.

Leberpasteten und Leberparfaits   2.2311.1

Feine Leberpastete   2.2311.1

25% Schweineleber	Schweineleber fein kuttern, bis sie Blasen zieht, dann anteiliges Salz langsam unterkuttern und Leber herausnehmen, wenn sie bindig ist.	20,0 g NPS
35% Delikatessleberwurstmasse 40% Lyonerbrät	Delikatessleberwurstmasse abkühlen und mit dem Lyonerbrät feinkuttern. Leber unterkuttern, bis eine feine, cremige Masse entsteht.	

 In Formen mit Speckrand füllen.

 Brühen bei 75 °C bis mindestens 68 °C Kerntemperatur.

Leberparfait   2.2311.1

25% Schweineleber 10% süße Sahne	Schweineleber fein kuttern, bis sie Blasen zieht, dann anteiliges Salz, Gewürz und Sahne langsam unterkuttern. Masse herausnehmen, wenn sie bindig ist.	20,0 g NPS 2,0 g Pfeffer, weiß 1,0 g Macis 2,0 g Honig
40% Delikatessleberwurstmassed 25% Lyonerbrät	Delikatessleberwurstmasse abkühlen und mit dem Lyonerbrät fein kuttern. Leber-Sahne-Masse unterkuttern, bis eine feine, cremige Masse entsteht.	

 In Formen füllen.

 Backen im Wasserbad bis Kerntemperatur 70°C.

  Mit Madeiraaspik begießen und eventuell dekorieren.

Feine Leberpâté

30% Schweine-leber	Leber fein kuttern, bis sie Blasen zieht. Salz langsam unterkuttern und Leber herausnehmen, wenn sie bindig ist.	20,0 g NPS (Leber)
45% S VI 10% S IV	S VI und S IV 15 Min. blanchieren und heiß mit den gedünsteten Zwiebeln, dem restlichen Salz und den Gewürzen fein kuttern.	20,0 g Zwiebeln 20,0 g NPS (Rest) 2,0 g Pfeffer, weiß 0,5 g Koriander 1,0 g Muskat
15% Einbrenne	Bei 45°C Fleischbrühe dazugeben, bei 40°C Leber bindig unterkuttern, danach Einbrenne und Weinbrand dazukuttern, bis eine glatte, sahnige Masse entsteht.	0,5 g Ingwer 1,0 g Honig oder Vanillezucker 1,0 g Weinbrand

 In Formen füllen.

 Backen im Wasserbad bis 70°C Kerntemperatur.

  Mit Madeiraaspik begießen, eventuell dekorieren.

Schinkenleberpâté

30% S II	SII in 5 mm große Würfel schneiden und mit NPS und Gewürzen vermischen. 2 Stunden poltern und 1 Minute blanchieren.	20,0 g NPS (SII) 2,0 g Pfeffer, weiß 1,0 g Muskat 0,5 g Koriander
5% Äpfel 5% Zwiebeln	Äpfel und Zwiebeln in 5 mm große Würfel schneiden und in Schweinefett goldgelb anbraten.	0,3 g Kardamom 5,0 g Honig
60% feine Leber-pâtémasse	Gut mit der feinen Masse vermengen.	

 In Formen füllen.

 Backen im Wasserbad bis 70°C Kerntemperatur.

  Mit Madeiraaspik begießen, eventuell dekorieren.

Grobe Leberpâté

25 % Schweine- leber	Schweineleber mit Schweinebacken,	20,0 g NPS
	anteiligem Salz, Gewürzen und den	20,0 g Zwiebeln
25 % S VI	goldgelb gedünsteten Zwiebeln 5 mm	2,0 g Pfeffer
50 % feine Leber-	wolfen. Gut bindig mengen und kräftig	2,0 g Thymian
pâtémasse	mit der Pâtégrundmasse verrühren.	2,0 g Honig

 In Formen füllen.

 Backen im Wasserbad bis Kerntemperatur 70 °C.

  Mit Madeiraaspik begießen, eventuell dekorieren.

Mittelgrobe Leberpâté

20 % Leber	Leber 15 Min. blanchieren und in 3 mm	
	große Würfel schneiden. S VIII 3 mm	20 g NPS
10 % S VIII	würfeln, 3 Min. blanchieren und gut mit	2,0 g Pfeffer, weiß
70 % feine Leber-	den anteiligen Gewürzen und der feinen	1,0 g Thymian
pâtémasse	Pâtémasse vermischen.	2,0 g Honig

 In Formen füllen.

 Backen im Wasserbad bis Kerntemperatur 70 °C.

  Mit Madeiraaspik begießen, eventuell dekorieren.

Champignonleberpâté   2.2311.1

30 % frische Champignons	Pilze putzen, in 1 cm große Stücke schneiden. Im Umluftofen kurz anschwitzen und würzen.	8,0 g Kochsalz 1,0 g Pfeffer
70 % feine Leber- pâtémasse	Gut mit der feinen Pâtémasse vermengen.	

 In Formen füllen.

 Backen im Wasserbad bis Kerntemperatur 70 °C.

  Mit Madeiraaspik begießen, eventuell dekorieren.

Trüffelleberpâté 2.2311.1

8% Perigord-Trüffel (Konserve)	Trüffel absieben und in 5 mm große Würfel schneiden. Mit Pineau de Charente vermischen, eine Stunde durchziehen lassen, abgießen (Saft aufheben) und im Heißluftofen bei 111 °C kurz andünsten.	50,0 g Pineau de Charente (Madeira)
92% feine Leber-pâtémasse	Gut mit der feinen Pâtémasse (Einbrenne mit Pineau-Trüffelsaft) vermengen.	

In Formen füllen.

Backen im Wasserbad bis Kerntemperatur 70°C.

Mit Hühnerbrühe-Pineauaspik begießen, eventuell dekorieren.

Gänseleberpastete 2.2311.2

20% Gänseleber	Gänseleber in Scheiben schneiden und mit Öl und Gewürzen marinieren. In Öl oder Gänseschmalz rosa anbraten und 1 cm würfeln.	20,0 g Öl 2,0 g Pfeffer, weiß 1,0 g Thymian Öl/Gänseschmalz
10% Gänseleber	Leber roh 4 mm wolfen und mit Salz bindig mengen.	20,0 g NPS (Leber)
30% S IV	Bauch 10 Min. blanchieren, mit gedünsteten Äpfeln, Zwiebeln, Salz und Gewürzen 4 mm wolfen. Gut mit der gewolften Leber mischen und abkühlen.	50,0 g Zwiebeln 50,0 g Äpfel 20,0 g NPS (S IV) 2,0 g Pfeffer 1,0 g Thymian 0,5 g Muskat 2,0 g Honig
40% Aufschnittbrät	Aufschnittbrät mit der gewolften Masse gut bindig mischen und zum Schluss die Gänseleberwürfel untermischen.	

In Formen füllen.

Backen im Wasserbad bis Kerntemperatur 70°C.

Mit Sherry-Hühnerbrüheaspik begießen, eventuell dekorieren.

Geflügelleberpasteten, Geflügelpasteten und Geflügelpâtés

Aus geschmacklichen Gründen ist es vorteilhaft, das Geflügelfleisch anzubraten.

> **Vorbereitung des gebratenen Geflügelfleisches**
>
> Würzen pro kg
> ▶ bei ganzen Tieren und Schenkeln: 10 g Salz, 1 g Pfeffer, 0,2 g Rosmarin
> ▶ bei schierem Fleisch, Schnitzel u. ä.: 15 g Salz, 2 g Pfeffer, 0,5 g Rosmarin
> Geflügel wird gegrillt oder durchgebraten, wobei die Haut öfter mit Paprikaöl
> (3 g Paprika, edelsüß auf 100 g Öl) eingepinselt werden sollte.

Hähnchenleberpastete   2.2311.3

15 % Hähnchen- leber	Leber in 1 cm dicke Scheiben schneiden, mit Gewürzen und Öl marinieren. In Öl rosa braten und 1 cm würfeln.	20,0 g Öl 2,0 g Pfeffer, weiß 1,0 g Rosmarin Öl
15 % Hähnchen- keulenfleisch 70 % Leber- pastetenmasse	Hähnchenkeulen würzen, anbraten und auslösen. In 5 mm große Würfel schneiden und gut mit der Pastetenmasse vermischen.	

 In Formen füllen.

 Backen im Wasserbad bis 70 °C Kerntemperatur.

  Mit Sherry-Hühnerbrüheaspik begießen, eventuell dekorieren.

Truthahnleberpastete   2.2311.3

20 % Putenober- keulenfleisch 20 % Putenleber 60 % Leber- pastetenmasse	Putenoberkeulen würzen, anbraten und auslösen. Zusammen mit der rohen Putenleber, Salz und Gewürzen 5 mm wolfen. Gut bindig mengen und mit der Pastetenmasse vermischen.	20,0 g Salz (Leber) 2,0 g Pfeffer 2,0 g Thymian 2,0 g Zucker

 In Formen füllen.

 Backen im Wasserbad bis 70 °C Kerntemperatur.

  Mit Madeiraaspik begießen, eventuell dekorieren.

Entenleberterrine

Vorbereitung des Entenfleisches

bratfertige Ente
Salz, Pfeffer,
Majoran

Zwiebeln
Orangensaft

1. Ente mit Gewürzen einreiben und mit Orangenfilets und fein gehackten Zwiebeln füllen.
2. 30 Min. bei 125 °C braten und dabei öfter mit der Gabel einstechen, damit das Fett austreten kann.
3. Zwiebelscheiben unterlegen und bei 200 °C offen knusprig braten, öfter mit Orangensaft einpinseln und wenden.
4. Ente herausnehmen, Bratfond mit der Füllung passieren (= Entenfond s. u.).

15 % Entenleber	Leber in 1 cm dicke Scheiben schneiden und mit Gewürzen und Öl marinieren. In Öl oder Gänsefett rosa anbraten und in 1 cm große Würfel schneiden.	20,0 g Öl 2,0 g Pfeffer, weiß 1,0 g Majoran Öl oder Gänseschmalz
15 % Entenleber	Rohe Leber 4 mm wolfen und mit Salz und Gewürzen bindig mengen.	20,0 g Kochsalz 2,0 g Pfeffer, weiß 1,0 g Majoran
5 % g Zwiebeln 5 % g Äpfel	Zwiebeln und Apfel würfeln, in Entenfett goldgelb dünsten, Zucker zugeben und leicht karamelisieren lassen.	Entenfett 5,0 g Zucker
50 % Entenfleisch 10 % Entenfond	Entenfleisch nach Rezept braten, heiß auslösen und mit den gedünsteten Äpfeln und Zwiebeln ebenfalls 4 mm wolfen. Gut mit dem Bratfond vermischen und mit der gewolften Leber bindig mengen.	

Entenleberwürfel untermischen.

 In Formen füllen.

 Backen im Wasserbad bis 70 °C Kerntemperatur.

  Mit Orangensaft-Hühneraspik begießen, eventuell dekorieren.

Geflügelpasteten

2.2311.4

Entenpastete

2.2311.4

40% Entenfleisch 10% Bratfond	Entenfleisch wie oben beschrieben braten und auslösen. 4 mm wolfen und mit dem Bratfond vermengen.
50% Pastetenmasse	Gut mit der Pastetenmasse vermischen.

 In Formen füllen.

 Backen im Wasserbad bis 70°C Kerntemperatur.

  Mit Orangensaft-Hühnerbrüheaspik begießen und eventuell dekorieren.

Ententerrine

2.2311.4

10% Entenleber	Rohe Leber 4 mm wolfen und mit Salz und Gewürzen bindig mengen.	20,0 g Kochsalz 2,0 g Pfeffer, weiß
5% g Zwiebeln 5% g Äpfel	Zwiebeln und Apfel würfeln, in Entenfett goldgelb dünsten, Zucker zugeben und leicht karamelisieren lassen.	Entenfett 5,0 g Zucker
55% Entenfleisch 5% Äpfel 5% Zwiebeln 10% Entenfond	Entenfleisch nach Rezept braten, heiß auslösen und mit den gedünsteten Äpfeln und Zwiebeln 4 mm wolfen. Gut mit der gewolften Leber, Gewürz und dem Bratfond vermischen.	1,0 g Majoran

 In Formen füllen.

 Backen im Wasserbad bis 70°C Kerntemperatur.

5% Entenbratfett s. o.	Mit heißem Entenbratfett aufgießen und abkühlen.

Wildpasteten

Vorbereitung des Wildfleisches (Hirsch-, Reh- Damwild o.ä.)

Pro kg Fleisch	1. Wildfleisch von groben Sehnen und Häuten befreien
15,0 g Kochsalz	und mit den Gewürzen einreiben.
2,0 g Pfeffer	2. Zwei Tage zugedeckt oder verpackt durchziehen
	lassen.
0,5 g Piment	3. Mindestens 24 Stunden in Buttermilch einlegen,
	davon nur die letzten 12 Stunden mit Zwiebelringen.
3,0 g Wacholder-	4. Fleisch abtupfen und auf den Zwiebeln rundum bei
beeren	200°C bräunen (ohne Wacholder und Lorbeer!).
1,0–2,0 l Butter-	5. Mit Wildfond oder Rinderbrühe aufgießen und gar
milch	schmoren. Das Fleisch entnehmen, Fond mit Zwiebeln
50,0 g Zwiebeln	passieren und als Sauce verwenden.

Damwildpastete

50 % Damwild-
braten
10 % Sauce
40 % Pastetenmasse

Damwildbraten mit der Sauce und dem
Gelee 5 mm wolfen. Gut vermengen und
mit der Pastetenmasse bindig mischen.

30,0 g Tannen-
spitzengelee

In Formen füllen.

Backen im Wasserbad bis 70 °C Kerntemperatur.

Mit Madeira-Fleischbrüheaspik begießen und eventuell
dekorieren.

Rehpastete

50 % Rehbraten
(Blatt)
40 % Pastetenmasse
10 % Pfifferlinge

Rehbraten 6 mm wolfen. Zuerst mit
dem Gelee, dann mit der Pastetenmasse
und zuletzt mit den angebratenen
Pfifferlingen bindig mengen.

30,0 g Preisel-
beergelee

In Formen füllen.

Backen im Wasserbad bis 70 °C Kerntemperatur.

Mit Madeira-Fleischbrüheaspik begießen und eventuell
dekorieren.

Hirschpastete

2.2311.4

| 40 % Hirschbraten | Hirschbraten 5 mm wolfen und gut | 30,0 g Tannen- |
| 5 % Sauce | mit Sauce und Gelee vermengen. | spitzengelee |

15 % S V	S V 15 Min. blanchieren. Mit Salz und	20,0 g Kochsalz
	Gewürzen 5 mm wolfen. Gut mit	(S V)
40 % Pastetenmasse	Braten und Pastetenmasse vermischen.	2,0 g Pfeffer, weiß
		1,0 g Piment

 In Formen füllen.

 Backen im Wasserbad bis 70 °C Kerntemperatur.

  Mit Madeira-Fleischbrüheaspik aufgießen und evtl. dekorieren.

Wildpastete, Kaninchenpastete

2.2311.4

Vorbereitung des Kaninchenfleisches:

Junge Kaninchen	1. Kaninchen am besten schlachtwarm
15,0 g Salz	mit den Gewürzen einreiben.
2,0 g Pfeffer	2. Über Nacht zugedeckt durchziehen lassen.
1,0 g Rosmarin	3. Fleisch abtupfen und auf den Zwiebeln rundum
80 g Zwiebeln	bei 200 °C bräunen.
Hühnerbrühe	4. Mit Hühnerbrühe aufgießen und gar schmoren.

60 % Kaninchen-braten	Kaninchenfleisch in 2 cm große Stücke schneiden.
5 % Karotten	Karotten in 5 mm große Würfel schneiden und 5 Min. blanchieren.
35 % Pastetenmasse	Kaninchenfleisch und Karotten gut mit der Pastetenmasse bindig mengen.

 In Formen füllen.

 Backen im Wasserbad bis 70 °C Kerntemperatur.

  Mit Madeira-Kaninchenbrüheaspik begießen, evtl. dekorieren.

Weitere Pasteten

Briespastete

2.2311.5

25 % Kalbsbries	Kalbsbries häuten, salzen, pfeffern und in Hühnerbrühe 10 Min. kochen. In Zitronenbutter goldgelb braten und in 5 mm große Würfel schneiden.	15,0 g Salz (Bries) 2,0 g Pfeffer, weiß Zitronenbutter
25 % Kalbfleisch-abschnitte	Kalbfleisch in Butter goldgelb anbraten und in 5 mm große Würfel schneiden. Mit den fein gehackten goldgelb gedüns-teten Zwiebeln, Salz, Gewürzen und	10,0 g Zwiebeln 18,0 g NPS (Kalb) 2,0 g Pfeffer, weiß
50 % Pastetenmasse	den Brieswürfeln unter die Pastetenmasse mischen.	1,0 g Muskat 0,2 g Ingwer

In Formen füllen.

Backen im Wasserbad bis 70 °C Kerntemperatur.

Mit Madeira-Hühnerbrüheaspik aufgießen und evtl. dekorieren.

Filetpastete

2.2311.5

2–4 Schweinefilets	Schweinefilets mit Salz und Gewürzen einreiben. In heißem Öl rundum 2 Min. goldbraun anbraten und auf Küchentü-chern auskühlen und abtrocknen lassen.	15,0 g Salz 2,0 g Pfeffer 1,0 g Majoran
Pastetenmasse	Pastetenmasse mit Pistazien mischen und die Form zur Hälfte damit füllen. Die Filets dünn mit Pastetenmasse einreiben, entgegengesetzt (Spitze an Kopf) in die Mitte der Form drücken und mit der Pistazien-Pastetenmasse auffüllen.	3,0 g Pistazien

In Formen mit Speckrand füllen.

Brühen bei 75 °C bis mindestens 68 °C Kerntemperatur.

Eventuell mit Gold- oder Silberfolie umwickeln.

Zungenpastete　　　　　　　　　　　　　2.2311.5

45 % Schweine-zungen	Schweinezungen pökeln. In Hühnerbrühe so lange kochen, bis die Zungenspitzen weich sind. Von der Schleimhaut befreien und in 1 cm große Würfel schneiden.

10 % S VI	Schweinebacken 15 Min. blanchieren, mit Salz und Gewürzen 4 mm wolfen und zusammen mit den Zungenwürfeln unter	20,0 g NPS (S VI) 2,0 g Pfeffer, weiß 1,0 g Muskat
45 % Pastetenmasse	die Pastetenmasse mischen.	2,0 g Honig

 In Formen füllen.

 Backen im Wasserbad bis 70 °C Kerntemperatur.

 Mit Madeira-Zungenbrüheaspik aufgießen, eventuell dekorieren.

Rinderzungenpastete　　　　　　　　　2.2311.5

50 % Rinderzungen	Rinderzungen pökeln. In Fleischbrühe so lange kochen, bis die Zungenspitze weich ist. Von der Schleimhaut befreien und die Hälfte davon in 5 mm große Würfel schneiden.

15 % S VI	Die andere Hälfte der Zungen mit den 15 Min. blanchierten Backen, Salz und	18,0 g NPS (S VI) 2,0 g Pfeffer, weiß
Champignons	Gewürzen 4 mm wolfen. Mit den	1,0 g Muskat
35 % Pastetenmasse	Zungenwürfeln und 5 mm gewürfelten Pilzen unter die Pastetenmasse mischen.	0,2 g Ingwer 3,0 g Honig

 In Formen füllen.

 Backen im Wasserbad bis 70 °C Kerntemperatur.

 Mit Madeira-Zungenbrüheaspik aufgießen, eventuell dekorieren.

Tipp: *Bei beiden Zungenpasteten verschönern ganze, weichgekochte, mit einer dünnen Speckschicht umwickelte Zungen in der Mitte der Pastete das Anschnittbild.*

Neue Pasteten

Leberpastete mit grünen Bohnen

grüne Bohnen	Bohnen 5 Min. blanchieren und in Eiswasser
Speckscheibe	abkühlen. Speckplatte dünn mit Brät
Aufschnittbrät	bestreichen, dicht mit Bohnen
	belegen, zusammenrollen und kühlen.
Räucherbauch	Räucherbauch 3 mm würfeln, 2 Min.
Brät für feine	blanchieren, abkühlen und mit dem
Leberpastete	Leberpastetenbrät vermischen.
	Pastetenform mit Speck auslegen, zur
	Hälfte mit dem Räucherbauchbrät
	füllen. Die Bohnenrolle hineindrücken,
	sodass sie in der Mitte liegt, mit Brät
	auffüllen und verschließen.

Brühen bei 75 °C bis mindestens 68 °C Kerntemperatur.

Brokkoli-Schinken-Pastete mit Mais und Paprika

25 % Kochschinken	Schinken mit der Aufschnittmaschine in 2 mm dicke Scheiben schneiden, diese in Quadrate mit 4 mm Seitenlänge schneiden und kurz blanchieren.
15 % Brokkoli	Brokkoli 5 Min. blanchieren, in Eiswasser abkühlen und in Röschen zerteilen.
10 % Paprika, rot	Paprika von weißen Teilen befreien,
10 % Maiskörner	in 5 mm große Würfel schneiden und mit dem Mais 2 Min. blanchieren.

40 % Masse für	Alles mit Gewürzen und der	1,0 g Rosmarin
feine Leberpastete	Leberpastetenmasse vermischen.	5,0 g Honig

 In Formen mit Speckrand füllen.

Brühen bei 75 °C bis mindestens 68 °C Kerntemperatur.

Tipp: *Bei beiden Pasteten empfiehlt sich das Umwickeln mit Gold- oder Silberfolie.*

Feta-Leberpastete mit Paprika, Mais und Bohnen

10 % grüne Bohnen	Bohnen 5 Min. blanchieren, in Eiswasser abkühlen und in 1 cm große Stücke schneiden.
10 % Paprika, rot	Paprika von weißen Teilen befreien,
10 % Maiskörner	in 5 mm große Würfel schneiden und alles mit dem Mais 2 Min. blanchieren. Feta
15 % Feta	vorsichtig in 1 cm große Würfel schneiden.

50 % Masse für   Alles mit Gewürzen und der   2,0 g Thymian
feine Leberpastete   Leberpastetenmasse vermischen.   2,0 g Knoblauch

 In Formen mit Speckrand füllen.

 Brühen bei 75 °C bis mindestens 68 °C Kerntemperatur.

Spargel-Karotten-Schinkenpastete

20 % Spargel	Spargel 10 Min. blanchieren und in Eis-
Speckscheibe	wasser abkühlen. Speckplatte dünn
10 % Brät für feine	mit Brät bestreichen, dicht mit Spargel
Leberpastete	belegen, zusammenrollen und kühlen.
20 % Rohschinken	Schinken mit der Aufschnittmaschine in 2 mm dicke Scheiben, dann in Quadrate mit 4 mm Seitenlänge schneiden.

                             Blanchieren, mit 5 mm gewürfelten und   5,0 g Schnittlauch
5 % Karotten   10 Min. blanchierten Karotten, 2 Min.
5 % Erbsen   blanchierten Erbsen, feingehacktem
40 % Aufschnittbrät Schnittlauch und Brät vermischen.

Pastetenform mit Speck auslegen, zur
Hälfte mit dem Rohschinkenbrät
füllen. Die Spargelrolle so hineindrücken,
dass sie in der Mitte liegt, mit Brät
auffüllen und verschließen.

  Brühen bei 75 °C bis mindestens 68 °C Kerntemperatur.

Tipp: *Bei beiden Pasteten empfiehlt sich das Umwickeln mit Gold- oder Silberfolie.*

Forellenpastete

Speckplatten	Pastetenform mit Speckrand auslegen.
35% Aufschnittbrät	Brät möglichst luftfrei einbringen.
12% Forellenfilets 6% grüne Lauchblätter	Lauchblätter 2 Min. blanchieren, dünn mit Aspikpulver bestreuen und in einer Schicht einbringen.

Aspikpulver

12% Forellenfilets	Forellenfilets dünn mit Aufschnittbrät einreiben und in einer Schicht in die Form einbringen.
35% Brät für feine Leberpastete	Brät luftfrei einbringen, Speckrand zuklappen und die Form verschließen.

Brühen bei 75°C bis mindestens 68°C Kerntemperatur.

Lachspastete

Spinatblätter	Pasteten mit Spinatblättern belegen, dünn mit Gallerte bestreichen und erkalten lassen.
20% Räucherlachs 10% Tomaten	Lachs in 1 cm breite Blättchen schneiden. Tomaten häuten, entkernen und 5 mm würfeln. 1 Minute blanchieren, dünn mit Aspikpulver bestreuen und mit den ebenfalls 1 Minute blanchierten Lachsblättchen und dem fein gehackten

1,0 g Dill

70% Leber- pastetenmasse	Dill vorsichtig unter die Pastetenmasse mischen. Pastetenform mit der Spinatplatte auslegen, mit der Lachspastetenmasse auffüllen und verschließen.

Brühen bei 75°C bis mindestens 68°C Kerntemperatur.

Leberwürste

Bei Leberwürsten beträgt der Leberanteil je nach Ausgangsmaterial und Herstellungsverfahren zwischen 10 und 30 %. In einzelnen Fällen kann der Leberanteil höher, bei bestimmten, in den Leitsätzen aufgeführten Sorten auch darunter liegen.

Leberwürste bekommen ihre Schnittfestigkeit durch geronnenes Lebereiweiß und erkaltetes Fett. Deshalb sollte die Leber vor dem Brühen roh bleiben und die Masse gut vermischt werden. Bei Verarbeitung von Rinder- oder Schafleber sollten die Lebern in Scheiben geschnitten und über Nacht im Kühlraum in Milch eingelegt werden, damit der Bittergeschmack gemildert wird.

Fehlfabrikate – Ursachen und Möglichkeiten zur Abhilfe

Fehler	Mögliche Ursachen	Fehler vermeiden
Fett- und Gelee- absatz bei Leberwurst, Leberwurst zu weich	• zu wenig Leber • Fettanteil zu hoch (Fettabsatz) • zu viel Brühe (Geleeabsatz) • Fleisch, Fett oder Schwarten zu lange erhitzt	→ Mehr Leber zugeben → Fettanteil reduzieren → Brühe reduzieren → Fleisch und Fett 15 Minuten blanchieren, Schwarten und Köpfe so weich kochen, dass man die Schwarte durchdrücken kann
	• rohe Leber nicht mit Salz bindig gemengt oder gekuttert • Masse nicht richtig vermengt • Leberzugabe bei über 50 °C ⇒ Lebereiweiß gerinnt und kann nicht mehr emulgieren • Leberzugabe bei unter 40 °C ⇒ Fett wird zu fest und kann nicht mehr emulgiert werden	→ Rohe Leber fein kuttern und zuletzt mit Salz bindig mischen → Masse besser durchmischen → Leberzugabe zwischen 40 und 50 °C → Leberzugabe zwischen 40 und 50 °C

Fehler	Mögliche Ursachen	Fehler vermeiden
	• grobe Masse wurde beim Anmischen zu kalt • Wurst zu heiß oder zu lange gebrüht	→ Masse heiß wolfen, mischen, sofort füllen und brühen → Brühtemperatur und Brühzeit prüfen
Leberwurst bröckelig (grobe Sorten) oder grieselig (feine Sorten)	• zu viel Magerfleisch • Fleisch, Fett oder Schwarten zu lange erhitzt • Wurst zu heiß oder zu lange gebrüht	→ Magerfleischanteil verringern → Fleisch und Fett 15 Minuten blanchieren, Schwarten und Köpfe so weich kochen, dass man sie durchdrücken kann → Brühtemperatur und Brühzeit prüfen
Leberwurst zu fest	• Leberanteil zu hoch • Schwartenanteil zu hoch • Fett zu kernig, fest • Magerfleisch, Fett, Schwarten nicht lange genug gegart • nicht fein genug zerkleinert • zu wenig Brühe	→ Leberanteil reduzieren → Schwartenanteil reduzieren → Weiches, schmalziges Fett verwenden → Fleisch und Fett 15 Minuten blanchieren, Schwarten und Köpfe weich kochen → Länger kuttern oder durch die Kolloidmühle laufen lassen → Kochverlust durch Fleischbrühe ausgleichen
Leberwurst zu dunkel und zu trocken	• zu viel Leber • Rinderleber • zu wenig Fett • Fett nicht fein genug zerkleinert • Fett zu kernig	→ Leberanteil senken → Schweineleber verwenden → Fettanteil erhöhen → Fett länger und feiner zerkleinern, eventuell Kutter vorwärmen → schmalziges Fett wie Wammen (S X) verwenden

Fehler	Mögliche Ursachen	Fehler vermeiden
Geschmack		
• salzig	• zu viel Salz	→ Salzmenge prüfen bzw. reduzieren
• fade	• zu wenig Salz, Gewürz	→ Salzmenge 20 g/kg Fleisch u. Fett, Würzung prüfen bzw. verstärken
• ölig, tranig, fischig, seifig	• altes oder durch Fütterung fremdartig schmeckendes Fett	→ nur frisches Fett von normal gemästeten Schweinen verwenden
• ranzig	• altes verdorbenes Fett	→ nur frisches Fett verwenden
• bitter	• zu viel Leber, zu alte Leber, Rinderleber	→ max. 35% frische Schweineleber verarbeiten
• sauer	• zu lange Standzeiten vor dem Erhitzen, alte Lebern, zu kurz oder zu niedrig erhitzt, zu wenig gekühlt	→ „Heißkette" nicht unterbrechen, frische Lebern verwenden, bei 76 °C bis 70 °C Kerntemperatur erhitzen. Unter + 7 °C lagern
faulig-ranziger Darmgeschmack	• Naturdärme alt, unsauber, verdorben, Darmfett ranzig	→ Frische Naturdärme, sauber gewonnen, gesalzen und gekühlt gelagert verwenden

Leberwurst-Rezepte

Delikatessleberwurst
2.2312.1

30 % Schweineleber	Leber von Gallengängen befreien. Kuttern, bis sie Blasen zieht. Im Langsamgang NPS unterkuttern und herausnehmen, wenn sie bindig ist.	20,0 g NPS (für Leber)
30 % S X 40 % S IV	S X und S IV 15 Min. blanchieren und heiß mit Salz, den goldgelb gebratenen Zwiebeln und den Gewürzen fein kuttern.	20,0 g NPS 20,0 g Zwiebeln 2,0 g Pfeffer, weiß 1,0 g Macis 2,0 g Kardamom 0,2 g Ingwer 10,0 g Honig
Kesselbrühe (Fleischbrühe)	Den Kochverlust mit Brühe ausgleichen. Zwischen 40 und 50 °C Leber unterkuttern, bis eine homogene Masse entsteht, die Blasen bildet.	

Sofort in Kunstdärme, Mitteldärme oder Fettenden (ideal) füllen.

Brühen bei 75 °C bis mindestens 68 °C Kerntemperatur.

Aufhängen und kurz abtrocknen lassen.

Zwischen 40 und 50 °C bis gewünschte Farbe räuchern.

Nach dem Abkühlen eventuell in Wachs tauchen.

Helle Leberwurst Ia
2.2312.1

25 % Schweineleber	Leber von Gallengängen befreien. Kuttern, bis sie Blasen zieht. Im Langsamgang NPS unterkuttern und herausnehmen, wenn sie bindig ist.	20,0 g Kochsalz (für Leber)
35 % S X 40 % S IV	S X und S IV 15 Min. blanchieren, heiß mit Salz, den goldgelb angebratenen Zwiebeln und den Gewürzen fein kuttern.	20,0 g Kochsalz 20,0 g Zwiebeln 2,0 g Pfeffer, weiß 1,0 g Macis 0,5 g Koriander 0,2 g Ingwer 2,0 g Vanillezucker 5,0 g Honig
Kesselbrühe (Fleischbrühe)	Den Kochverlust mit Brühe ausgleichen. Zwischen 40 und 50 °C Leber unterkuttern, bis eine homogene Masse entsteht, die Blasen bildet.	

Sofort in Kunstdärme, Mitteldärme oder Fettenden (ideal) füllen.

Brühen bei 75 °C bis mindestens 68 °C Kerntemperatur.

Aufhängen und kurz abtrocknen lassen.

Zwischen 40 und 50 °C bis gewünschte Farbe räuchern.

Nach dem Abkühlen eventuell in Wachs tauchen.

Feine Leberwurst

2.2312.1

Zutaten	Zubereitung	Gewürze
30 % Schweineleber	Leber von Gallengängen befreien. Kuttern, bis sie Blasen zieht. Im Langsamgang NPS unterkuttern und herausnehmen, wenn sie bindig ist.	20,0 g NPS (für Leber)
30 % S X 20 % S IV 20 % S V	S X, S IV und S V 15 Min. blanchieren, heiß mit Salz, den goldgelb gebratenen Zwiebeln und den Gewürzen fein kuttern.	20,0 g NPS 20,0 g Zwiebeln 2,0 g Pfeffer, weiß 1,0 g Muskat 0,5 g Koriander 0,2 g Ingwer 10,0 g Honig
Kesselbrühe (Fleischbrühe)	Den Kochverlust mit Brühe ausgleichen. Zwischen 40 und 50 °C Leber unterkuttern, bis eine homogene Masse entsteht, die Blasen bildet.	

Sofort in Kunstdärme, Mitteldärme oder Fettenden (ideal) füllen.

Brühen bei 75 °C bis mindestens 68 °C Kerntemperatur.

Aufhängen und kurz abtrocknen lassen.

Zwischen 40 und 50 °C bis gewünschte Farbe räuchern.

Nach dem Abkühlen eventuell in Wachs tauchen.

Kalbsleberwurst

30 % Schweineleber	Leber von Gallengängen befreien. Kuttern, bis sie Blasen zieht. Im Langsamgang NPS unterkuttern und herausnehmen, wenn sie bindig ist.	20,0 g NPS (für Leber)
30 % S X 20 % S IV 20 % Kalbsbauch Kesselbrühe (Fleischbrühe)	SX und S IV 15 Min. blanchieren. Kalbsbauch und Zwiebeln in Butter goldgelb anbraten. Alles heiß mit Salz, Zwiebeln und den Gewürzen fein kuttern. Den Kochverlust mit Brühe ausgleichen. Zwischen 40 und 50 °C Leber unterkuttern, bis eine homogene Masse entsteht, die Blasen bildet.	20,0 g NPS 20,0 g Zwiebeln 2,0 g Pfeffer, weiß 1,0 g Macis 0,5 g Kardamom 0,2 g Ingwer 5,0 g Honig 2,0 g Vanillezucker

Sofort in Kunstdärme, Mitteldärme oder Fettenden (ideal) füllen.

Brühen bei 75 °C bis mindestens 68 °C Kerntemperatur.

Aufhängen und kurz abtrocknen lassen.

Zwischen 40 und 50 °C bis gewünschte Farbe räuchern.

Nach dem Abkühlen eventuell in Wachs tauchen.

Trüffelleberwurst

3 % Perigord-Trüffel (Konserve)	Trüffel absieben und 3 mm würfeln. Mit Pineau de Charente vermischen und eine Stunde durchziehen lassen. Abgießen (Pineau und Trüffelsaft aufheben) und im Heißluftofen bei 111 °C kurz anschmoren.	50,0 g Pineau de Charente, Madeira
30 % Schweineleber	Leber von Gallengängen befreien. Kuttern, bis sie Blasen zieht. Im Langsamgang NPS unterkuttern und herausnehmen, wenn sie bindig ist.	20,0 g NPS (für Leber)

25 % S X	S X und S IV 15 Min. blanchieren.	
20 % S IV	Kalbsbauch und Zwiebeln in Butter gold-	20,0 g NPS
22 % Kalbsbauch	gelb anbraten und alles heiß mit Salz,	20,0 g Zwiebeln
	Zwiebeln, Gewürzen fein kuttern.	2,0 g Pfeffer, weiß
Pineau-, Trüffelsaft	Den Kochverlust mit Pineau, Trüffelsaft	1,0 g Macis
Hühnerbrühe	und Hühnerbrühe ausgleichen.	0,2 g Ingwer
		5,0 g Honig

Zwischen 40 und 50 °C Leber unterkuttern, bis eine homogene Masse entsteht, die Blasen bildet.

Trüffelwürfel — Trüffelwürfel und Leberwurstmasse vermischen.

Sofort in Kunstdärme oder Fettenden füllen.

Brühen bei 75 °C bis mindestens 68 °C Kerntemperatur.

Aufhängen und kurz abtrocknen lassen.

Zwischen 40 und 50 °C bis gewünschte Farbe räuchern.

Nach dem Abkühlen eventuell in Wachs tauchen.

Champignonleberwurst

2.2312.1

15 % Champignons	Champignons in 1 cm große Stücke schneiden und mit den fein gehackten Zwiebeln dünsten.	50,0 g Zwiebeln Butter oder Schweinefett
85 % Delikatess- leberwurstmasse	Mit der Leberwurstmasse vermischen.	

Sofort in Kunstdärme, Mitteldärme oder Fettenden (ideal) füllen.

Brühen bei 75 °C bis mindestens 68 °C Kerntemperatur.

Aufhängen und kurz abtrocknen lassen.

Zwischen 40 und 50 °C bis gewünschte Farbe räuchern.

Nach dem Abkühlen eventuell in Wachs tauchen.

Hildesheimer Leberwurst

2.2312.1

30% Schweineleber	Leber kuttern, bis sie Blasen zieht, dann im Langsamgang NPS unterkuttern und herausnehmen, wenn sie bindig ist.	20,0 g Kochsalz (für Leber)
30% S V 20% S VI 20% Kalbfleisch-abschnitte Kesselbrühe (Fleischbrühe)	S V und S VI 15 Min. blanchieren. Kalbfleischabschnitte und Zwiebeln in Butter anbraten und heiß mit Salz, Zwiebeln und Gewürzen fein kuttern. Den Kochverlust mit Brühe ausgleichen. Zwischen 40 und 50°C Leber unter-kuttern, bis eine homogene Masse entsteht, die Blasen bildet.	20,0 g Kochsalz 20,0 g Zwiebeln 2,0 g Pfeffer, weiß 1,0 g Thymian 0,2 g Ingwer 5,0 g Honig 2,0 g Vanillezucker

Sofort in Kunstdärme, Mitteldärme oder Fettenden (ideal) füllen.

Brühen bei 75°C bis mindestens 68°C Kerntemperatur.

Aufhängen und kurz abtrocknen lassen.

Zwischen 40 und 50°C bis gewünschte Farbe räuchern.

Nach dem Abkühlen eventuell in Wachs tauchen.

Sahneleberwurst Ia

2.2312.1

30% Schweineleber	Leber von Gallengängen befreien. Kuttern, bis sie Blasen zieht. Im Langsamgang NPS unterkuttern und herausnehmen, wenn sie bindig ist.	20,0 g NPS (für Leber)
20% S X 40% S IV 10% süße Sahne Kesselbrühe (Fleischbrühe)	S X und S IV 15 Min. blanchieren. Zwiebeln in Butter goldgelb anbraten, mit der Sahne ablöschen und alles heiß mit Salz und Gewürzen fein kuttern. Den Kochverlust mit Brühe ausgleichen. Zwischen 40 und 50°C Leber unterkuttern, bis eine homogene Masse entsteht, die Blasen bildet.	50,0 g Zwiebeln 20,0 g NPS (Fleisch) 2,0 g Pfeffer, weiß 1,0 g Muskat 0,5 g Kardamom 0,2 g Ingwer 10,0 g Honig 5,0 g Vanillezucker

 Sofort in Kunstdärme, Mitteldärme oder Fettenden (ideal) füllen.

Brühen bei 75 °C bis mindestens 68 °C Kerntemperatur.

Aufhängen und kurz abtrocknen lassen.

Zwischen 40 und 50 °C bis gewünschte Farbe räuchern.

Nach dem Abkühlen eventuell in Wachs tauchen.

Sardellenleberwurst I a 2.2312.1

3 % Sardellen	Sardellen mindestens 3 Stunden wässern, stecknadelkopfgroß schneiden, mit frischem Dill mischen und eine Stunde durchziehen lassen.	2,0 g Dill, fein gehackt
97 % Delikatess-leberwurstmasse	Mit der Leberwurstmasse vermischen.	

 Sofort in Kunstdärme, Mitteldärme oder Fettenden (ideal) füllen.

Brühen bei 75 °C bis mindestens 68 °C Kerntemperatur.

Aufhängen und kurz abtrocknen lassen.

Zwischen 40 und 50 °C bis gewünschte Farbe räuchern.

 Nach dem Abkühlen eventuell in Wachs tauchen.

Aachener Leberwurst

30% Schweineleber	Leber von Gallengängen befreien. Kuttern, bis sie Blasen zieht. Im Langsamgang NPS unterkuttern und herausnehmen, wenn sie bindig ist.	20,0 g NPS (für Leber)
30% S X 20% S IV 20% S XI	S X und S IV 15 Min. blanchieren. S XI weich kochen, auslösen und zuschneiden. Möglichst heiß mit den in Schweinefett goldgelb gebratenen Zwiebeln, Salz sowie den Gewürzen fein kuttern.	20,0 g Schweinefett 50,0 g Zwiebeln 20,0 g NPS 2,0 g Pfeffer, weiß
Kesselbrühe (Fleischbrühe)	Den Kochverlust mit Brühe ausgleichen. Zwischen 40 und 50 °C Leber unterkuttern, bis eine homogene Masse entsteht, die Blasen bildet.	1,0 g Muskat 0,5 g Koriander 0,2 g Ingwer 10,0 g Honig

Sofort in Kunstdärme, Mitteldärme oder Fettenden (ideal) füllen.

Brühen bei 75 °C bis mindestens 68 °C Kerntemperatur.

Aufhängen und kurz abtrocknen lassen.

Zwischen 40 und 50 °C bis gewünschte Farbe räuchern.

Nach dem Abkühlen eventuell in Wachs tauchen.

Berliner Feine Leberwurst

30% Schweineleber	Leber von Gallengängen befreien. Kuttern, bis sie Blasen zieht. Im Langsamgang NPS unterkuttern und herausnehmen, wenn sie bindig ist.	20,0 g NPS (Leber)
30% S X 20% S IV 20% S V Kesselbrühe (Fleischbrühe)	S X, S IV und S V 15 Min. blanchieren und heiß mit Salz, den gebratenen Zwiebeln und Gewürzen fein kuttern. Den Kochverlust mit Brühe ausgleichen. Zwischen 40 und 50 °C Leber unterkuttern, bis eine homogene Masse entsteht, die Blasen bildet.	20,0 g NPS (Rest) 20,0 g Zwiebeln 2,0 g Pfeffer, weiß 1,0 g Muskat 0,5 g Koriander 0,2 g Ingwer 10,0 g Honig

Sofort in Kunstdärme, Mitteldärme oder Fettenden (ideal) füllen.

 Brühen bei 75 °C bis mindestens 68 °C Kerntemperatur.

Aufhängen und kurz abtrocknen lassen.

Zwischen 40 und 50 °C bis gewünschte Farbe räuchern.

Nach dem Abkühlen eventuell in Wachs tauchen.

Kölner Leberwurst

2.2312.2

30 % Schweineleber	Leber von Gallengängen befreien. Kuttern, bis sie Blasen zieht. Im Langsamgang NPS unterkuttern und herausnehmen, wenn sie bindig ist.	20,0 g NPS (Leber)
20 % S X	S X und S IV 15 Min. blanchieren,	20,0 g Zwiebeln
30 % S IV	S V und Zwiebeln in Butter goldgelb	20,0 g NPS (Rest)
20 % S V	anbraten und heiß mit Salz, Zwiebeln	2,0 g Pfeffer, weiß
	und den Gewürzen fein kuttern.	1,0 g Macis
Kesselbrühe	Den Kochverlust mit Brühe ausgleichen.	0,5 g Kardamom
(Fleischbrühe)		0,2 g Ingwer
	Zwischen 40 und 50 °C Leber	0,2 g Rosmarin
	unterkuttern, bis eine homogene	2,0 g Vanillezucker
	Masse entsteht, die Blasen bildet.	5,0 g Honig

 Sofort in Kunstdärme, Mitteldärme oder Fettenden (ideal) füllen.

 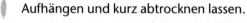 Brühen bei 75 °C bis mindestens 68 °C Kerntemperatur.

Aufhängen und kurz abtrocknen lassen.

Zwischen 40 und 50 °C bis gewünschte Farbe räuchern.

Nach dem Abkühlen eventuell in Wachs tauchen.

Fleischleberwurst
2.2312.3

40 % S II	S II mit Salz und Gewürzen poltern und 5 mm wolfen.	20,0 g NPS 2,0 g Pfeffer, weiß
60 % Delikatessleber-wurstmasse	Mit der Delikatessleberwurstmasse (unter 35 °C) vermischen.	1,0 g Muskat 1,0 g Thymian

 Sofort in Kunstdärme, Mitteldärme oder Fettenden (ideal) füllen.

 Brühen bei 75 °C bis mindestens 68 °C Kerntemperatur.

 Aufhängen und kurz abtrocknen lassen.

 Zwischen 40 und 50 °C bis gewünschte Farbe räuchern.

Nach dem Abkühlen eventuell in Wachs tauchen.

Grobe Leberwurst Ia
2.2312.3

25 % S IV	S IV 10 Min. blanchieren und 5 mm wolfen.	
15 % Schweineleber Fleischbrühe	Leber 8 mm wolfen und mit S IV, Brühe (zum Ausgleich für den Kochverlust) und den Gewürzen vermengen.	20,0 g NPS 2,0 g Pfeffer, weiß 1,0 g Majoran 1,0 g Thymian 1,0 g Muskat
60 % Delikatess-leberwurstmasse	Mit der Delikatessleberwurstmasse vermischen.	

 Sofort in Kunstdärme, Mitteldärme oder Fettenden (ideal) füllen.

 Brühen bei 75 °C bis mindestens 68 °C Kerntemperatur.

 Aufhängen und kurz abtrocknen lassen.

 Zwischen 40 und 50 °C bis gewünschte Farbe räuchern.

 Nach dem Abkühlen eventuell in Wachs tauchen.

Schinkenleberwurst

2.2312.3

30 % Kochschinken	Schinken in feine Scheiben (2 mm) und dann in 5 mm große Blättchen schneiden und kurz blanchieren.	
	Heiß mit den Gewürzen vermengen	20,0 g NPS
70 % Delikatess-leberwurstmasse	und mit der Leberwurstmasse vermischen.	2,0 g Pfeffer, weiß
		10,0 g Honig
		1,0 g Muskat
		0,5 g Kardamom
		0,2 g Ingwer

 Sofort in Kunstdärme, Mitteldärme oder Fettenden (ideal) füllen.

 Brühen bei 75 °C bis mindestens 68 °C Kerntemperatur.

 Aufhängen und kurz abtrocknen lassen.

 Zwischen 40 und 50 °C bis gewünschte Farbe räuchern.

Nach dem Abkühlen eventuell in Wachs tauchen.

Thüringer Leberwurst Ia

2.2312.3

60 % S IV	S IV in 5 mm große Würfel schneiden, über Nacht vorpökeln und 10 Min. blanchieren.	20,0 g NPS (S VI)
40 % Delikatess-leberwurstmasse	Mit der Leberwurstmasse und den Gewürzen vermischen.	2,0 g Pfeffer, weiß
		1,0 g Majoran
		0,5 g Thymian
		0,5 g Kardamom
		0,5 g Kümmel

 Sofort in Fettenden, Mitteldärme oder Schweinekappen (ideal) füllen.

 Brühen bei 75 °C bis mindestens 68 °C Kerntemperatur.

 Aufhängen und kurz abtrocknen lassen.

Zwischen 40 und 50 °C bis gewünschte Farbe räuchern.

 Nach dem Abkühlen eventuell in Wachs tauchen.

Kasseler Leberwurst   2.2312.3

20% Schweineleber	Leber von Gallengängen befreien.	20,0 g NPS
50% S V	S V 15 Min. blanchieren, Leber und	2,0 g Pfeffer, weiß
	das möglichst heiße S V zusammen	1,0 g Majoran
	mit Salz, Gewürzen und den	0,5 g Muskat
	gedünsteten Zwiebeln 5 mm wolfen.	0,5 g Piment
		30,0 g Zwiebeln
30% Delikatess-leberwurstmasse	Gut mit der Leberwurstmasse vermischen.	

 Sofort in Schweinekappen oder Schweinekrausdärme füllen.

 Brühen bei 75 °C bis mindestens 68 °C Kerntemperatur.

 Aufhängen und kurz abtrocknen lassen.

 Zwischen 40 und 50 °C bis gewünschte Farbe räuchern.

Nach dem Abkühlen eventuell in Wachs tauchen.

Gänseleberwurst   2.2312.4

15% Gänseleber	Leber in 1 cm dicke Scheiben schneiden, mit Gewürzen und Öl marinieren.	20,0 g Öl
		2,0 g Pfeffer, weiß
	In Öl oder Gänseschmalz rosa anbraten	1,0 g Thymian
	und in 1 cm große Würfel schneiden und	1,0 g Majoran
85% Kalbsleber-wurstmasse	sofort mit der Kalbsleberwurstmasse	Gänseschmalz (Öl)
	und dem Salz vermischen.	20,0 g Salz (für Leber)

 Sofort in Kunstdärme, Mitteldärme oder Fettenden (ideal) füllen.

 Brühen bei 75 °C bis mindestens 68 °C Kerntemperatur.

 Aufhängen und kurz abtrocknen lassen.

 Zwischen 40 und 50 °C bis gewünschte Farbe räuchern.

 Nach dem Abkühlen eventuell in Wachs tauchen.

Pommersche Gänseleberwurst 2.2312.4

20 % Schweineleber	Leber von Gallengängen befreien. Kuttern, bis sie Blasen zieht. Im Langsamgang NPS unterkuttern und herausnehmen, wenn sie bindig ist.	20,0 g NPS (für Leber)
30 % S X 25 % S IV 10 % Gänsefleisch (Keule) Hühnerbrühe	S X und S IV 15 Min. blanchieren. Gänsekeulen anbraten, auslösen, heiß mit den in Gänseschmalz gebratenen Äpfeln und Zwiebeln sowie Salz und Gewürzen fein kuttern. Den Kochverlust mit Brühe ausgleichen. Zwischen 40 und 50 °C Leber unterkuttern, bis eine homogene Masse entsteht, die Blasen bildet.	50,0 g Äpfel (geschält) 50,0 g Zwiebeln 20,0 g NPS 2,0 g Pfeffer, weiß 1,0 g Muskat 0,5 g Koriander 0,2 g Ingwer 10,0 g Honig
15 % Gänseleber	Leber in 1 cm dicke Scheiben schneiden, mit Gewürzen und Öl marinieren. In Gänseschmalz rosa anbraten, 1 cm würfeln und mit der feinen Masse mischen.	20,0 g Öl 2,0 g Pfeffer, weiß 1,0 g Thymian 1,0 g Majoran Gänseschmalz

Sofort in Kunstdärme, Mitteldärme oder Fettenden (ideal) füllen.

Brühen bei 75 °C bis mindestens 68 °C Kerntemperatur.

Aufhängen und kurz abtrocknen lassen.

Zwischen 40 und 50 °C bis gewünschte Farbe räuchern.

Nach dem Abkühlen eventuell in Wachs tauchen.

Tipp: *Die angebratenen Gänsekeulen können auch in 5 mm große Würfel geschnitten werden.*

Gänseleberwurst Straßburger Art   2.2312.4

20% Schweine-zungen	Schweinezungen spritzpökeln, poltern und weich kochen. Von der Schleimhaut befreien und in 5 mm große Würfel schneiden.
80% Gänseleber-Wurstmasse	Mit der Leberwurstmasse vermischen.

 Sofort in Kunstdärme, Mitteldärme oder Fettenden (ideal) füllen.

 Brühen bei 75°C bis mindestens 68°C Kerntemperatur.

 Aufhängen und kurz abtrocknen lassen.

Zwischen 40 und 50°C bis gewünschte Farbe räuchern.

 Nach dem Abkühlen eventuell in Wachs tauchen.

Leberwurst   2.2312.5

25% Schweineleber	Leber von Gallengängen befreien. Kuttern, bis sie Blasen zieht. Im Langsam-gang NPS unterkuttern und heraus-nehmen, wenn sie bindig ist.	20,0 g NPS (für Leber)
25% S XI 30% S X 20% S V	S XI weich kochen, auslösen und zuschneiden. S X und S V 15 Min. blanchieren und alles heiß mit Salz, den goldgelb gebratenen Zwiebeln und den Gewürzen fein kuttern.	20,0 g NPS (Rest) 50,0 g Zwiebeln 2,0 g Pfeffer, weiß 1,0 g Macis 0,2 g Kardamom 0,2 g Ingwer 0,2 g Thymian 10,0 g Honig
Kesselbrühe (Fleischbrühe)	Den Kochverlust mit Brühe ausgleichen. Zwischen 40 und 50°C Leber unterkuttern, bis eine homogene Masse entsteht, die Blasen bildet.	

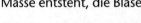

 Sofort in Kunstdärme, Mitteldärme oder Fettenden (ideal) füllen.

 Brühen bei 75°C bis mindestens 68°C Kerntemperatur.

 Aufhängen und kurz abtrocknen lassen.

Zwischen 40 und 50°C bis gewünschte Farbe räuchern.

 Nach dem Abkühlen eventuell in Wachs tauchen.

Gutsleberwurst
2.2312.5

25 % Schweineleber   Leber von Gallengängen befreien.
50 % SV   S V 15 Min. blanchieren. Köpfe weich
25 % S XI   kochen, auslösen und zuschneiden.
                     Leber, die möglichst heißen S V und   20,0 g NPS
                     S XI zusammen mit Salz, Gewürzen   2,0 g Pfeffer, weiß
                     und Zwiebeln 5 mm wolfen.   0,5 g Muskat
                                                               0,2 g Piment
                                                               1,0 g Thymian
                                                              20,0 g Zwiebeln

 Sofort in Kunstdärme,
Mitteldärme oder Fettenden (ideal) füllen.

Brühen bei 75 °C bis mindestens 68 °C Kerntemperatur.

Aufhängen und kurz abtrocknen lassen.

Zwischen 40 und 50 °C bis gewünschte Farbe räuchern.

Nach dem Abkühlen eventuell in Wachs tauchen.

Gutsleberwurst Ia
2.2312.3

Das gleiche Rezept wie für Gutsleberwurst, nur wird statt S V bei Gutsleberwurst Ia magerer Schweinebauch S IV verwendet.

Braunschweiger Leberwurst

25 % Schweineleber	Leber kuttern, bis sie Blasen zieht. Im Langsamgang NPS unterkuttern und herausnehmen, wenn sie bindig ist.	20,0 g NPS (für Leber)
15 % S XI	S XI kochen, auslösen und zuschneiden.	
20 % S IV	S IV, S V und S X 15 Min. blanchieren.	
20 % S V	Alles heiß mit Salz, den gebratenen	20,0 g NPS (Rest)
20 % S X	Zwiebeln und den Gewürzen fein kuttern.	50,0 g Zwiebeln
Kesselbrühe	Den Kochverlust mit Brühe ausgleichen.	2,0 g Pfeffer, weiß
(Fleischbrühe)		1,0 g Macis
	Zwischen 40 und 50 °C Leber	0,5 g Thymian
	unterkuttern, bis eine homogene	0,2 g Piment
	Masse entsteht, die Blasen bildet.	0,2 g Majoran
		10,0 g Honig

In Mitteldärme oder Fettenden füllen.

Brühen bei 75 °C bis mindestens 68 °C Kerntemperatur.

Aufhängen und kurz abtrocknen lassen.

Zwischen 40 und 50 °C bis gewünschte Farbe räuchern.

Nach dem Abkühlen eventuell in Wachs tauchen.

Braunschweiger Leberwurst, grob

25 % Schweineleber	Leber kuttern, bis sie Blasen zieht. Im Langsamgang NPS unterkuttern und herausnehmen, wenn sie bindig ist.	20,0 g NPS (für Leber)
10 % Schweine-	Micker gut durchkochen, S X 15 Min.	20,0 g Kochsalz
micker	blanchieren und zusammen mit Salz,	2,0 g Pfeffer, weiß
20 % S X	Gewürzen und den goldgelb gedünsteten	1,0 g Majoran
15 % S V	Zwiebeln 3 mm wolfen. S V und S IV	1,0 g Muskat
10 % S IV	15 Min. blanchieren, heiß 5 mm wolfen	0,2 g Piment
	und alles gut mit der Leber vermengen.	20,0 g Zwiebeln

10% S VIII	S VIII in 5 mm große Würfel schneiden,
10% S XI,	Köpfe pökeln, kochen, auslösen.
nur mager	Nur das Magerfleisch 1 cm würfeln, dann
	alle Würfel 2 Min. blanchieren und unter
	die gewolfte Masse mischen.

Sofort in Kunstdärme, Mitteldärme oder Fettenden (ideal) füllen.

Brühen bei 75 °C bis mindestens 68 °C Kerntemperatur.

Aufhängen und kurz abtrocknen lassen.

Zwischen 40 und 50 °C bis gewünschte Farbe räuchern.

Nach dem Abkühlen eventuell in Wachs tauchen.

Frankfurter Leberwurst

2.2312.5

30% Schweineleber	Leber von Gallengängen befreien.	20,0 g NPS
	Kuttern, bis sie Blasen zieht. Im	(für Leber)
	Langsamgang NPS unterkuttern und	
	herausnehmen, wenn sie bindig ist.	
10% Schweine-	Micker gut durchkochen, S XI weich	
micker	kochen, auslösen und zuschneiden.	
20% S XI	S X und S V 15 Min. blanchieren und	
20% S X	heiß mit Salz, den goldgelb gebratenen	20,0 g NPS (Rest)
20% V	Zwiebeln und den Gewürzen fein kuttern.	50,0 g Zwiebeln
Kesselbrühe	Den Kochverlust mit Brühe ausgleichen.	2,0 g Pfeffer, weiß
(Fleischbrühe)		0,5 g Macis
	Zwischen 40 und 50 °C Leber	0,5 g Ingwer
	unterkuttern, bis eine homogene	0,2 g Thymian
	Masse entsteht, die Blasen bildet.	10,0 g Honig

In Mitteldärme oder Fettenden füllen.

Brühen bei 75 °C bis mindestens 68 °C Kerntemperatur.

Aufhängen und kurz abtrocknen lassen.

Zwischen 40 und 50 °C bis gewünschte Farbe räuchern.

Nach dem Abkühlen eventuell in Wachs tauchen.

Frankfurter Leberwurst mit Einlage   2.2312.5

20 % Schweineleber	Leber kuttern, bis sie Blasen zieht, dann im Langsamgang NPS unterkuttern und herausnehmen, wenn sie bindig ist.	20,0 g NPS (für Leber)
10 % Schweine-micker	Micker gut durchkochen, S XI weich kochen, auslösen und zuschneiden.	
15 % S XI	S X und S IV 15 Min. blanchieren, heiß	
15 % S X	mit Salz, den goldgelb angebratenen	20,0 g NPS (Rest)
20 % S IV	Zwiebeln und Gewürzen 2 mm wolfen.	50,0 g Zwiebeln
Kesselbrühe	Den Kochverlust mit Brühe ausgleichen.	2,0 g Pfeffer, weiß
(Fleischbrühe)		0,5 g Macis
10 % S VIII	S VIII und S VI in 5 mm große Würfel	0,5 g Kardamom
10 % S VI	schneiden, 3 Min. blanchieren und mit	0,5 g Ingwer
	dem gewolften Material und der Leber	0,2 g Thymian
	gut vermengen.	10,0 g Honig

In Mitteldärme oder Schweinekappen füllen.

Brühen bei 75 °C bis mindestens 68 °C Kerntemperatur.

Aufhängen und kurz abtrocknen lassen.

Zwischen 40 und 50 °C bis gewünschte Farbe räuchern.

Nach dem Abkühlen eventuell in Wachs tauchen.

Hallesche Leberwurst   2.2312.5

25 % Schweineleber	Leber kuttern, bis sie Blasen zieht. Im Langsamgang NPS unterkuttern und herausnehmen, wenn sie bindig ist.	20,0 g NPS (für Leber)
5 % Grieben	Schweinefettgrieben im Wasserbad	
20 % S XI	erhitzen. Köpfe weich kochen,	
20 % S V	auslösen und zuschneiden. S V und	
20 % S X	S X 10 Min. blanchieren, Kalbsfett mit	20,0 g NPS (Rest)
10 % Kalbsfett	Zwiebeln goldgelb anbraten und alles	50,0 g Zwiebeln
	heiß mit Salz den Gewürzen fein kuttern.	2,0 g Pfeffer, weiß
Kesselbrühe	Den Kochverlust mit Brühe ausgleichen.	0,5 g Macis
(Fleischbrühe)		0,3 g Piment

Leber unterkuttern, bis eine homogene
Masse entsteht, die Blasen bildet.

0,5 g Ingwer
0,2 g Thymian
10,0 g Honig

In Kunstdärme oder Fettenden füllen.

Brühen bei 75 °C bis mindestens 68 °C Kerntemperatur.

Aufhängen und kurz abtrocknen lassen.

Zwischen 40 und 50 °C bis gewünschte Farbe räuchern.

Nach dem Abkühlen eventuell in Wachs tauchen.

Tipp: *Im Originalrezept werden für Kalbsfett 25 % gebrühtes Kalbsgekröse und dafür auch nur 10 % S XI verwendet – eine gute Alternative!*

Streichleberwurst

2.2312.5

20 % Schweineleber

Leber kuttern, bis sie Blasen zieht. Im Langsamgang NPS unterkuttern und herausnehmen, wenn sie bindig ist.

20,0 g NPS
(für Leber)

10 % Schweine-
micker
30 % S XI
20 % S X
20 % S V
Kesselbrühe
(Fleischbrühe)

Micker durchkochen, Köpfe kochen, auslösen und zuschneiden. S X und S V 15 Min. blanchieren. Alles heiß mit Salz, den goldgelb angebratenen Zwiebeln und den Gewürzen fein kuttern. Den Kochverlust mit Brühe ausgleichen.

20,0 g NPS (Rest)
50,0 g Zwiebeln
2,0 g Pfeffer, weiß
1,0 g Macis
0,5 g Majoran

Leber unterkuttern, bis eine homogene Masse entsteht, die Blasen bildet.

0,5 g Ingwer
0,2 g Thymian
10,0 g Honig

In Mitteldärme oder Fettenden füllen.

Brühen bei 75 °C bis mindestens 68 °C Kerntemperatur.

Aufhängen und kurz abtrocknen lassen.

Zwischen 40 und 50 °C bis gewünschte Farbe räuchern.

Nach dem Abkühlen eventuell in Wachs tauchen.

Fränkische Leberwurst

2.2312.5

30% Schweineleber	Leber kuttern, bis sie Blasen zieht. Im Langsamgang NPS unterkuttern und herausnehmen, wenn sie bindig ist.	20,0 g NPS (für Leber)
25% S XI	S XI weich kochen, auslösen und zu-	
20% S X	schneiden. S X 15 Min. blanchieren und heiß mit Salz, den angebratenen Zwiebeln und Gewürzen fein kuttern.	20,0 g NPS (Rest) 50,0 g Zwiebeln 2,0 g Pfeffer, weiß
Kesselbrühe (Fleischbrühe)	Den Kochverlust mit Brühe ausgleichen. Zwischen 40 und 50 °C Leber unterkuttern, bis eine homogene Masse entsteht, die Blasen bildet.	1,0 g Macis 0,5 g Thymian 0,2 g Piment 0,2 g Majoran 10,0 g Honig
25% S VIII	S VIII in 5 mm große Würfel schneiden, 2 Min. blanchieren und heiß unter die feine Masse mischen.	

In Mitteldärme oder Schweinekappen füllen.

Brühen bei 75 °C bis mindestens 68 °C Kerntemperatur.

Aufhängen und kurz abtrocknen lassen.

Zwischen 40 und 50 °C bis gewünschte Farbe räuchern.

Nach dem Abkühlen eventuell in Wachs tauchen.

Feine Hamburger Leberwurst

2.2312.5

30% Schweineleber	Leber von Gallengängen befreien. Kuttern, bis sie Blasen zieht. Im Langsamgang NPS unterkuttern und herausnehmen, wenn sie bindig ist.	20,0 g NPS (für Leber)
50% S VI	S VI und S II 15 Min. blanchieren und	
20% S II (Schulter)	heiß mit Salz, den goldgelb gebratenen Zwiebeln und Gewürzen fein kuttern.	20,0 g NPS (Rest) 50,0 g Zwiebeln 2,0 g Pfeffer, weiß
Kesselbrühe (Fleischbrühe)	Den Kochverlust mit Brühe ausgleichen. Zwischen 40 und 50 °C Leber unterkuttern, bis eine homogene Masse entsteht, die Blasen bildet.	0,5 g Macis 0,5 g Ingwer 0,2 g Thymian 10,0 g Honig

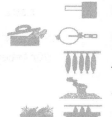

In Mitteldärme oder Fettenden füllen.

Brühen bei 75 °C bis mindestens 68 °C Kerntemperatur.

Aufhängen und kurz abtrocknen lassen.

Zwischen 40 und 50 °C bis gewünschte Farbe räuchern.

Nach dem Abkühlen eventuell in Wachs tauchen.

Hamburger Hausmacher Leberwurst   2.2312.5

20 % Schweineleber	Leber von Gallengängen befreien.	
10 % Schweine-micker	Micker gut durchkochen, S X und S V	
	15 Min. blanchieren und heiß mit Salz,	20,0 g NPS
15 % S X	den goldgelb angebratenen Zwiebeln	50,0 g Zwiebeln
15 % S V	und den Gewürzen 2 mm wolfen.	2,0 g Pfeffer, weiß
Kesselbrühe	Den Kochverlust mit Brühe ausgleichen.	0,5 g Macis
(Fleischbrühe)		0,5 g Ingwer
40 % S XI	S XI weich kochen, auslösen und	0,2 g Thymian
	zuschneiden. 5 mm wolfen und gut mit	10,0 g Honig
	dem fein gewolften Material mischen.	

In Mitteldärme oder Schweinekappen füllen.

Brühen bei 75 °C bis mindestens 68 °C Kerntemperatur.

Aufhängen und kurz abtrocknen lassen.

Zwischen 40 und 50 °C bis gewünschte Farbe räuchern.

Nach dem Abkühlen eventuell in Wachs tauchen.

Hamburger Landleberwurst   2.2312.5

20% Schweineleber	Leber von Gallengängen befreien. Kuttern, bis sie Blasen zieht. Im Langsamgang NPS unterkuttern und herausnehmen, wenn sie bindig ist.	20,0 g NPS (für Leber)
10% Schweine-micker 20% S V 10% S X Kesselbrühe (Fleischbrühe)	Micker durchkochen. S V und S X 15 Min. blanchieren und heiß mit Salz, Bratzwiebeln und Gewürzen fein kuttern. Den Kochverlust mit Brühe ausgleichen. Zwischen 40 und 50 °C Leber unterkuttern, bis eine homogene Masse entsteht, die Blasen bildet.	20,0 g NPS (Rest) 50,0 g Zwiebeln 2,0 g Pfeffer, weiß 0,5 g Macis 0,5 g Ingwer 0,2 g Thymian 10,0 g Honig
40% S XI	S XI weich kochen und von Knochen, Knorpeln und Schleimhäuten befreien. 5 mm wolfen und möglichst heiß unter die feine Masse mengen.	

Sofort in Mitteldärme, Schweinekappen oder Fettenden (ideal) füllen.

Brühen bei 75 °C bis mindestens 68 °C Kerntemperatur.

Aufhängen und kurz abtrocknen lassen.

Zwischen 40 und 50 °C bis gewünschte Farbe räuchern.

Nach dem Abkühlen eventuell in Wachs tauchen.

Hannoversche Leberwurst   2.2312.5

5% Schweinehirn 30% Schweineleber 25% S XI 20% S V 20% S X	Hirn sauber putzen und abspülen. Gallen-gänge aus der Leber ziehen, Köpfe weich kochen, auslösen und zuschneiden. S V und S X 15 Min. blanchieren und heiß mit Salz, den goldgelb angebratenen Zwie-beln und den Gewürzen 2 mm wolfen. Gut durchmengen.	20,0 g Kochsalz 50,0 g Zwiebeln 2,0 g Pfeffer, weiß 0,5 g Macis 0,5 g Ingwer 0,2 g Thymian 10,0 g Honig
Kesselbrühe (Fleischbrühe)	Den Kochverlust mit Brühe ausgleichen.	

Sofort in Mitteldärme oder Schweine-kappen füllen.

Brühen bei 75 °C bis mindestens 68 °C Kerntemperatur.

Aufhängen und kurz abtrocknen lassen.

Zwischen 40 und 50 °C bis gewünschte Farbe räuchern.

Nach dem Abkühlen eventuell in Wachs tauchen.

Hessische Leberwurst

2.2312.5

20 % Schweineleber 20 % S X	Leber von Gallengängen befreien. S X 15 Min. blanchieren und zusammen 2 mm wolfen. Gut mit Salz durchmengen.	20,0 g Kochsalz
20 % S XI 20 % S IV	S XI weich kochen und von Knochen, Knorpeln und Schleimhäuten befreien. S IV 15 Min. blanchieren und heiß mit Salz, den goldgelb gebratenen Zwiebeln und den Gewürzen 2 mm wolfen.	20,0 g Kochsalz 50,0 g Zwiebeln 2,0 g Pfeffer, weiß
20 % S VIII	S VIII in 5 mm große Würfel schneiden, 2 Min. blanchieren und heiß unter die fein gewolfte Masse mischen.	0,5 g Majoran 0,2 g Thymian 0,5 g Macis
Kesselbrühe (Fleischbrühe)	Den Kochverlust mit Brühe ausgleichen.	0,5 g Ingwer 10,0 g Honig

Sofort in Mitteldärme oder Schweinekappen füllen.

Brühen bei 75 °C bis mindestens 68 °C Kerntemperatur.

Aufhängen und kurz abtrocknen lassen.

Zwischen 40 und 50 °C bis gewünschte Farbe räuchern.

Nach dem Abkühlen eventuell in Wachs tauchen.

Holsteiner Leberwurst

20 % Schweineleber	Leber von Gallengängen befreien. Kuttern, bis sie Blasen zieht. Im Langsamgang NPS unterkuttern und herausnehmen, wenn sie bindig ist.	20,0 g NPS (für Leber)
10 % Schweine-micker	Micker gut durchkochen.	
20 % S V	S V und S X 15 Min. blanchieren und heiß mit Salz, den goldgelb gebratenen	18,0 g NPS (Rest) 50,0 g Zwiebeln
10 % S X	Zwiebeln und Gewürzen fein kuttern.	2,0 g Pfeffer, weiß 0,5 g Muskat
Kesselbrühe (Fleischbrühe)	Den Kochverlust mit Brühe ausgleichen. Zwischen 40 und 50 °C Leber unterkuttern, bis eine homogene Masse entsteht, die Blasen bildet.	0,5 g Ingwer 1,0 g Majoran 1,0 g Bohnenkraut 10,0 g Honig
40 % S XI	S XI weich kochen und von Knochen, Knorpeln und Schleimhäuten befreien. 8 mm wolfen und möglichst heiß unter die feine Masse mengen.	

Sofort in Mitteldärme, Kranzdärme oder Fettenden (ideal) füllen.

Brühen bei 75 °C bis mindestens 68 °C Kerntemperatur.

Aufhängen und kurz abtrocknen lassen.

Zwischen 40 und 50 °C bis gewünschte Farbe räuchern.

Nach dem Abkühlen eventuell in Wachs tauchen.

Hausmacher Leberwurst
2.2312.5

25 % Schweineleber
60 % S V
15 % S XI

Leber von Gallengängen befreien.
S V 15 Min. blanchieren. Köpfe weich
kochen, auslösen und zuschneiden.
Leber und die möglichst heißen S V
und S XI zusammen mit Salz,
Gewürzen und Zwiebeln 5 mm wolfen.

20,0 g Kochsalz
2,5 g Pfeffer, weiß
0,5 g Muskat
1,0 g Majoran
0,5 g Kümmel
0,5 g Thymian
20,0 g Zwiebeln

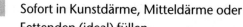

Sofort in Kunstdärme, Mitteldärme oder
Fettenden (ideal) füllen.

Brühen bei 75 °C bis mindestens 68 °C Kerntemperatur.

Aufhängen und kurz abtrocknen lassen.

Zwischen 40 und 50 °C bis gewünschte Farbe räuchern.

Nach dem Abkühlen eventuell in Wachs tauchen.

Pfälzer Leberwurst
2.2312.5

20 % Schweineleber
30 % S V
30 % S X
20 % S XI

Leber von Gallengängen befreien.
S V und S X 15 Min. blanchieren.
Köpfe weich kochen, auslösen und
zuschneiden. Leber und die möglichst
heißen S V und S XI zusammen mit
Salz, Gewürzen und den goldgelb
gedünsteten Zwiebeln 3 mm wolfen.

20,0 g Kochsalz
2,5 g Pfeffer, weiß
1,0 g Majoran
1,0 g Muskat
0,5 g Piment
20,0 g Zwiebeln

Kesselbrühe
(Fleischbrühe)

Den Kochverlust durch Brühe ausgleichen.
Gut vermengen.

In Kranzdärme füllen.

Brühen bei 75 °C bis mindestens 68 °C Kerntemperatur.

Aufhängen und kurz abtrocknen lassen.

Zwischen 40 und 50 °C bis gewünschte Farbe räuchern.

Nach dem Abkühlen eventuell in Wachs tauchen.

Pommersche Leberwurst

2.2312.5

20% Schweineleber	Leber von Gallengängen befreien. Kuttern, bis sie Blasen zieht. Im Langsamgang NPS unterkuttern und herausnehmen, wenn sie bindig ist.	20,0 g NPS (für Leber)
30% S XI 20% S IV	S XI weich kochen und von Knochen, Knorpeln und Schleimhäuten befreien. S IV 15 Min. blanchieren und heiß mit Salz, den goldgelb angebratenen Zwiebeln und den Gewürzen 5 mm wolfen.	20,0 g NPS (Rest) 50,0 g Zwiebeln 2,0 g Pfeffer, weiß 0,5 g Macis
Kesselbrühe (Fleischbrühe)	Den Kochverlust mit Brühe ausgleichen und gut durchmengen.	0,5 g Kardamom 0,5 g Ingwer
30% S V	S V evtl. vorpökeln, in 5 mm große Würfel schneiden, 3 Min. blanchieren und heiß mit dem gewolften Material vermischen. Die Leber zugeben und gut vermengen.	0,2 g Nelken 0,2 g Thymian 10,0 g Honig

In Mitteldärme oder Schweinekappen füllen.

Brühen bei 75 °C bis mindestens 68 °C Kerntemperatur.

Aufhängen und kurz abtrocknen lassen.

Zwischen 40 und 50 °C bis gewünschte Farbe räuchern.

Nach dem Abkühlen eventuell in Wachs tauchen.

Rheinische Leberwurst

2.2312.5

30% Schweineleber	Leber von Gallengängen befreien. Kuttern, bis sie Blasen zieht. Im Langsamgang NPS unterkuttern und herausnehmen, wenn sie bindig ist.	20,0 g NPS (für Leber)
25% S XI 25% S X 20% S V	S XI weich kochen, auslösen und zuschneiden. S X 15 Min. blanchieren, S V mit Zwiebeln in Butter goldgelb braten und alles heiß mit Salz und Gewürzen fein kuttern.	20,0 g NPS (Rest) 20,0 g Zwiebeln 2,0 g Pfeffer, weiß

Milch	Den Kochverlust durch Milch ausgleichen.	1,0 g Macis

Zwischen 40 und 50 °C Leber unterkuttern, bis eine homogene Masse entsteht, die Blasen bildet.

0,5 g Kardamom
0,2 g Ingwer
0,2 g Rosmarin
2,0 g Vanillezucker
5,0 g Honig

 Sofort in Kunstdärme, Mitteldärme oder Fettenden (ideal) füllen.

Brühen bei 75 °C bis mindestens 68 °C Kerntemperatur.

Aufhängen und kurz abtrocknen lassen.

Zwischen 40 und 50 °C bis gewünschte Farbe räuchern.

Nach dem Abkühlen eventuell in Wachs tauchen.

Sächsische Leberwurst   2.2312.5

20 % S X	S X 15 Min. blanchieren. Köpfe, Milz,	
20 % S XI	Lunge und Kronfleisch weich kochen	
25 % Milz, Lunge, Kronfleisch	und von Knochen, Knorpeln und Schleimhäuten befreien.	
20 % Schweineleber	Leber von Gallengängen befreien und mit den möglichst heißen S X, S XI und Innereien sowie Salz, Gewürzen und Zwiebeln 3 mm wolfen.	20,0 g NPS 2,0 g Pfeffer, weiß 0,5 g Koriander 0,5 g Kümmel
15 % S VIII	S VIII 3 mm würfeln, 3 Min. blanchieren und heiß untermischen.	50,0 g Zwiebeln

 Sofort in Kunstdärme, Krausdärme oder Schweinekappen (ideal) füllen.

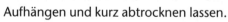 Brühen bei 75 °C bis mindestens 68 °C Kerntemperatur.

Aufhängen und kurz abtrocknen lassen.

Zwischen 40 und 50 °C bis gewünschte Farbe räuchern.

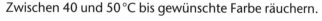 Nach dem Abkühlen eventuell in Wachs tauchen.

Dresdner Leberwurst   2.2312.5

20 % S X	S X und S V 15 Min. blanchieren. Köpfe,	
15 % S V	Milz, Kronfleisch und Lungen weich	
25 % S XI	kochen und von Knochen, Knorpeln	
	und Schleimhäuten befreien.	

25 % Schweineleber	Leber von Gallengängen befreien und	20,0 g NPS
	mit den heißen S X, S V und S XI	2,0 g Pfeffer, weiß
	sowie Salz, Gewürzen und Zwiebeln	0,5 g Koriander
	2 mm wolfen.	0,5 g Kümmel
15 % S VIII	S VII 3 mm würfeln, 3 Min.	50,0 g Zwiebeln
	blanchieren und heiß untermischen.	

Sofort in Kunstdärme, Krausdärme oder Schweinekappen (ideal) füllen.

Brühen bei 75 °C bis mindestens 68 °C Kerntemperatur.

Aufhängen und kurz abtrocknen lassen.

Zwischen 40 und 50 °C bis gewünschte Farbe räuchern.

Nach dem Abkühlen eventuell in Wachs tauchen.

Schlesische Leberwurst   2.2312.5

20 % Schweineleber	Leber von Gallengängen befreien.	20,0 g NPS
	Kuttern, bis sie Blasen zieht. Im	(für Leber)
	Langsamgang NPS unterkuttern und	
	herausnehmen, wenn sie bindig ist.	
20 % S X	S X, S V und S IV 15 Min. blanchieren.	20,0 g NPS
15 % S V	Köpfe kochen, auslösen und zuschneiden.	2,0 g Pfeffer, weiß
10 % S IV	Möglichst heiß mit Salz, Gewürzen	0,5 g Muskat
20 % S XI	und Zwiebeln 3 mm wolfen.	0,2 g Piment
15 % S VIII	S VIII in 5 mm große Würfel schneiden,	1,0 g Majoran
	3 Min. blanchieren und heiß untermischen.	0,5 g Thymian
	Zuletzt die Leber dazugeben und alles	50,0 g Zwiebeln
	gut vermengen.	

Sofort in Kunstdärme, Krausdärme oder Schweinekappen (ideal) füllen.

 Brühen bei 75 °C bis mindestens 68 °C Kerntemperatur.

 Aufhängen und kurz abtrocknen lassen.

 Zwischen 40 und 50 °C bis gewünschte Farbe räuchern.

 Nach dem Abkühlen eventuell in Wachs tauchen.

Schwäbische Leberwurst

2.2312.5

30% Schweineleber	Leber von Gallengängen befreien. Kuttern, bis sie Blasen zieht. Im Langsamgang NPS unterkuttern und herausnehmen, wenn sie bindig ist.	20,0 g NPS (für Leber)
25% S X 40% S V 5% Sahne	S X und S V 15 Min. blanchieren und heiß mit Sahne, Salz, den goldgelb gebratenen Zwiebeln und den Gewürzen fein kuttern.	20,0 g NPS (Rest) 20,0 g Zwiebeln 2,0 g Pfeffer, weiß 1,0 g Muskat
Milch	Den Kochverlust mit Milch ausgleichen. Zwischen 40 und 50 °C Leber unterkuttern, bis eine homogene Masse entsteht, die Blasen bildet.	0,5 g Kardamom 0,2 g Ingwer 10,0 g Honig

 Sofort in Kunstdärme, Mitteldärme oder Fettenden (ideal) füllen.

  Brühen bei 75 °C bis mindestens 68 °C Kerntemperatur.

 Aufhängen und kurz abtrocknen lassen.

Zwischen 40 und 50 °C bis gewünschte Farbe räuchern.

 Nach dem Abkühlen eventuell in Wachs tauchen.

Thüringer Leberwurst 2.2312.5

40% S IV	Bauch in 5 mm große Würfel schneiden, pökeln und 10 Min. blanchieren.	20,0 g NPS
40% S XI	Köpfe vorpökeln, weich kochen, auslösen, zuschneiden und 5 mm wolfen.	NPS
20% Delikatessleberwurstmasse	Mit der Delikatessleberwurstmasse und den Gewürzen vermischen.	2,0 g Pfeffer, weiß 1,0 g Majoran 0,5 g Thymian 0,5 g Kümmel

Sofort in Fettenden, Mitteldärme oder Schweinekappen (ideal) füllen.

Brühen bei 75 °C bis mindestens 68 °C Kerntemperatur.

Aufhängen und kurz abtrocknen lassen.

Zwischen 40 und 50 °C bis gewünschte Farbe räuchern.

Nach dem Abkühlen eventuell in Wachs tauchen.

Kräuterleberwurst 2.2312.5

100% Leberwurstmasse	Kräuter fein hacken und mit der Leberwurstmasse vermischen.	50,0 g Schnittlauch 20,0 g Petersilie

Sofort in Kunstdärme, Mitteldärme oder Fettenden (ideal) füllen.

Brühen bei 75 °C bis mindestens 68 °C Kerntemperatur.

Aufhängen und kurz abtrocknen lassen.

Zwischen 40 und 50 °C bis gewünschte Farbe räuchern.

Nach dem Abkühlen eventuell in Wachs tauchen.

Tipp: *Je nach Geschmack können auch Estragon, Basilikum, Kerbel, Bärlauch, Oregano oder Zitronenmelisse zugegeben werden.*

Sahneleberwurst

2.2312.5

25 % Schweineleber	Leber kuttern, bis sie Blasen zieht. Im Langsamgang NPS unterkuttern und herausnehmen, wenn sie bindig ist.	20,0 g NPS (für Leber)
		20,0 g NPS (Fleisch)
20 % S XI	S XI weich kochen, auslösen und	2,0 g Pfeffer, weiß
20 % S X	zuschneiden. S X und S V 15 Min.	1,0 g Muskat
25 % S V	blanchieren und mit Sahne, Salz und	0,5 g Kardamom
10 % süße Sahne	Gewürzen fein kuttern.	0,2 g Ingwer
		10,0 g Honig
	Leber unterkuttern, bis eine homogene Masse entsteht, die Blasen bildet.	5,0 g Vanillezucker

 Sofort in Kunstdärme, Mitteldärme oder Fettenden (ideal) füllen.

 Brühen bei 75 °C bis mindestens 68 °C Kerntemperatur.

 Aufhängen und kurz abtrocknen lassen.

Zwischen 40 und 50 °C bis gewünschte Farbe räuchern.

Nach dem Abkühlen eventuell in Wachs tauchen.

Sardellenleberwurst

2.2312.5

3 % Sardellen	Sardellen mindestens 3 Stunden wässern, reiskorngroß schneiden und mit frischem Dill vermischt eine Stunde durchziehen lassen.	2,0 g Dill, fein gehackt
97 % Leberwurst-masse	Mit der Leberwurstmasse vermischen.	

    Sofort in Kunstdärme, Mitteldärme oder Fettenden (ideal) füllen.

 Brühen bei 75 °C bis mindestens 68 °C Kerntemperatur.

 Aufhängen und kurz abtrocknen lassen.

 Zwischen 40 und 50 °C bis gewünschte Farbe räuchern.

Nach dem Abkühlen eventuell in Wachs tauchen.

Schalottenleberwurst

25% Schweineleber	Leber von Gallengängen befreien. Kuttern, bis sie Blasen zieht. Im Langsamgang NPS unterkuttern und herausnehmen, wenn sie bindig ist.	20,0 g NPS (für Leber)
20% S XI 30% S X 20% S V 5% Schalotten	S XI weich kochen, auslösen und zuschneiden. S X und S V 15 Min. blanchieren und mit den goldgelb angebratenen Schalotten und Salz Gewürzen fein kuttern.	20,0 g NPS (Rest) 2,0 g Pfeffer, weiß 1,0 g Muskat 0,5 g Kardamom 0,2 g Ingwer 10,0 g Honig 5,0 g Vanillezucker
Kesselbrühe (Fleischbrühe)	Den Kochverlust mit Brühe ausgleichen. Zwischen 40 und 50°C Leber unterkuttern, bis eine homogene Masse entsteht, die Blasen bildet.	

Sofort in Kunstdärme, Mitteldärme oder Fettenden (ideal) füllen.

Brühen bei 75°C bis mindestens 68°C Kerntemperatur.

Aufhängen und kurz abtrocknen lassen.

Zwischen 40 und 50°C bis gewünschte Farbe räuchern.

Nach dem Abkühlen eventuell in Wachs tauchen.

Tomatenleberwurst

5 % Tomaten	Tomaten kreuzweise einschneiden,
5 % Tomatenmark	10 Sek. blanchieren, schälen und vom Stängelansatz befreien. Mit
90 % Leberwurst-masse	Tomatenmark und der Leber-wurstmasse fein kuttern, zuletzt das fein gehackte Basilikum untermischen.

10,0 g Basilikum,
frisch oder
2,0 g Thymian

 Sofort in Kunstdärme, Mitteldärme oder Fettenden (ideal) füllen.

 Brühen bei 75 °C bis mindestens 68 °C Kerntemperatur.

 Aufhängen und kurz abtrocknen lassen.

Zwischen 40 und 50 °C bis gewünschte Farbe räuchern.

Nach dem Abkühlen eventuell in Wachs tauchen.

Rosinenleberwurst

5 % Mandeln	Mandeln hacken und mit den Rosinen
5 % Rosinen	unter die Leberwurstmasse mischen.
90 % Leberwurst-masse	

 Sofort in Kunstdärme füllen.

  Brühen bei 75 °C bis mindestens 68 °C Kerntemperatur.

Schnittlauchleberwurst

2 % Schnittlauch	Schnittlauch in feine Röllchen schneiden
98 % Leberwurst-masse	und unter die Leberwurstmasse mischen.

 Sofort in Kunstdärme füllen.

  Brühen bei 75 °C bis mindestens 68 °C Kerntemperatur.

Hausmacher Leberwurst

2% Zwiebeln	Zwiebeln goldgelb anbraten, Wammen	20,0 g Kochsalz
18% S VI (Wammen)	10 Min. blanchieren. Alles mit der Leber	(Leber)
10% Schweineleber	3 mm wolfen und gut vermischen.	
40% S XI	Köpfe weich kochen, auslösen und	20,0 g Kochsalz
10% Schweineleber	zuschneiden. Mit Leber und Salz	(Rest)
	6 mm wolfen und gut vermischen.	
20% S VIII	Speck in 3 mm große Würfel schneiden	
	und 3 bis 5 Min. blanchieren.	
Fleischbrühe	Alles möglichst heiß mit den Gewürzen	2,0 g Pfeffer, weiß
(Kesselbrühe)	vermischen und dabei zum Ausgleich	0,5 g Muskat
	des Kochverlustes Fleischbrühe zugeben.	1,0 g Majoran
		0,5 g Kümmel
		0,5 g Thymian

Sofort in Schweinekappen oder Fettenden füllen.

Brühen bei 75 °C bis mindestens 68 °C Kerntemperatur.

Aufhängen und kurz abtrocknen lassen.

Zwischen 40 und 50 °C bis gewünschte Farbe räuchern.

Nach dem Abkühlen eventuell in Wachs tauchen.

Bauernleberwurst

38% S X (Wammen)	Wammen 10 Min. blanchieren und mit den	
2% Zwiebeln	goldgelb angebratenen Zwiebeln 3 mm	
	wolfen.	
20% Schweineleber	Leber von Gallengängen befreien. Köpfe	
40% S XI	weich kochen, auslösen und zuschneiden	
	und zusammen 5 mm wolfen.	
	Alles heiß mit Salz und Gewürz	20,0 g NPS
	vermischen. Zum Ausgleich des	2,0 g Pfeffer, weiß
Fleischbrühe	Kochverlustes Fleischbrühe zugeben.	1,0 g Majoran
		0,5 g Kümmel
		0,5 g Thymian

Sofort in Kunstdärme, Mitteldärme oder Fettenden (ideal) füllen.

Brühen bei 75 °C bis mindestens 68 °C Kerntemperatur.

Aufhängen und kurz abtrocknen lassen.

Zwischen 40 und 50 °C bis gewünschte Farbe räuchern.

Nach dem Abkühlen eventuell in Wachs tauchen.

Landleberwurst

2.2312.6

2 % Zwiebeln	Zwiebeln anbraten. Wammen 10 Min.
18 % S X (Wammen)	blanchieren und beides 3 mm wolfen.
40 % S XI	Köpfe kochen, auslösen, zuschneiden
20 % Schweineleber	und mit der Leber 2 mm wolfen.

20 % S VIII	Speck in 3 mm große Würfel schneiden und 3 bis 5 Min. blanchieren.	
		20,0 g NPS
	Alles heiß mit Salz und Gewürz	2,0 g Pfeffer, weiß
Fleischbrühe	vermischen. Zum Ausgleich des	1,0 g Majoran
(Kesselbrühe)	Kochverlustes Fleischbrühe zugeben.	0,5 g Muskat
		0,5 g Kümmel
		0,5 g Thymian

Sofort in Mitteldärme oder Fettenden füllen.

Brühen bei 75 °C bis mindestens 68 °C Kerntemperatur.

Aufhängen und kurz abtrocknen lassen.

Zwischen 40 und 50 °C bis gewünschte Farbe räuchern.

Nach dem Abkühlen eventuell in Wachs tauchen.

Griebenleberwurst

2.2312.6

20% Schweineleber	Leber kuttern, bis sie Blasen zieht. Im Langsamgang NPS unterkuttern und herausnehmen, wenn sie bindig ist.	20,0 g NPS (für Leber)

10% Schweine-grieben	Grieben im Wasserbad erhitzen.	
30% S XI	S XI weich kochen, auslösen und zu-schneiden. S X und S V 10 Min.	30,0 g Zwiebeln
15% S X	blanchieren, Kalbsfett fein würfeln, mit	20,0 g NPS (Rest)
20% S V	Zwiebeln goldgelb anbraten und alles	2,0 g Pfeffer, weiß
5 % Kalbsfett	mit Salz und Gewürzen 3 mm wolfen.	0,2 g Thymian
Kesselbrühe	Den Kochverlust mit Brühe ausgleichen.	0,5 g Macis
(Fleischbrühe)		0,3 g Piment
		0,5 g Ingwer

 In Mitteldärme oder Fettenden füllen.

 Brühen bei 75 °C bis mindestens 68 °C Kerntemperatur.

Aufhängen und kurz abtrocknen lassen.

Zwischen 40 und 50 °C bis gewünschte Farbe räuchern.

Nach dem Abkühlen eventuell in Wachs tauchen.

Zwiebelleberwurst

2.2312.6

15% Schweineleber	Leber kuttern, bis sie Blasen zieht. Im Langsamgang NPS unterkuttern und herausnehmen, wenn sie bindig ist.	20,0 g NPS (für Leber)

10% S X	S X 15 Min. blanchieren. Zwiebeln in	20,0 g NPS (Rest)
10% Zwiebeln	Schweinefett goldgelb anbraten und	2,0 g Pfeffer, weiß
	zusammen mit dem heißen S X,	1,0 g Muskat
	Salz und Gewürzen fein kuttern.	1,0 g Majoran
		0,5 g Thymian
40% S V	S V 15 Min. blanchieren. Köpfe kochen,	0,5 g Koriander
25% S XI	auslösen und zuschneiden. 4 mm wolfen	0,5 g Kümmel
	und beides unter die feine Masse mengen.	10,0 g Honig
Kesselbrühe	Den Kochverlust mit Brühe ausgleichen.	
(Fleischbrühe)		

Zwischen 40 und 50 °C Leber
unterkuttern, bis eine homogene
Masse entsteht, die Blasen bildet.

 Sofort in Kunstdärme, Mitteldärme oder Fettenden (ideal) füllen.

 Brühen bei 75 °C bis mindestens 68 °C Kerntemperatur.

 Aufhängen und kurz abtrocknen lassen.

Zwischen 40 und 50 °C bis gewünschte Farbe räuchern.

Nach dem Abkühlen eventuell in Wachs tauchen.

Geflügelleberwurst

2.2312.7

15 % Schweineleber	Leber von Gallengängen befreien. Kuttern, bis sie Blasen zieht. Im Langsamgang NPS unterkuttern und herausnehmen, wenn sie bindig ist.	20,0 g NPS (für Leber)
30 % S X 10 % Geflügelhaut	S X 15 Min. blanchieren, Haut weich kochen und mit S X, Salz und Gewürzen heiß fein kuttern.	20,0 g NPS 2,0 g Pfeffer, weiß
Hühnerbrühe	Den Kochverlust mit Brühe ausgleichen.	1,0 g Rosmarin 0,5 g Muskat
	Zwischen 40 und 50 °C Leber unterkuttern, bis eine homogene Masse entsteht, die Blasen bildet.	0,5 g Ingwer 0,5 g Koriander 10,0 g Honig
15 % Geflügelleber 30 % Geflügelfleisch	Geflügelleber in Weißwein marinieren und kurz anbraten. Geflügelfleisch ohne Haut weich kochen und zusammen mit der Leber in 5 mm große Würfel schneiden. Alles mit der feinen Masse vermischen.	

 Sofort in Kunstdärme, Mitteldärme oder Fettenden (ideal) füllen.

 Brühen bei 75 °C bis mindestens 68 °C Kerntemperatur.

 Aufhängen und kurz abtrocknen lassen.

 Zwischen 40 und 50 °C bis gewünschte Farbe räuchern.

Nach dem Abkühlen eventuell in Wachs tauchen.

Putenleberwurst

2.2312.7

10% Schweineleber	Leber kuttern, bis sie Blasen zieht. Im Langsamgang NPS unterkuttern und herausnehmen, wenn sie bindig ist.	20,0 g NPS (Leber)
20% S X 10% Putenhaut 15% Putenunter- keulenfleisch Hühnerbrühe	S X 15 Min. blanchieren. Haut und Unter- keulenfleisch weich kochen und mit S X, Salz und Gewürzen heiß fein kuttern. Den Kochverlust mit Brühe ausgleichen. Leber unterkuttern, bis eine homogene Masse entsteht, die Blasen bildet.	20,0 g NPS 2,0 g Pfeffer, weiß 0,5 g Ingwer 1,0 g Rosmarin 0,5 g Muskat 0,5 g Koriander 10,0 g Honig
15% Putenleber 20% Putenober- keulen 5% Putenherzen 5% Putenmägen	Putenleber in Rotwein marinieren und kurz anbraten. Oberkeulenfleisch, Herzen und Mägen weich kochen, auslösen bzw. zuschneiden. Leber und Fleisch 5 mm wolfen, Herz und Magen in 5 mm große Würfel schneiden und alles mit der feinen Masse vermischen.	Rotwein

 Sofort in Kunstdärme oder Fettenden füllen.

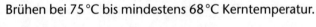 Brühen bei 75 °C bis mindestens 68 °C Kerntemperatur.

 Aufhängen und kurz abtrocknen lassen.

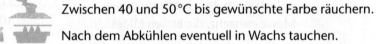 Zwischen 40 und 50 °C bis gewünschte Farbe räuchern.

Nach dem Abkühlen eventuell in Wachs tauchen.

Putenleberwurst, fein zerkleinert

2.2312.7

20% Schweineleber 10% Putenleber 30% S X	Leber kuttern, bis sie Blasen zieht. Im Langsamgang NPS unterkuttern und herausnehmen, wenn sie bindig ist.	20,0 g NPS (Leber)
10% S V 5% Putenhaut 25% Putenunter- keulenfleisch Hühnerbrühe	S X und S V 15 Min. blanchieren. Haut und Unterkeulenfleisch weich kochen. Alles zusammen mit Salz und Gewürzen heiß fein kuttern. Den Kochverlust mit Brühe ausgleichen.	20,0 g NPS 2,0 g Pfeffer, weiß 0,5 g Ingwer 0,5 g Muskat 10,0 g Honig

Leber unterkuttern, bis eine homogene
Masse entsteht, die Blasen bildet.

 Sofort in Kunstdärme oder Fettenden füllen.

 Brühen bei 75 °C bis mindestens 68 °C Kerntemperatur.

Aufhängen und kurz abtrocknen lassen.

Zwischen 40 und 50 °C bis gewünschte Farbe räuchern.

Nach dem Abkühlen eventuell in Wachs tauchen.

Lebercreme
2.2312.8

24 % Schweineleber	Leber kuttern, bis sie Blasen zieht. Im Langsamgang NPS unterkuttern und herausnehmen, wenn sie bindig ist.	20,0 g NPS (für Leber)
32 % S IV 24 % S X Kesselbrühe (Fleischbrühe)	S IV und S X 15 Min. blanchieren und mit den Gewürzen fein kuttern. Den Kochverlust mit Brühe ausgleichen. Zwischen 40 und 50 °C Leber unterkuttern, bis eine homogene Masse entsteht, die Blasen bildet.	20,0 g NPS (Rest) 2,0 g Pfeffer, weiß 1,0 g Macis 0,5 g Kardamom 0,2 g Ingwer 2,0 g Vanillezucker 5,0 g Honig
20 % Lyonerbrät	Abkühlen und Lyonerbrät unterkuttern.	

 Sofort in Formen oder Kunstdärme füllen.

 Backen im Wasserbad bis Kerntemperatur 70 °C
oder
Brühen bei 75 °C bis mindestens 68 °C Kerntemperatur.

Leberwurst, einfach

2.2312.9

15 % Schweineleber	Leber von Gallengängen befreien. Mit	20,0 g NPS
5 % Milz	der Milz kuttern, bis die Masse Blasen	(für Leber)
	zieht. Dann langsam NPS unterkuttern	
	und herausnehmen, wenn alles bindig ist.	

30 % S X	S X 15 Min. blanchieren. Rinderkopf,	50,0 g Zwiebeln
10 % Rinderkopf-	S XI, Schwarten, Lunge oder Euter	20,0 g NPS (Rest)
fleisch	weich kochen und auslösen bzw.	2,0 g Pfeffer, weiß
20 % S XI	zuschneiden.	1,0 g Muskat
10 % Lunge, Euter	Mit S X, Zwiebeln, Salz und Gewürzen	0,5 g Koriander
10 % Schwarten	fein kuttern.	0,5 g Thymian
Kesselbrühe	Den Kochverlust mit Brühe ausgleichen.	10,0 g Honig
(Fleischbrühe)		
	Zwischen 40 und 50 °C Leber unterkuttern,	
	bis eine homogene Masse entsteht,	
	die Blasen bildet.	

 In Kunstdärme oder Mitteldärme füllen.

 Brühen bei 75 °C bis mindestens 68 °C Kerntemperatur.

Aufhängen und kurz abtrocknen lassen.

Zwischen 40 und 50 °C bis gewünschte Farbe räuchern.

 Nach dem Abkühlen eventuell in Wachs tauchen.

Lippsche Leberwurst, fein gekuttert

2.2312.9

8 % Schweineleber	Leber von Gallengängen befreien.	20,0 g Kochsalz
	Kuttern, bis sie Blasen zieht. Im	(für Leber)
	Langsamgang NPS unterkuttern und	
	herausnehmen, wenn sie bindig ist.	
15 % S IV		
30 % S V	S IV, S V und S X 15 Min. blanchieren	20,0 g Kochsalz
40 % S X	und heiß mit Salz, Zwiebeln und den	(Rest)
7 % Zwiebeln	Gewürzen fein kuttern.	20,0 g Zwiebeln
Kesselbrühe	Den Kochverlust mit Brühe ausgleichen.	2,0 g Pfeffer, weiß
(Fleischbrühe)		1,5 g Piment
	Zwischen 40 und 50 °C Leber	1,0 g Muskat
	unterkuttern, bis eine homogene	5,0 g Honig
	Masse entsteht, die Blasen bildet.	

Sofort in Kranzdärme füllen.

  Brühen bei 75 °C bis mindestens 68 °C Kerntemperatur.

 Aufhängen und kurz abtrocknen lassen.

Zwischen 40 und 50 °C bis gewünschte Farbe räuchern.

Lippsche Leberwurst   2.2312.9

8 % Schweineleber	Leber von Gallengängen befreien.	
15 % S IV	S IV, S V und S X in grobe Stücke	
30 % S V	schneiden und 15 Min. blanchieren.	
40 % S X	Zwiebeln zusammen mit der rohen	
7 % Zwiebeln	Leber, dem heißen Fleisch und Fett,	20,0 g Kochsalz
	Salz sowie Gewürzen 2 mm wolfen.	2,0 g Pfeffer, weiß
Fleischbrühe	Den Kochverlust mit heißer Brühe ausgleichen.	1,5 g Piment
		1,0 g Muskat
	Gut durchmengen, bis eine glatte, glänzende Masse entsteht.	1,0 g Honig

 Sofort in Kranzdärme füllen.

 Brühen bei 75 °C bis mindestens 68 °C Kerntemperatur.

  Aufhängen und kurz abtrocknen lassen.

Zwischen 40 und 50 °C bis gewünschte Farbe räuchern.

Leberwürstchen   2.2312.10

20% Schweineleber	Leber und S X in Stücke schneiden.	
45% S X	S X 15 Min. blanchieren.	
30% S XI	S XI (Abschnitte) und Schwarten	50,0 g Zwiebeln
5% Schwarten	weich kochen. Zwiebeln goldgelb	20,0 g Kochsalz
	anbraten und zusammen mit der	oder NPS
	rohen Leber, dem heißen Fleisch,	2,0 g Pfeffer, weiß
	Salz und Gewürzen 2 mm wolfen.	1,0 g Muskat
		1,0 g Majoran
Fleischbrühe	Den Kochverlust mit heißer Brühe aus-	0,5 g Koriander
	gleichen und diese untermischen, bis	1,0 g Honig
	eine glatte, glänzende Masse entsteht.	

 Sofort in Schweinedünndärme füllen.

Brühen bei 75°C bis mindestens 68°C Kerntemperatur.

Warm verkaufen und verzehren oder

abkühlen und kalt nachräuchern.

Frische Leberwürstchen   2.2312.10

30% S X	S X 15 Min. blanchieren.	
15% Grieben	Schweinefettgrieben im Wasserbad	
40% S XI	erhitzen. S XI weich kochen.	
(Abschnitte)	Zwiebeln goldgelb anbraten und mit	50,0 g Zwiebeln
15% Schweineleber	roher Leber, dem heißen Fleisch,	20,0 g Kochsalz
	Salz und Gewürzen 2 mm wolfen.	2,0 g Pfeffer, weiß
		1,0 g Muskat
Fleischbrühe	Den Kochverlust mit heißer Brühe aus-	1,0 g Majoran
	gleichen und gut vermengen, bis eine	0,5 g Koriander
	glatte, glänzende Masse entsteht.	1,0 g Honig

Sofort in Schweinedünndärme füllen.

Brühen bei 75°C bis mindestens 68°C Kerntemperatur.

 Frisch verkaufen.

Siedleberwurst

20 % Schweineleber	Leber bindig kuttern und herausnehmen.	20,0 g NPS (für Leber)
5 % Lunge	Lunge und Micker durchkochen.	
10 % Micker oder S X	S X und S V 10 Min. blanchieren.	20,0 g NPS (Rest)
	Zwiebeln goldgelb anbraten und alles	50,0 g Zwiebeln
10 % S X	heiß mit Salz und Gewürzen fein kuttern.	2,0 g Pfeffer, weiß
30 % S V	Den Kochverlust mit Brühe ausgleichen.	0,5 g Muskat
Kesselbrühe (Fleischbrühe)	Zwischen 40 und 50 °C Leber unterkuttern, bis eine homogene Masse entsteht, die Blasen bildet.	0,5 g Piment 2,0 g Majoran 0,5 g Thymian 10,0 g Honig
25 % S XI	S XI kochen, auslösen und zuschneiden. 3 mm wolfen und alles vermischen.	

Sofort in Schweinelaufdärme füllen.

Brühen bei 75 °C bis mindestens 68 °C Kerntemperatur.

Frisch verkaufen.

Berliner Frische Leberwurst

15 % Schweineleber	Leber bindig kuttern und herausnehmen.	20,0 g NPS (für Leber)
30 % Brötchen	Altbackene Brötchen oder Weißbrot mit	
10 % Lunge	Brühe einweichen und ausdrücken. Lunge	
10 % Micker oder S X	und Micker durchkochen. S X 10 Min. blanchieren. Zwiebeln anbraten und alles	20,0 g NPS (Fleisch)
10 % S X	heiß mit Salz und Gewürzen fein kuttern.	50,0 g Zwiebeln
Kesselbrühe (Fleischbrühe)	Den Kochverlust mit Brühe ausgleichen.	2,0 g Pfeffer, weiß 0,5 g Macis
	Zwischen 40 und 50 °C Leber unterkuttern, bis eine homogene Masse entsteht, die Blasen bildet.	0,3 g Piment 2,0 g Majoran 0,5 g Thymian
25 % S XI	S XI kochen, auslösen und zuschneiden. 3 mm wolfen und alles vermischen.	10,0 g Honig

Sofort in Schweinelaufdärme füllen.

Brühen bei 75 °C bis mindestens 68 °C Kerntemperatur.

Frisch verkaufen.

Wellwurst

2.2312.11

15 % Schweineleber	Leber von Gallengängen befreien. Kuttern, bis sie Blasen zieht. Im Langsamgang NPS unterkuttern und herausnehmen, wenn sie bindig ist.	20,0 g NPS (für Leber)
25 % Brötchen 30 % S XI 15 % S IX 15 % S X	Altbackene Brötchen oder Weißbrot mit Fleischbrühe einweichen und ausdrücken. S XI kochen, auslösen und zuschneiden. S IX und S X 10 Min. blanchieren.	20,0 g Kochsalz (Rest) 50,0 g Zwiebeln
	Zwiebeln anbraten und alles heiß mit Salz und Gewürzen 3 mm wolfen.	2,0 g Pfeffer, weiß 0,5 g Macis
Kesselbrühe (Fleischbrühe)	Den Kochverlust mit Brühe ausgleichen und die Leber bindig untermischen.	0,3 g Piment 2,0 g Majoran 0,5 g Thymian
	Sofort in Schweinelaufdärme füllen.	10,0 g Honig
	Brühen bei 75 °C bis mindestens 68 °C Kerntemperatur.	
	Frisch verkaufen.	

Weiße Schlesische Wellwurst

2.2312.11

10 % Schweineleber	Leber 2 mm wolfen und mit Salz bindig mengen.	20,0 g Kochsalz (für Leber)
25 % Brötchen 30 % S XI 20 % S IX 15 % S X	Altbackene Brötchen oder Weißbrot mit Fleischbrühe einweichen und ausdrücken. S XI kochen, auslösen und zuschneiden. S IX und S X 10 Min. blanchieren.	20,0 g Kochsalz (Fleisch) 50,0 g Zwiebeln
	Zwiebeln anbraten und alles heiß mit Salz und Gewürzen 2 mm wolfen.	2,0 g Pfeffer, weiß 0,5 g Macis
Kesselbrühe (Fleischbrühe)	Den Kochverlust mit Brühe ausgleichen und die Leber untermengen, bis eine glatte, glänzende Masse entsteht.	0,3 g Piment 0,5 g Majoran 0,5 g Thymian 1,0 g Bohnenkraut
	Sofort in Schweinelaufdärme füllen.	10,0 g Honig
	Brühen bei 75 °C bis mindestens 68 °C Kerntemperatur.	
	Frisch verkaufen.	

Semmelleberwurst

2.2312.11

20% Schweineleber	Leber von Gallengängen befreien. Kuttern, bis sie Blasen zieht. Im Langsamgang NPS unterkuttern und herausnehmen, wenn sie bindig ist.	20,0 g NPS (für Leber)
30% Brötchen 5% Schwarten 20% S IX 15% S X 10% S V Kesselbrühe (Fleischbrühe)	Altbackene Brötchen mit Fleischbrühe einweichen und ausdrücken. Schwarten weich kochen, S IX, S X, S V 10 Min. blanchieren. Zwiebeln anbraten, alles heiß mit Salz und Gewürzen fein kuttern. Den Kochverlust mit Brühe ausgleichen.	20,0 g NPS (Fleisch) 50,0 g Zwiebeln 2,0 g Pfeffer, weiß
	Zwischen 40 und 50°C Leber unterkuttern, bis eine homogene Masse entsteht, die Blasen bildet.	0,5 g Muskat 0,3 g Piment 2,0 g Majoran 0,5 g Thymian
	Sofort in Schweinelaufdärme füllen.	10,0 g Honig
	Brühen bei 75°C bis mindestens 68°C Kerntemperatur.	
	Frisch verkaufen.	

Semmelwurst

2.2312.11

10% Schweineleber	Leber von Gallengängen befreien. Kuttern, bis sie Blasen zieht. Im Langsamgang NPS unterkuttern und herausnehmen, wenn sie bindig ist.	20,0 g NPS (für Leber)
30% Brötchen 5% Schwarten 10% Lunge 10% Pansen 10% Kuheuter 25% S X	Altbackene Brötchen oder Weißbrot mit Fleischbrühe einweichen und ausdrücken. Schwarten, Lunge, Pansen und Euter weich kochen. S X 10 Min. blanchieren. Zwiebeln anbraten und alles heiß mit Salz und den Gewürzen 2 mm wolfen.	20,0 g NPS (Rest) 50,0 g Zwiebeln 2,0 g Pfeffer, weiß
Kesselbrühe (Fleischbrühe)	Den Kochverlust mit Brühe ausgleichen und die Leber gut untermengen.	0,5 g Macis 0,3 g Piment 2,0 g Majoran
	Sofort in Schweinelaufdärme füllen.	0,5 g Thymian 10,0 g Honig
	Brühen bei 75°C bis mindestens 68°C Kerntemperatur.	
	Frisch verkaufen.	

Grützleberwurst

15 % Hafergrütze	Grütze in doppelter Menge Brühe	
30 % Fleischbrühe	30 Min. kochen und ausquellen lassen.	
16 % Schweineleber	Leber von Gallengängen befreien. Kuttern, bis sie Blasen zieht. Im Langsamgang NPS und Grütze unterkuttern, bis die Masse klebrig wird.	20,0 g NPS (für Leber)
19 % S XI	S XI kochen, auslösen und zuschneiden.	20,0 g NPS (Rest)
20 % S X	S X 10 Min. blanchieren.	50,0 g Zwiebeln
		2,0 g Pfeffer, weiß
	Zwiebeln anbraten und alles heiß mit Salz und Gewürzen 2 mm wolfen.	0,5 g Macis
		0,3 g Piment
	Leber-Grütz-Masse gut untermischen.	2,0 g Majoran
		0,5 g Thymian
	Sofort in Schweinelaufdärme füllen.	10,0 g Honig
	Brühen bei 75 °C bis mindestens 68 °C Kerntemperatur.	
	Frisch verkaufen.	

Grützwurst

15 % Hafergrütze	Hafergrütze in doppelter Menge Brühe	
30 % Fleischbrühe	30 Min. kochen und ausquellen lassen.	
25 % S XI	S XI weich kochen und von Knochen,	
20 % S V	Knorpeln und Schleimhäuten befreien. S V 10 Min. blanchieren. Zwiebeln anbraten und alles heiß mit der Hafergrütze, Salz und den Gewürzen 2 mm wolfen.	20,0 g NPS (Fleisch)
		5,0 g Zwiebeln
		2,0 g Pfeffer, weiß
10 % Schweineleber	Leber von Gallengängen befreien, 2 mm wolfen und gut untermengen.	0,5 g Muskat
		0,3 g Piment
	Sofort in Schweinelaufdärme füllen.	2,0 g Majoran
		10,0 g Honig
	Brühen bei 75 °C bis mindestens 68 °C Kerntemperatur.	
	Frisch verkaufen.	

Tipp: *Wird bei den Grützwürsten die Masse zu fest, wird mehr Fleischbrühe zugegeben.*

Krautleberwurst

15 % Schweineleber	Leber von Gallengängen befreien. Kuttern, bis sie Blasen zieht. Im Langsamgang NPS unterkuttern und herausnehmen, wenn sie bindig ist.	20,0 g NPS (für Leber)
20 % Brötchen	Altbackene Brötchen oder Weißbrot mit	
15 % Weißkraut	Fleischbrühe einweichen und ausdrücken.	
10 % Schwarten	Weißkrautblätter 5 Min. blanchieren.	50,0 g Zwiebeln
15 % S IX	Schwarten weich kochen, S IX, S X	20,0 g NPS
15 % S X	und S V 10 Min. blanchieren. Zwiebeln	(Fleisch)
10 % S V	goldgelb anbraten und alles heiß mit	2,0 g Pfeffer, weiß
	Salz und den Gewürzen 3 mm wolfen.	0,5 g Macis
Kesselbrühe	Den Kochverlust mit Brühe ausgleichen.	0,5 g Kümmel
(Fleischbrühe)	Leber gut untermischen.	10,0 g Honig

 Sofort in Schweinelaufdärme füllen.

 Brühen bei 75 °C bis mindestens 68 °C Kerntemperatur.

 Frisch verkaufen.

Neue Leberwürste

Mehlleberwurst

2.2312.11

15% Roggenmehl	Roggenmehl mit Zwiebeln in Fett gut	50,0 g Zwiebeln
15% Fleischbrühe	anschwitzen. Fleischbrühe aufgießen, eindicken und 12 Stunden quellen lassen.	50,0 g Schweine-fett
15% Schweineleber	Leber von Gallengängen befreien. Kuttern, bis sie Blasen zieht. Im Langsamgang NPS unterkuttern und herausnehmen, wenn sie bindig ist.	20,0 g NPS (für Leber)
10% Micker 20% S XI 25% S X	Micker gut durchkochen. S XI weich kochen, auslösen und zuschneiden. S X 10 Min. blanchieren. Zwiebeln goldgelb anbraten und alles heiß mit Mehlbrühe, Salz und den Gewürzen 2 mm wolfen. Die fein gekutterte Leber gut untermischen.	50,0 g Zwiebeln 20,0 g NPS (Fleisch) 2,0 g Pfeffer, weiß 2,0 g Majoran 0,5 g Macis 0,3 g Piment 0,5 g Thymian 10,0 g Honig

Sofort in Schweinelaufdärme füllen.

Brühen bei 75°C bis mindestens 68°C Kerntemperatur.

Frisch verkaufen.

Schinkenleberwurst mit Ananas, Gurken und Dill

20% Kochschinken 10% Essiggurken 10% Ananas (Konserve)	Schinken mit der Aufschnittmaschine in 2 mm dicke Scheiben und dann in Quadrate mit 4 mm Seitenlänge schneiden. Gurken und Ananas 4 mm würfeln, alles kurz blanchieren.	
60% Delikatess-leberwurstmasse	Alles heiß mit Honig und Leber-wurstmasse und zuletzt dem fein gehackten Dill vermischen.	2,0 g Honig 3,0 g frischer Dill

In Sterildärme oder Fettenden füllen.

Brühen bei 75°C bis mindestens 68°C Kerntemperatur.

Warm aufhängen und bei 40°C räuchern.

Eventuell in Wachs tauchen.

Leberwurst mit Feta und Paprika

10 % Paprika, rot 10 % Paprika, grün 15 % Feta	Paprika von allen weißen Teilen befreien, in 5 mm große Würfel schneiden und 2 Min. blanchieren. Feta vorsichtig in 1 cm große Würfel schneiden.	
65 % Delikatess- leberwurstmasse	Alles mit Gewürzen und der Leberwurstmasse vermischen.	2,0 g Thymian 2,0 g Knoblauch

 In Sterildärme oder Schweinekappen füllen.

 Brühen bei 75°C bis mindestens 68°C Kerntemperatur.

Warm aufhängen und bei 40°C räuchern.

Eventuell in Wachs tauchen.

Leberwurst mit Apfel, Sellerie und Karotten

10 % Äpfel 10 % Sellerie 15 % Karotten	Äpfel schälen, vom Kerngehäuse befreien, in 5 mm große Würfel schneiden und in Ascorbinsäurelösung einlegen. Sellerie und Karotten in 5 mm große Würfel schneiden und alles 5 Min. blanchieren.	
65 % Delikatess- leberwurstmasse	Alles heiß mit Honig und der Leberwurstmasse vermischen.	5,0 g Honig

 In Sterildärme oder Fettenden füllen.

 Brühen bei 75°C bis mindestens 68°C Kerntemperatur.

  Warm aufhängen und bei 40°C räuchern.

Eventuell in Wachs tauchen.

Lachsleberwurst mit Tomaten und Dill

15 % Tomaten	Tomaten blanchieren, schälen, von Kernen befreien und in 5 mm große Würfel schneiden.
20 % Lachs	Lachs in 5 mm große Stücke schneiden und alles 30 Sekunden blanchieren.
65 % Delikatess-leberwurstmasse	Alles mit der Leberwurstmasse und dem fein gehackten Dill vermischen. 1,0 g Dill

In Sterildärme oder Fettenden füllen.

Brühen bei 75 °C bis mindestens 68 °C Kerntemperatur.

Warm aufhängen und bei 40 °C räuchern.

Eventuell in Wachs tauchen.

Kochmettwürste

2.2313

Kochmettwürste unterscheiden sich von den Leberwürsten dadurch, dass der Leberanteil unter 10 % liegt oder überhaupt keine Leber enthalten ist.

Bei der Leberwurst emulgiert das Eiweiß der rohen Leber Fett und Wasser und macht die Wurst stabil. Bei der Kochmettwurst wird der Zusammenhalt entweder durch gekochte Schwarten, rohes Brühwurstbrät, rohes Magerfleisch oder erstarrtes Fett erzielt.

Dazu zu sind folgende Regeln zu beachten:

- **Schwarten**
- ▸ Schwarten weich kochen (d.h., die Schwarte muss sich leicht mit dem Finger durchstoßen lassen), heiß fein wolfen und heiß mit dem gewolften Fleisch und Fett sowie Salz und Gewürzen vermengen.
- ▸ Sofort füllen.

- **Brühwurstbrät**
- ▸ Fleisch und Fett garen, mit Salz und Gewürz heiß wolfen, gut durchmischen und auf 7 °C abkühlen.
- ▸ Brät untermischen, bis die Masse glatt und gut bindig ist.

- **Magerfleisch**
- ▸ Rohes Magerfleisch gut gekühlt wolfen und mit Salz bindig mengen. Soll es mit gegartem Material vermischt werden, muss dieses unter 40 °C abkühlen. Es wird so lange gemischt, bis die Masse glatt und gut bindig ist.
- ▸ Gegartes Fleisch und Fett heiß mit Salz und Gewürz wolfen, gut durchmischen und auf 7 °C abkühlen.
  Bei manchen Rezepten bleibt das gesamte Material roh, sodass die Wurst eigentlich ein „Mittelding" zwischen Brühwurst (jedoch kein Eis) und Kochwurst (kein gegartes Material) ist.
- ▸ In diesem Fall wird das Material kalt mit Salz und Gewürzen gewolft, gut bindig gemengt und gefüllt.
- ▸ Die gefüllte Wurst wird pro mm Kaliber mindestens 1 Minute bei 40 °C umgerötet,
- ▸ danach warm geräuchert und bis 68 °C Kerntemperatur gebrüht.
- ▸ Nach der Abkühlungszeit (= halbe Brühzeit) kann die Wurst noch kalt nachgeräuchert werden, bis die gewünschte Farbe erreicht ist.

Die weitere Behandlung der Kochstreichwürste wird beim Rezept angegeben.

Fehlfabrikate – Ursachen und Möglichkeiten zur Abhilfe

Fehler	Mögliche Ursachen	Fehler vermeiden
Fett- und Gelee- absatz oder Wurst zu weich	• Fettanteil zu hoch (Fettab- satz)	→ Fettanteil reduzieren
	• rohes Magerfleisch nicht bin- dig gemengt	→ Magerfleisch mit Salz wolfen und gut bindig mengen
	• zu viel Brühe (Geleeabsatz)	→ Brühe reduzieren
	• Fleisch, Fett oder Schwarten zu lange erhitzt	→ Fleisch und Fett 15 Minuten blanchieren. Schwarten und Köpfe so weich kochen, dass man die Schwarte durch- drücken kann
	• Masse nicht richtig vermengt	→ Masse besser durchmischen
	• grobe Masse wurde beim Anmischen zu kalt (ganzes Material gegart)	→ Masse möglichst heiß wol- fen, mischen und sofort fül- len und brühen
	• Masse wurde zu warm (Magerfleisch roh)	→ Magerfleisch kalt wolfen, Masse kalt bindig mischen
	• Wurst zu heiß oder zu lange gebrüht	→ Brühtemperatur und Brüh- zeit prüfen
Kochmett- wurst zu fest	• Schwartenanteil zu hoch	→ Schwartenanteil reduzieren
	• Fett zu kernig, fest	→ weiches, schmalziges Fett verwenden
	• Magerfleisch, Fett, Schwarten nicht lange genug gegart	→ Fleisch und Fett 15 Minuten blanchieren. Schwarten und Köpfe weich kochen
	• nicht fein genug zerkleinert	→ länger kuttern, feiner wolfen
	• zu wenig Brühe	→ Kochverlust durch Fleisch- brühe ausgleichen

Fehler	Mögliche Ursachen	Fehler vermeiden
Kochmett-wurst bröckelig (grobe Sorten) oder grieselig (feine Sorten)	• zu viel Magerfleisch • Fleisch, Fett oder Schwarten zu lange erhitzt • Wurst zu heiß oder zu lange gebrüht	→ Magerfleischanteil verringern → Fleisch und Fett höchstens 15 Minuten blanchieren → Brühtemperatur und Brühzeit prüfen
Kochmett-wurst zu dunkel und zu trocken	• zu wenig Fett • Fett nicht fein genug zerkleinert • Fett zu kernig	→ Fettanteil erhöhen → Fett länger und feiner zerkleinern → schmalziges Fett wie Wammen (S X) verwenden

• Geschmacksfehler → siehe Leberwürste

Kochmettwurst-Rezepte

Schinkencreme

40% S II	S II und S V über Nacht vorpökeln.	18,0 g NPS
60% S V	Fleisch 10 Min. blanchieren und flach auskühlen.	

Mit Gewürzen und Gelatine fein kuttern, bis eine cremige Masse entsteht.

2,0 g Pfeffer, weiß
1,0 g Muskat
0,5 g Senfpulver
evtl. Gelatine

 Sofort in Formen füllen.

 Backen im Wasserbad bis Kerntemperatur 70°C
oder

 Brühen bei 75°C bis mindestens 68°C Kerntemperatur.

Gekochte Mettwurst

40% S IV	S IV und S V mit Nitritpökelsalz und	18,0 g NPS
50% S V	Gewürzen über Nacht vorpökeln.	2,0 g Pfeffer, weiß
	Fleisch 10 Min. blanchieren und flach auskühlen.	1,0 g Muskat 0,2 g Kümmel, gem.

Fleisch mit Gewürzen 5 mm wolfen und
10% Aufschnittbrät   gut mit dem Aufschnittbrät vermischen.

 In Kranzdärme füllen.

  Brühen bei 75°C bis mindestens 68°C Kerntemperatur.

 Nach dem Auskühlen goldgelb kalt räuchern.

Westfälische Gekochte Mettwurst

2.2313.2

30% R III	R III und R II gut gekühlt 2 mm wolfen	
10% R II	und nochmals durchkühlen.	

60% S V	Bauch leicht anfrieren, mit Rindfleisch,	20,0 g NPS
	Salz und Gewürzen 5 mm wolfen.	3,0 g Pfeffer, weiß
	Kühlen und nochmals gut bindig mengen.	0,5 g Muskat
		0,2 g Piment

In Kranzdärme füllen.

Wurst bei 40 °C umröten und bei 45 °C goldgelb räuchern.

Brühen bei 75 °C bis mindestens 68 °C Kerntemperatur.

Nach dem Auskühlen goldgelb kalt räuchern.

Kochmettwurst

2.2313.2

30% S III	S III 3 mm, S V 4 mm wolfen und	20,0 g NPS
50% S V	mit Salz und Gewürzen bindig mengen.	3,0 g Pfeffer, weiß
20% S IX	S IX 4 mm wolfen, untermischen	0,3 g Piment
	und gut durchmengen.	

In Kranzdärme füllen.

Wurst bei 40 °C umröten und bei 45 °C goldgelb räuchern.

Brühen bei 75 °C bis mindestens 68 °C Kerntemperatur.

Nach dem Auskühlen goldgelb kalt räuchern.

Hamburger Gekochte Mettwurst

2.2313.2

30% S III	S III 3mm und S V 4 mm wolfen. Mit Salz	20,0 g NPS
70% S V	und Gewürzen bindig mengen.	3,0 g Pfeffer
		0,5 g Kümmel

In Kranzdärme füllen.

Wurst bei 40 °C umröten und bei 45 °C goldgelb räuchern.

Brühen bei 75 °C bis mindestens 68 °C Kerntemperatur.

Nach dem Auskühlen goldgelb kalt räuchern.

Hessische Kartoffelwurst

2.2313.2

50% S IV	S IV mit anteiligem NPS vermischen, 5 mm wolfen und bindig mengen.	20,0 g NPS (für S IV)
10% Zwiebeln 25% Aufschnittbrät	Zwiebeln in Schweinefett goldgelb dünsten und kalt reiskorngroß unter das Aufschnittbrät kuttern.	2,0 g Pfeffer, weiß 0,5 g Muskat 0,5 g Kümmel, gem. 1,0 g Majoran 0,5 g Thymian 10,0 g Kochsalz (Kartoffeln)
	S IV mit dem Zwiebelbrät und den Gewürzen vermengen.	
15% Kartoffeln	Kartoffeln 1 cm würfeln und 10 Min. blanchieren. Salz untermischen, flach auskühlen lassen und untermengen.	

In Rinderbutten, Schweinemägen oder Formen (Halbfabrikat) füllen.

Brühen bei 75 °C bis mindestens 68 °C Kerntemperatur.

Nach dem Auskühlen evtl. kalt nachräuchern.

Gekochte Mettwurst mit Schnauze

2.2313.3

50% S IV	S IV mit anteiligem NPS vorpökeln, 5 mm wolfen und gut bindig mengen.	20,0 g NPS (für S IV)
25% S X	S X 10 Min. blanchieren und 4 mm wolfen.	
25% S XI	Köpfe vorpökeln, kochen und auslösen. Zuschneiden, von grobem Fett befreien, 6 mm wolfen und mit S IV, dem kalten S X, Salz und Gewürzen bindig mengen.	20,0 g NPS (Rest) 3,0 g Pfeffer, weiß 0,5 g Majoran, gem. 1,0 g Muskat

In Rindermitteldärme füllen.

Brühen bei 75 °C bis mindestens 68 °C Kerntemperatur.

Nach dem Auskühlen evtl. kalt nachräuchern.

Gekochte Zwiebelmettwurst, Zwiebelmettwurst   2.2313.4

30% Eisbeinfleisch	Eisbeinfleisch roh und Backen 10 Min.	18,0 g NPS
60% S VI	blanchieren und auskühlen lassen. Mit	2,0 g Pfeffer, weiß
10% Zwiebeln	goldgelb angebratenen Zwiebeln, Salz	1,0 g Muskat
	und Gewürz 3 mm wolfen. Alles gut	1,0 g Kümmel,
	bindig mengen.	gem.

 In Mitteldärme, Kranzdärme oder
Sterildärme füllen.

0,5 g Koriander
0,5 g Thymian,
gem.

 Brühen bei 75 °C bis mindestens 68 °C
Kerntemperatur.

Nach dem Auskühlen goldgelb kalt räuchern.

Schmorwurst   2.2313.4

40% S III	S III gut gekühlt 2 mm wolfen. Kühlen	20,0 g NPS
60% S V	und mit S V, Salz und Gewürzen	3,0 g Pfeffer, weiß
	nochmals 3 mm wolfen.	0,5 g Muskat
		1,0 g Kümmel
		1,0 g Zucker

Kühlen und gut bindig mengen.

In Kranzdärme füllen.

Wurst bei 40 °C umröten und bei 45 °C goldgelb räuchern.

Brühen bei 75 °C bis mindestens 68 °C Kerntemperatur.

Kohlwurst   2.2313.4

25% S III	S III gut gekühlt 2 mm wolfen. Kühlen	20,0 g Kochsalz
75% S V	und mit S V, Salz und Gewürzen 3 mm	3,0 g Pfeffer, weiß
	wolfen. Kühlen und gut bindig mengen.	0,5 g Muskat
		1,0 g Kümmel

In Schweinelaufdärme füllen.

Kohlwurst wird roh verkauft, gebraten zu Kohlgemüse verzehrt und unterliegt der Hackfleischverordnung (Brühwursthalbfabrikat).

Pfälzer Saumagen

2.2313.5

5 % grüne Lauchblätter	Lauchblätter in 3 mm dicke Streifen schneiden und 2 Min. blanchieren. Karotten 5 mm würfeln und 5 Min. blanchieren. Kartoffeln 8 mm würfeln und 20 Min. blanchieren.
10 % Karotten	
15 % gelbe Kartoffeln	

Das ganze Gemüse abtrocknen lassen.

25,0 g Salz
(S II, SV)

15 % S V	S V kalt 5 mm, S II 8 mm wolfen, beides mit Salz und Gewürzen bindig mengen und mit dem Brät vermischen.
25 % S II	
30 % Gelbwurstbrät	

2,0 g Pfeffer, weiß
1,0 g Thymian
1,0 g Majoran

Masse gut durchmengen, Lauch und Karotten untermischen und zuletzt vorsichtig die Kartoffelwürfel unterheben.

0,5 g Koriander
0,5 g Muskat
0,2 g Zitronenschale

In Schweinemägen füllen.

Brühen bei 75 °C bis mindestens 68 °C Kerntemperatur.

Nach dem Auskühlen evtl. kalt nachräuchern.

Tipp: *Noch besser schmeckt der Saumagen, wenn er in Scheiben geschnitten und angebraten wird. Am besten wird er sofort nach dem Füllen bis mindestens 68 °C Kerntemperatur gebraten und heiß serviert.*

Hannoversche Bregenwurst

2.2313.6

100 % S IV	Bauch leicht angefroren mit Salz, Gewürzen und den goldgelb gedünsteten Zwiebeln 3 mm wolfen.

20,0 g Kochsalz
2,0 g Pfeffer, weiß
0,5 g Muskat
0,3 g Piment
50,0 g Zwiebeln

In Schweinedünndärme oder Kranzdärme füllen.

Brühen bei 75 °C bis mindestens 68 °C Kerntemperatur.

Obwohl Bregenwurst ihren Namen vom Bregen (Hirn, englisch brain) hat, wird sie nur noch selten mit Hirn hergestellt. Bregenwurst wird meist gebraten verzehrt.

Zerbster Bregenwurst

20 % Leber	Leber mit dem gut gekühlten Bauch,	20,0 g Kochsalz
30 % S V	Salz, Gewürzen und den goldgelb	2,0 g Pfeffer, weiß
	gedünsteten Zwiebeln 3 mm wolfen.	0,5 g Muskat
		0,3 g Piment
40 – 50 % S IV	S IV und evtl. das gehäutete und	50,0 g Zwiebeln
0 – 10 % Schweine-	gewässerte Hirn auf Erbsengröße	3,0 g Zucker
hirn	unterkuttern.	

 In Schweinedünndärme oder Kranzdärme füllen.

 Brühen bei 75 °C bis mindestens 68 °C Kerntemperatur.

Zerbster Bregenwurst wird meist gebraten verzehrt.

Gekochte Zwiebelwurst

35 % S III	S III leicht angefroren mit Salz	20,0 g Kochsalz
	und Gewürzen 3 mm wolfen.	2,0 g Pfeffer, weiß
		0,5 g Muskat
5 % Schwarten	Schwarten weich kochen, S IX 10 Min.	0,3 g Piment
45 % S IX	blanchieren. Zwiebeln goldgelb dünsten	
15 % Zwiebeln	und alles zusammen 3 mm wolfen. Gut	
	vermengen und das S III untermischen.	

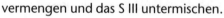 In Schweinedünndärme oder Kranzdärme füllen.

 Brühen bei 75 °C bis mindestens 68 °C Kerntemperatur.

Zwiebelwurst

10 % S III	S III leicht angefroren mit Leber,	20,0 g NPS
5 % Leber	Salz und Gewürzen 3 mm wolfen.	2,0 g Pfeffer, weiß
		0,5 g Muskat
10 % Schwarten	Schwarten weich kochen. S IX und S V	0,3 g Piment
15 % S IX	10 Min. blanchieren. Zwiebeln goldgelb	1,0 g Majoran
50 % S V	dünsten und zusammen 3 mm wolfen.	
10 % Zwiebeln	Gut vermengen und S III und Leber untermischen.	

 In Schweinedünndärme oder Kranzdärme füllen.

Brühen bei 75 °C bis mindestens 68 °C Kerntemperatur.

Nach dem Auskühlen goldgelb kalt räuchern.

Rinderwurst

40 % R IV	R IV und Schweinsköpfe weich kochen.	
35 % S XI	Köpfe auslösen, zuschneiden und harte	
25 % S X	Teile entfernen. S X 10 Min. blanchieren.	50,0 g Zwiebeln
		18,0 g Kochsalz
Fleischbrühe	Heiße Masse mit Zwiebeln und	2,0 g Pfeffer, weiß
(Kochverlust)	Gewürzen 3 mm wolfen und mit der	0,5 g Muskat
	heißen Fleischbrühe bindig mengen.	0,5 g Piment

 In Schweinekrausdärme oder Kranzdärme füllen.

 Brühen bei 75 °C bis mindestens 68 °C Kerntemperatur.

Nach dem Auskühlen goldgelb kalt räuchern.

Hochzeitswurst nach Art von Rinderwurst   2.2313.8

45 % R IV	R IV und Schweinsköpfe weich kochen.	
35 % S XI	Köpfe auslösen, zuschneiden und harte Teile entfernen.	
5 % Zwiebeln	Heiße Masse mit Zwiebeln und	18,0 g Kochsalz
	Gewürzen 3 mm wolfen und mit der	2,0 g Pfeffer, weiß
15 % Fleischbrühe	heißen Fleischbrühe bindig mengen.	0,5 g Muskat
		0,5 g Piment
	In Mitteldärme oder Kranzdärme füllen.	0,2 g Zimt

Brühen bei 75 °C bis mindestens 68 °C Kerntemperatur.

Schmalzfleisch   2.2313.9

90 % S IV	S IV mit Salz und Gewürzen 4 mm wolfen und bindig mengen.	18,0 g Kochsalz
		2,5 g Pfeffer
		0,5 g Kümmel, gem.
10 % Schwarten	Schwarten eine Nacht in Wasser einweichen, mit den Zwiebeln 2 mm wolfen und mit dem S IV gut bindig mischen.	1,0 g Muskat
		0,5 g Koriander
		1,0 g Majoran
	In Konservendosen oder Gläser füllen.	10,0 g Zwiebeln

Brühen bei 80 °C bis mindestens 75 °C oder sterilisieren bis 121,1 °C Kerntemperatur.

Norddeutsche Fleischwurst   2.2313.10

30 % S III	S III leicht angefroren mit Salz und Gewürzen 3 mm wolfen und bindig mengen.	20,0 g Kochsalz
		2,0 g Pfeffer, weiß
40 % S V	S V und S IX 10 Min. blanchieren.	0,5 g Muskat
30 % S IX	Zusammen 3 mm wolfen, gut vermengen,	0,3 g Piment
	abkühlen und mit S III bindig mischen.	0,5 g Senfpulver
	In Schweinedünndärme füllen.	0,5 g Thymian

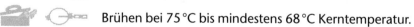

Brühen bei 75 °C bis mindestens 68 °C Kerntemperatur.

Knappwurst, Knackwurst   2.2313.11

10% Haferflocken	Haferflocken in der Brühe 20 Min.	20,0 g Kochsalz
15% Fleischbrühe	kochen und 30 Min. nachquellen lassen.	2,0 g Pfeffer, weiß
		0,5 g Muskat
10% Micker	Micker gut durchkochen. Köpfe	1,0 g Majoran
10% S XI	weich kochen, S IX und S V 10 Min.	0,5 g Piment
20% S IX	blanchieren. Zwiebeln goldgelb dünsten	80,0 g Zwiebeln
25% S V	und mit Salz und Gewürzen mischen.	
10% Leber	Leber mit allen anderen Zutaten	
	3 mm wolfen und gut durchmengen.	

 In Schweinedünndärme füllen.

 Brühen bei 75 °C bis mindestens 68 °C Kerntemperatur.

 Warm verkaufen und verzehren.

Calenberger Knappwurst   2.2313.11

5% Buchweizen	Buchweizengrütze in der Brühe 30 Min.	20,0 g Kochsalz
10% Fleischbrühe	kochen und 30 Min. nachquellen lassen.	2,0 g Pfeffer, weiß
		0,5 g Muskat
25% Micker	Micker durchkochen. S XI weich kochen,	1,0 g Majoran
30% S XI	S IX 10 Min. blanchieren. Zwiebeln dünsten	0,5 g Piment
20% S IX	und mit Salz und Gewürzen mischen.	80,0 g Zwiebeln
10% Leber	Leber mit allen anderen Zutaten	
	2 mm wolfen und gut durchmengen.	

 In Schweinedünndärme füllen.

 Brühen bei 75 °C bis mindestens 68 °C Kerntemperatur.

 Warm verkaufen und verzehren.

Weiße Graupenwurst

5 % Gerstengraupen	Gestengraupen in Fleischbrühe 90 Min.	20,0 g Kochsalz
10 % Fleischbrühe	kochen und 30 Min. nachquellen lassen.	2,0 g Pfeffer, weiß
		0,5 g Muskat
15 % Kuheuter	Euter in Scheiben mit Kronfleisch und	1,0 g Majoran
15 % Kronfleisch,	Lunge durchkochen. S XI weich kochen,	0,5 g Thymian
Lunge	S IX 10 Min. blanchieren. Zwiebeln	0,5 g Piment
20 % S XI	dünsten und mit Salz und Gewürz mischen.	80,0 g Zwiebeln
25 % S IX		
10 % Leber	Leber mit allen anderen Zutaten	
	3 mm wolfen und gut durchmengen.	

 In Schweinedünndärme füllen.

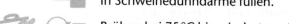 Brühen bei 75 °C bis mindestens 68 °C Kerntemperatur.

Warm verkaufen und verzehren.

Westfälische Grützwurst

30 % fettes	R V und Köpfe weich kochen. Köpfe	
Rindfleisch	auslösen, zuschneiden und alles	
20 % S XI	mit den Zwiebeln 3 mm wolfen.	
5 % Zwiebeln		
15 % Hafergrütze	Hafergrütze in doppelter Menge Brühe	
15 % Fleischbrühe	30 Min. kochen und ausquellen lassen.	
	Grütze mit der Fleisch-Zwiebel-Masse	18,0 g Kochsalz
	und den Gewürzen fein kuttern.	2,0 g Pfeffer, weiß
15 % S VI	Backen in 5 mm große Würfel schneiden,	1,0 g Majoran
	10 Min. blanchieren und mit der	0,5 g Muskat
	gekutterten Masse mischen.	0,5 g Senfpulver
		0,2 g Piment

 In Schweinedünndärme füllen.

 Brühen bei 75 °C bis mindestens 68 °C Kerntemperatur.

Warm verkaufen und verzehren.

Kartoffelwurst   2.2313.12

20% R III	Fleisch 3 mm wolfen und mit Salz	20,0 g Kochsalz
30% S V	bindig mengen.	(R III, S V)
10% Zwiebeln	Zwiebeln fein hacken, in Schweinefett	2,0 g Pfeffer, weiß
	goldgelb dünsten, abkühlen und mit	0,5 g Muskat
	Gewürzen und Fleisch gut bindig mischen.	1,0 g Majoran
		0,5 g Thymian
40% Kartoffeln	Kartoffeln in 1 cm große Würfel	0,5 g Kümmel
	schneiden und 10 Min. blanchieren.	
	Salz untermischen und vorsichtig unter	10,0 g Kochsalz
	die Grundmasse mengen.	(Kartoffeln)

In Rinderbutten oder Schweinemägen füllen.

Brühen bei 75 °C bis mindestens 68 °C Kerntemperatur.

Nach dem Auskühlen goldgelb kalt räuchern.

Pfälzer Kartoffelwurst   2.2313.12

25% S III	Schweinefleisch 3 mm wolfen und	20,0 g Kochsalz
	mit Salz bindig mengen.	(für S III)
10% Zwiebeln	Zwiebeln in Fett goldgelb dünsten.	20,0 g Kochsalz (für S IV)
40% S IV	S IV 15 Min. blanchieren. Mit Zwiebeln,	2,0 g Pfeffer, weiß
	Salz und Gewürzen 3 mm wolfen,	0,5 g Muskat
	abkühlen und mit S III bindig mengen.	0,5 g Kümmel
		1,0 g Majoran
25% Kartoffeln	Kartoffeln in 1 cm große Würfel schneiden	0,5 g Thymian
	und 10 Min. blanchieren. Mit Salz mischen	10,0 g Kochsalz
	und alles unter die Grundmasse mengen.	(Kartoffeln)

In Schweinekrausdärme füllen.

Brühen bei 75 °C bis mindestens 68 °C Kerntemperatur.

Nach dem Auskühlen goldgelb kalt räuchern.

S e m m e l w ü r s t c h e n

2.2313.12

Typischer Bestandteil sind Brötchen (Weißbrot), am besten altbacken, die in Fleisch-brühe oder Milch eingeweicht und vor der Verarbeitung ausgedrückt werden. Die Gewichtsangaben in den folgenden Rezepten beziehen sich auf ausgedrückte Bröt-chen.

30 % Brötchen	Altbackene Brötchen oder Weißbrot in	
10 % Schwarten	Fleischbrühe einweichen und ausdrücken.	
10 % Lunge	Schwarten, Lunge, Pansen und Euter weich	
10 % Pansen	kochen. S X und SV 10 Min. blanchieren.	50,0 g Zwiebeln
10 % Kuheuter	Zwiebeln anbraten und alles heiß mit	20,0 g Kochsalz
20 % S X	Salz und den Gewürzen 2 mm wolfen.	2,0 g Pfeffer, weiß
10 % S V		0,5 g Senfmehl
Kesselbrühe	Den Kochverlust mit Brühe ausgleichen.	0,3 g Piment
(Fleischbrühe)		1,0 g Majoran
		0,5 g Thymian

Sofort in Schweinelaufdärme füllen.

Brühen bei 75 °C bis mindestens 68 °C Kerntemperatur.

Warm verkaufen und verzehren.

S e m m e l w u r s t

2.2313.12

30 % Brötchen	Altbackene Brötchen oder Weißbrot in	
30 % S XI	Fleischbrühe einweichen und ausdrücken.	
10 % Lunge	Köpfe weich kochen und auslösen.	
20 % S X	S IX 10 Min. blanchieren. Zwiebeln	
10 % Zwiebeln	anbraten und alles heiß mit Salz und	20,0 g Kochsalz
	den Gewürzen 3 mm wolfen.	2,0 g Pfeffer, weiß
		0,5 g Senfmehl
Kesselbrühe	Den Kochverlust mit Brühe ausgleichen.	0,3 g Piment
(Fleischbrühe)		1,0 g Majoran
		0,5 g Thymian

Warm in Kranzdärme oder Formen füllen.

Brühen bei 75 °C bis mindestens 68 °C Kerntemperatur.

Tipp: *Das Rezept eignet sich auch für Semmelwürstchen (in Schweinelaufdarm füllen).*

Weckewerk

Weckewerk wird in Formen oder flache Kästen gefüllt, ausgekühlt und im Stück verkauft. Es wird in Scheiben geschnitten und gebacken verzehrt.

Denkbar ist es auch, die Masse in kleine Formen zu füllen und diese wie Leberkäse bei 120 °C auf 68 °C Kerntemperatur zu backen.

Hessisches Weckewerk

55 % S XI	Köpfe weich kochen, auslösen und	15,0 g Kochsalz
5 % Schwarten	zuschneiden. Mit weich gekochten	2,0 g Pfeffer, weiß
10 % Zwiebeln	Schwarten, gedünsteten Zwiebeln,	0,5 g Muskat
15 % Brötchen	ausgedrückten Brötchen sowie Salz	0,2 g Piment
	und Gewürzen heiß 5 mm wolfen und	0,5 g Senfpulver
	durchkneten, bis die Masse bindig ist.	
15 % S VIII	Speck in 5 mm große Würfel schneiden,	
	2 Min. blanchieren und unter die	
	gewolfte Masse mischen.	

 In Formen füllen.

 Auskühlen und im Stück verkaufen.

Kasseler Weckewerk

50 % S XI	Köpfe weich kochen, auslösen und	15,0 g Kochsalz
25 % S V	zuschneiden. Schwarten weich kochen.	2,0 g Pfeffer, weiß
10 % Zwiebeln	S V 20 Min. blanchieren, mit gedünsteten	0,5 g Muskat
15 % Brötchen	Zwiebeln, den ausgedrückten Brötchen,	1,0 g Majoran
	Salz und Gewürzen 4 mm wolfen und gut	0,5 g Piment
	durchkneten, bis die Masse bindig ist.	0,5 g Senfpulver

 In Formen füllen.

Auskühlen und im Stück verkaufen.

Hannoversche Weißwurst

40 % S III	S III und S IX gut gekühlt mit Salz,	20,0 g Kochsalz
60 % S IX	Gewürzen und den goldgelb gedünsteten	3,0 g Pfeffer, weiß
	Zwiebeln 2 mm wolfen.	0,5 g Muskat
		0,2 g Ingwer
		0,2 g Piment
		50,0 g Zwiebeln

 Auskühlen lassen und gut bindig mengen.

 In Schweinedünndärme füllen.

 Brühen bei 75 °C bis mindestens 68 °C Kerntemperatur.

Warm verkaufen und verzehren.

Harzer Weiße

30 % S III	S III und S V gut gekühlt mit Salz,	20,0 g NPS
70 % S V	Gewürzen und den goldgelb gedünsteten	3,0 g Pfeffer, weiß
	Zwiebeln 3 mm wolfen.	0,5 g Muskat
		0,4 g Kümmel, gem.
		1,0 g Majoran
		50,0 g Zwiebeln

 Auskühlen lassen und gut bindig mengen.

 In Schweinedünndärme füllen.

 Wurst bei 40 °C umröten und bei 45 °C goldgelb räuchern.

  Brühen bei 75 °C bis mindestens 68 °C Kerntemperatur.

  Nach dem Auskühlen goldgelb kalt räuchern.

Pinkel

Eine norddeutsche Spezialität, die heiß mit Kohl (Grünkohl) verzehrt wird.

Bremer Pinkel

40 % R V	Fettes Rindfleisch weich kochen	
10 % Zwiebeln	und mit den Zwiebeln 5 mm wolfen.	
10 % Gerstengrütze	Grütze mit kochender Fleischbrühe	
10 % Kochbrühe	übergießen und 15 Min. quellen lassen.	
(Rindfleisch)		
15 % S VIII	Speck, auch geräuchert, und S VI in	18,0 g Kochsalz
15 % S VI	5 mm große Würfel schneiden. Speck	2,0 g Pfeffer, weiß
	2 Min., S VI 10 Min. blanchieren und alles	0,5 g Muskat
	heiß mit Salz und Gewürzen vermischen.	0,5 g Senfpulver
		1,0 g Piment
	In Schweinedünndärme füllen.	evtl. Knoblauch-
		paste
	Brühen bei 75 °C bis mindestens 68 °C Kerntemperatur.	
	Warm verkaufen und verzehren.	

Oldenburger Fleischpinkel

10 % Gerstengrütze	Grütze mit kochender Fleischbrühe	
10 % Kochbrühe	übergießen und 15 Min. quellen lassen.	
40 % S V	Mit dem 20 Min. blanchierten Bauch und	
10 % Zwiebeln	den angebratenen Zwiebeln 5 mm wolfen.	
10 % S VIII	S VIII und S VI in 5 mm große Würfel	18,0 g Kochsalz
20 % S VI	schneiden. S VIII 2 Min., S VI 10 Min.	2,0 g Pfeffer, weiß
	blanchieren und möglichst heiß mit der	1,0 g Muskat
	gewolften Masse, Salz und Gewürzen	0,5 g Senfpulver
	vermischen	0,2 g Piment
		Knoblauchpaste
	In Schweinedünndärme füllen.	
	Brühen bei 75 °C bis mindestens 68 °C Kerntemperatur.	
	Warm verkaufen und verzehren.	

Neue Kochmettwürste

Huhn-Reis-Wurst mit Champignons und Karotten

Vorbereitung des gekochten Geflügelfleisches

1000,0 g Huhn oder Hähnchen	Geflügel mit Gewürzen einreiben und in der
12,0 g Salz	Hühnerbrühe mit Zwiebeln gar kochen.
2,0 g Pfeffer	In der Brühe 30 Min. auskühlen lassen, heraus-
1,0 g Piment	nehmen, ganz abkühlen lassen und enthäuten.
50,0 g Zwiebeln	Fleisch und Haut von den Knochen lösen.
2,0 g Curry	Hühnerbrühe absieben und entfetten.
Hühnerbrühe	

10 % Reis	Reis in kochender Hühnerbrühe mit	
20 % Hühnerbrühe	den 5 mm gewürfelten Champignons	
10 % Champignons	und Karotten 15 Min. zugedeckt kochen.	
5 % Karotten		
	Alles heiß mit Gewürzen, dem	2,0 g Rosmarin
55 % Hühnerfleisch	5 mm gewolften Hühnerfleisch und	2,0 g Pfeffer, weiß
	der 3 mm gewolften Haut vermischen.	1,0 g Sojasoße

 In Sterildärme füllen.

  Brühen bei 75 °C bis mindestens 68 °C Kerntemperatur.

Rindfleisch-Reis-Wurst mit Paprika

55 % sehniges Rindfleisch	Rindfleisch mit Salz bindig mischen und 48 Stunden durchpökeln. Poltern, in der Gewürzlake weich kochen und darin lauwarm werden lassen.	20,0 g NPS (pro kg Fleisch) Brühe: 12,0 g NPS 3,0 g Pfefferkörner
10 % Reis 20 % Fleischbrühe	Reis in der abgesiebten Brühe 15 Min. zugedeckt kochen und mit dem Fleisch 5 mm wolfen.	1,0 g Pimentkörner 2,0 g Knoblauch 5,0 g Sellerieblätter
5 % Paprika, grün 10 % Paprika, rot	Paprika und Zwiebeln in 3 mm große Würfel schneiden und 2 Min. blanchieren. Gewürze zugeben und gut mit Fleisch und Reis vermischen.	50,0 g Zwiebeln 2,0 g Paprika 1,0 g Knoblauch

 In Sterildärme füllen.

 Brühen bei 75 °C bis mindestens 68 °C Kerntemperatur.

Truthahn-Erbswurst mit Karotten

Zur Vorbereitung der gekochten Truthahnoberkeulen siehe S. 111, Rezept „Huhn-Reis-Wurst", Vorbereitung des gekochten Geflügelfleisches.

15 % Erbsen, getrocknet 15 % Hühnerbrühe 10 % Karotten	Erbsen über Nacht ohne Salz in Hühnerbrühe einweichen und im Einweichwasser 60 Min. kochen. 10 Min. vor Schluss die 5 mm gewürfelten Karotten zugeben.	
60 % Truthahnoberkeulen s. o.	Alles heiß mit Gewürzen, dem 5 mm gewolften Truthahnfleisch und der 3 mm gewolften Haut vermischen.	2,0 g Rosmarin 2,0 g Pfeffer, weiß 1,0 g Sojasoße

 Locker in Sterildärme füllen.

 Brühen bei 75 °C bis mindestens 68 °C Kerntemperatur.

 Beim Auskühlen eventuell pressen.

Räucherbauch-Erbswurst mit Karotten

15 % Erbsen, getrocknet	Erbsen 12 Stunden ohne Salz in Fleischbrühe einweichen. Im Einweichwasser 60 Min.	
15 % Fleischbrühe	kochen, die 5 mm gewürfelten Karotten	
10 % Karotten	10 Min. mitkochen und alles abgießen.	

5 % Schwarten	Schwarten weich kochen und fein wolfen.	2,0 g Majoran
55 % Räucherbauch	Bauch 10 Min. blanchieren, 4 mm wolfen	2,0 g Pfeffer, weiß
	und mit Erbsen und Karotten mischen.	1,0 g Glutamat

Locker in Sterildärme füllen.

Brühen bei 75 °C bis mindestens 68 °C Kerntemperatur.

Beim Auskühlen eventuell pressen.

Die Erbswurst wird deshalb locker gefüllt, weil die Trockenerbsen beim Garen nochmals quellen und bei zu straffem Füllen den Darm zum Platzen bringen würden.

Kochmettwurst mit Ananas und Käse

25 % S III	S III 3 mm, S IV und S X mit Salz und	20,0 g NPS
40 % S V	Gewürzen 4 mm wolfen, abkühlen lassen	3,0 g Pfeffer, weiß
10 % S X	und gut bindig mengen.	0,3 g Piment

15 % Hartkäse	Käse und Ananas in 5 mm große Würfel
10 % Ananas	schneiden und untermischen.

In Kranzdärme füllen.

Bei 50 °C goldgelb räuchern.

Brühen bei 75 °C bis mindestens 68 °C Kerntemperatur.

Blutwürste

Leitsätze

Die Schnittfestigkeit von Blutwurst im erkalteten Zustand beruht auf:
- der zusammenhängenden Gerinnung von Bluteiweiß und
- der Erstarrung von mit Blut versetzter Gallertmasse (Schwartenbrei).

Typischer Bestandteil ist die Blutschwartenmasse (= BSM) aus gekochten Schwarten, Blut und evtl. Fleischbrühe oder Milch.

Materialauswahl

- **Blut**
- ▶ Frisches Schweineblut (ideal am Schlachttag) immer gut aufrühren, bis es eine schöne hellrote Farbe bekommt, evtl. vorpökeln.

- **Schwarten**
- ▶ Schwarten junger Schweine ohne Stempel, Haare oder sonstige Verunreinigungen möglichst fettfrei abziehen.
- ▶ Schlachtfrisch oder eine Nacht in Wasser oder Lake vorquellen lassen.
- ▶ So weich kochen, dass man sie mit dem Finger durchdrücken kann.

- **Schweinsköpfe**
- ▶ Schweinsköpfe heiß ausbrechen (Handschuhe!),
- ▶ von Knochen, Knorpeln, Schleimhäuten u. ä. befreien und
- ▶ heiß auf die gewünschte Größe schneiden und unverzüglich weiterverarbeiten.

- **Zungen**
- ▶ Zungen kurz blanchieren und Schleimhaut entfernen.
- ▶ Pökeln und kochen, bis die Zungenspitze weich ist.
- ▶ Sofort heiß weiterverarbeiten.

- **Herzen und andere Innereien außer Leber**
- ▶ Herzen pökeln, weich kochen und sofort heiß weiterverarbeiten.

- **Speck**
▸ Fein gewürfelten Speck 2 bis 3 Minuten blanchieren, bis er elastisch wird und „springt".

- **Leber**
▸ Frische Schweineleber fein wolfen oder kuttern.
▸ Zugabemenge unter 5 %, sonst wird die Blutschwartenmasse zu trocken.
▸ Schweineleber würfeln und vor der Zugabe kurz blanchieren.

- **Magerfleisch (siehe Blutwurstschinken)**
▸ Blutwurstschinken sofort nach dem Garen schneiden und mit der heißen Blutschwartenmasse und den anderen Zutaten vermischen. Beim maschinellen Schneiden sollte man den Blutwurstschinken abkühlen lassen.

Herstellungsablauf

Herstellung der Blutschwartenmasse

50 % Schwarten	1. Schwarten werden so weich gekocht, dass man sie mit dem Finger durchdrücken kann.
Zwiebeln	2. Schwarten werden heiß mit den Zwiebeln fein gekuttert, bis sie sahnig sind.
25 % Fleischbrühe*	3. Jetzt wird die heiße Brühe oder Milch untergekuttert.
25 % Schweineblut	4. Wenn die Temperatur unter 50 °C gefallen ist, werden Blut, Salz und Gewürz zugegeben. So lange laufen lassen, bis die erwünschte Farbe erreicht ist.
Salz, Gewürz	
evtl. Glutamat	

* Die Fleischbrühe kann durch Hühnerbrühe oder Milch ersetzt werden. Werden in der Brühe Liebstöckelblätter mitgekocht, kann auf Glutamat verzichtet werden, sonst gilt bei allen Rezepten 1 g Glutamat pro kg Schwarte.
Erscheint die Farbe zu dunkel, können Sie Blut gegen Brühe oder Milch austauschen. Die oben genannte Zusammensetzung gilt auch bei den folgenden Rezepten, wenn dort nichts anderes angegeben ist.

Einlagen

Gerade bei Magerfleischeinlagen empfiehlt sich die Herstellung eines Einlageschinkens, der ein schonendes Garen mit geringen Gewichtsverlusten ermöglicht und sich zudem problemlos mit dem Speckschneider schneiden lässt.

Herstellung von Einlageschinken (Blutwurstschinken)

100 % S I, S II	S I, S II oder S IV mit einer 12 %igen	120,0 g NPS
	Lake (Einspritzmengen 16 %) spritzen	880,0 g Wasser
	und poltern.	evtl. Pökelzusatz

 Fest und möglichst luftfrei in Formen füllen und mindestens 12 Stunden ruhen lassen.

 Brühen bei 75 °C bis mindestens 68 °C Kerntemperatur. Möglichst heiß weiterverarbeiten.

> **Als Einlagematerial für Blutwürste, aber auch für Sülzwürste, wird der Schinken je nach Rezeptvorgabe am besten heiß gewürfelt und kurz heiß abgeschwenkt. Beim maschinellen Schneiden kann er natürlich vorher abgekühlt werden.**

Mengen

Die Einlagen werden geschnitten wie beim Rezept angegeben, heiß abgeschwenkt, sofort mit der warmen Blutschwartenmasse gemischt und unverzüglich gefüllt.

Vor allem bei kleineren Mengen hat sich auch folgender Ablauf bewährt:

- Feingewolfte oder feingekutterte Schwarten heiß mit den Gewürzen und den abgebrühten Einlagen vermengen.
- Kesselbrühe unterrühren, unter 50 °C Blut zugeben und gut verrühren.
- Sofort füllen.

Füllen

Für Blutwürste eignen sich folgende Naturdärme:

- Schweinedünndarm → Blutwürstchen, Semmelblutwurst

- Kranzdarm → Speckwurst, Schwarzwurst

- Schweinefettende → Gut, selten für Blutwurst, Thüringer in Sauenfettenden

- Schweinekrausdarm → Für alle Blutwürste geeignet

- Schweinekappe (Butte) → Roter Presssack, Schinkenrotwurst, Rotgelegter, Thüringer Rotwurst

- Schweinemagen → Roter Presskopf, roter Schwartenmagen, Hausmacher

- Rinderbutte → Zungenrotwurst, Filetrotwurst

Füllregeln und Darmbehandlung

- Naturdärme werden mindestens 20 Minuten vor der Verarbeitung in handwarmem Wasser eingeweicht. Bis auf Schweinelaufdarm und Kranzdarm sollten sie gewendet und von eventuellen Verunreinigungen und dicken Darmfettschichten befreit werden.

- Kunstdärme werden nach Packungsvorschrift behandelt. Sie sollten lange genug eingewässert werden, vor allem bedruckte Därme, die meist längere Vorweichzeiten benötigen. Kunstdärme werden prall, jedoch nicht über Kaliber gefüllt.

Füllvorgang

Folgende Regeln sollten beachtet werden:

Füllregel	Mögliche Fehler bei Nichtbeachtung
• Masse möglichst luftfrei in die Spritze einbringen, ideal ist die Verwendung einer Vakuumspritze	→ Luftlöcher, die später zu Geleeabsatz oder grau-grünen Verfärbungen führen können
• Für geräucherte Ware sind nur rauchdurchlässige Därme geeignet	→ Wurst bekommt keinen Rauchgeschmack

• Kunstdärme prall füllen	→ faltige, weiche Wurst
• Naturdärme so weich, dass man sie noch durchdrücken kann	→ zu straff gefüllte Naturdärme platzen
• Därme nicht über Kaliber füllen	→ Naturdärme platzen, bei Kunstdärmen Verformungen, oft Platzer
• möglichst luftfrei füllen, bei Naturdärmen Lufteinschlüsse mit der Stippnadel anstechen	→ Luftlöcher, die später zu Geleeabsatz oder grau-grünen Verfärbungen führen können
• Därme fest und sicher abbinden bzw. abclippen	→ faltige, weiche Wurst, die ausläuft oder an der Abbindung platzt
• auf sauberem, trockenem Tisch arbeiten, Würste nach dem Füllen baldmöglichst aufhängen und abspülen	→ graue Randschichten durch Darmwasser, Brätreste verschmutzen den Darm, ermöglichen keine gleichmäßige Räucherung und greifen im weiteren Verlauf den Darm bis zu Zersetzung an

Brühen

Durch Pasteurisieren über 68 °C Kerntemperatur wird die Blutwurst haltbar gemacht. Ferner erhält die Blutwurst eine festere Konsistenz, da Bluteiweiß durch Hitze gerinnt und so die Bindekraft der Schwarten unterstützt.

Die Erhitzungs- und Kerntemperaturen sind bei den einzelnen Rezepten angegeben.

Eine Faustregel zur Erhitzung von Blutwurst (Kerntemperatur mindestens 68 °C) lautet:

Erhitzungszeit bei 80 °C pro mm Kaliber 1 Minute, d. h., eine Wurst mit Darmkaliber 50 benötigt 50 Minuten Brühzeit.

Natürlich wird beim Brühen durch einen Kesselschwimmer dafür gesorgt, dass die Wurst unter Wasser bleibt, da sie nur dort ausreichend erhitzt werden kann. Gleichzeitig können eventuelle Lufteinschlüsse bei Naturdärmen durch Stippen beseitigt werden.

Stippen

Vor allem beim Erhitzen von Blutwürsten und Presswürsten im Naturdarm sollte die Wurst gestippt werden, d. h., 5 Minuten nach Brühbeginn sollten mit einer Nadel oder mit einem Stipper – dort wo die Wurst über Wasser ist – feine Einstiche gemacht werden, damit die eingeschlossene Luft entweichen kann. Danach sollte sie mit dem Wurstheber gedreht werden, da sich sonst der Speck oben absetzen kann und ein unschönes Anschnittbild entsteht.

Abkühlen

Undurchlässige Kunstdärme werden nach dem Erhitzen in kaltem Wasser mindestens die Hälfte der Brühzeit abgekühlt, d. h., eine Wurst mit Darmkaliber 50 mindestens 25 Minuten.

Pressen

Die Mägen werden dazu nach dem Brühen 15 Minuten im Wasserbad abgekühlt, gestippt, auf eine flache Unterlage gelegt und durch ein Brett o. ä. so lange beschwert, bis sie ganz ausgekühlt sind. Sterildärme werden in Pressformen gebrüht und ausgekühlt.

Räuchern

Das Räuchern verleiht der Blutwurst eine schöne goldbraune Farbe und einen angenehmen Räuchergeschmack. Darüber hinaus wird durch Austrocknung und keimtötende Wirkung die Haltbarkeit erhöht.
Naturdärme werden entweder:
- kurz abgeschreckt, d. h., in kaltes Wasser getaucht oder abgeduscht und danach warm bei 40 bis 50 °C geräuchert oder
- ein Drittel der Brühzeit in fließendem Wasser abgekühlt, herausgenommen, damit sie abtrocknen können, und danach kalt bei 20 bis 25 °C geräuchert.

Lagern

Blutwürste sollten bis auf wenige Ausnahmen, wie harte Speckwurst, Schwarzacher, harte Blutwürstchen, unter 7 °C gelagert werden.
Ideal sind:
▸ dunkle Kühlräume mit einer Raumtemperatur von 0 bis 4 °C und
▸ geringer Luftbewegung und einer relativen Luftfeuchte von 75 %.

Fehlfabrikate – Ursachen und Möglichkeiten zur Abhilfe

Fehler	Mögliche Ursachen	Fehler vermeiden
Blutwurst ist zu weich	• zu wenig Schwarten • Schwarten schlecht entfettet • Schwarten zu weich gekocht • Wurst zu heiß oder zu lange gebrüht	→ Schwartenanteil überprüfen → möglichst fettfrei abschwarten → Schwarten nur so lange kochen, bis sie sich leicht durchdrücken lassen → Brühtemperatur und Brühzeit prüfen
Blutwurst ist zu fest	• zu viel Schwarten • Schwarten zu hart, zu kurz gegart • zu wenig Brühe	→ Schwartenanteil verringern → Schwarten so kochen, dass sie sich leicht durchdrücken lassen → mehr Fleischbrühe zugeben
Blutwurst ist zu dunkel	• Blutanteil zu hoch • Rinderblut wie Schweineblut verwendet • Schwartenmasse war bei der Blutzugabe zu heiß	→ Blutanteil senken, eventuell einen Teil durch Milch ersetzen → bei Rinderblut Blutanteil senken → Blut der Schwartenmasse erst unter 60 °C zugeben
Einlagen bei Blutwurst, Presssack fallen heraus	• zu viele Einlagen • zu wenig Schwarten • Schwarten schlecht entfettet • Schwarten zu weich gekocht • Masse nicht richtig vermengt • Wurst zu heiß oder zu lange gebrüht • Einlagen schlecht abgebrüht • Einlagen zu hart	→ Rezept überprüfen → Schwartenanteil erhöhen → möglichst fettfrei abschwarten → Schwarten nur so lange kochen, bis sie sich leicht durchdrücken lassen → Masse gut durchmengen → Brühtemperatur und Brühzeit prüfen → Einlagen gründlich heiß abbrühen → Einlagen lange genug garen oder blanchieren

Fehler	Mögliche Ursachen	Fehler vermeiden
Speck- einlagen rot gefärbt	• Speckwürfel zu lange gebrüht	→ Speckwürfel bei 90 °C 2 bis 3 Minuten brühen (bis sie „springen")
	• Speck zu alt	→ frischen Speck würfeln, heiß abbrühen und sofort mit der Blutschwartenmasse vermischen
Magerfleisch- einlagen haben einen grauen Kern	• Einlagen nicht richtig durchgepökelt	→ Pökelvorgang überprüfen
	▸ zu wenig oder altes NPS	→ Salzmenge, Lakestärke und NPS-Zustand überprüfen
	▸ zu kurz gepökelt und gepoltert	→ auf ausreichende Pökel- und Polterzeiten achten
Geschmack • salzig	• zu viel Salz	→ Salzmenge prüfen bzw. reduzieren
• fade	• zu wenig Salz, Gewürz	→ Salzmenge 20 g/kg Fleisch u. Fett, Würzung prüfen bzw. verstärken
• ölig, tranig, fischig, seifig	• altes oder durch Fütterung fremdartig schmeckendes Fett	→ nur frisches Fett von normal gemästeten Schweinen verwenden
• ranzig	• altes, verdorbenes Fett	→ nur frisches Fett verwenden
• bitter	• zu viel Leber, zu alte Leber, Rinderleber	→ max. 5 % frische Schweineleber verarbeiten
• muffig	• altes Blut	→ nur schlachtfrisches Blut verwenden! Blut ist unmittelbar nach der Schlachtung gesalzen und gekühlt nur 1 bis 2 Tage haltbar

Fehler	Mögliche Ursachen	Fehler vermeiden
Darm-geschmack, faulig, ranzig	• Naturdärme alt, unsauber, verdorben, Darmfett ranzig	→ frische Naturdärme, sauber gewonnen, gesalzen, gekühlt gelagert verwenden
Wurst hat einen grauen Rand, ist im Innern rosa	• Wurst zu schnell abgekühlt • Wurst lag zu lange im Kühl-wasser	→ Wurst erst lauwarm, dann kalt abkühlen oder Intervall-duschen → Abkühlzeiten verringern
Blutwurst hat einen grau-grünen Kern	• Erhitzungsdauer zu kurz • Erhitzungstemperatur zu niedrig • zu viel Wurst im Kessel, Wärme kann sich nicht rich-tig verteilen	→ länger erhitzen → Erhitzungstemperatur erhöhen → weniger Wurst in den Kessel geben, damit Wärmeaus-tausch erfolgen kann

Blutwurst-Rezepte

Filetrotwurst   2.232.1

50% Schweinefilets	Filets 3 Tage trocken vorpökeln.	20,0 g NPS
	1 Minute blanchieren, pfeffern und dünn	(Filetgewicht)
	mit BSM einreiben. Jeweils 2 Filets	1,0 g Pfeffer, weiß
	Kopf an Spitze legen und mit einer	
5% Speckplatte	3 mm starken Speckplatte umwickeln.	

10% S VIII	S VIII 3 mm würfeln und 3 Min.	20,0 g NPS
35% BSM	blanchieren. BSM mit heißen	1,0 g Pfeffer, schw.
	Speckwürfeln und Gewürzen vermengen.	1,0 g Majoran
		0,5 g Piment
	Rinderbutten oder Sterildärme knapp zur	0,2 g Zimt
	Hälfte mit Blut-Schwarten-Speck-Masse	
	füllen. Die umwickelten Filets so	
	einbringen, dass sie in der Mitte liegen.	

 Brühen bei 75 °C bis mindestens 68 °C Kerntemperatur.

Rote Filetpastete   2.232.1

50% Schweinefilets	Filets 3 Tage trocken vorpökeln.	20,0 g NPS
	1 Minute blanchieren, pfeffern und	(Filetgewicht)
	dünn mit BSM einreiben. 4 Filets Kopf	1,0 g Pfeffer, weiß
	an Spitze legen und mit einer 3 mm	
5% Speckplatte	starken Speckplatte umwickeln.	
10% S VIII	S VIII 3 mm würfeln und 3 Min.	20,0 g NPS
35% BSM	blanchieren. BSM mit heißen	1,0 g Pfeffer, schw.
	Speckwürfeln und Gewürzen vermengen.	1,0 g Majoran
		0,5 g Piment
	Pastetenform mit Speckplatten auslegen	0,2 g Zimt
	und knapp zur Hälfte mit der	
	Blut-Schwarten-Speck-Masse füllen.	
	Die umwickelten Filets so hineindrücken,	
	dass sie in der Mitte liegen.	

Brühen bei 75 °C bis mindestens 68 °C Kerntemperatur.

Böhmische Blutwurst mit Mandeln und Rosinen   2.232.1

50%Schinken	Blutwurstschinken 2 cm würfeln.	20,0 g NPS (S VI)
10% S VI	Backen 4 mm würfeln, mit NPS über	
	Nacht vorpökeln und 5 Min. blanchieren.	
		20,0 g NPS (BSM)
30% BSM	Schinken, Mandeln und Rosinen heiß	2,0 g Pfeffer
5% Mandeln	abbrühen, mit den heißen Backen und	1,0 g Majoran
5% Rosinen	den Gewürzen unter die BSM mischen.	0,5 g Ingwer
		0,2 g Zimt
		0,2 g Zitronenschale

In Schweinemägen, Butten, Kappen oder Blasen füllen.

Brühen bei 75°C bis mindestens 68°C Kerntemperatur.

Nach dem Auskühlen goldgelb kalt räuchern.

Schlegelwurst   2.232.1

10% S VIII	Speck in 5 mm große Würfel schneiden	
	und 2 Min. blanchieren.	
60% Schinken	Blutwurstschinken 2 cm würfeln, heiß	20,0 g NPS
	abbrühen und beides heiß mit Salz und	2,0 g Pfeffer
30% BSM	Gewürzen unter die BSM mischen.	1,5 g Majoran
		0,5 g Piment
	In Kappen, Sauenfettenden, Butten oder	0,2 g Zimt
	Sterildärme füllen.	10,0 g Zwiebeln

Brühen bei 75°C bis mindestens 68°C Kerntemperatur.

Nach dem Auskühlen goldgelb kalt räuchern.

Blutwurst mit Einlage 2.232.1

Vorbereitung der Zungen

1000 g Wasser	Aus Wasser und Salz eine Lake rühren. Schweinezungen
100 g NPS	darin 2 bis 3 Tage einlegen. Weich kochen, kurz abschrecken und die Schleimhaut abschälen.

25 % Schweine-zungen	Zungen in 3 cm große Stücke schneiden,
30 % Schinken	Blutwurstschinken 2 cm würfeln und
10 % S VIII	beides 1 Min. blanchieren. S VIII 3 mm würfeln und 2 Min. blanchieren.

15 % Schwarten	Schwarten weich kochen und heiß mit	20,0 g NPS
2 % Wasser	wenig Wasser sahnig kuttern. Bei 45 °C	2,0 g Pfeffer
8 % Leber	die 2 mm gewolfte Leber unterziehen,	0,5 g Muskat
10 % Blut	Blut, Salz und Gewürze unterkuttern.	1,0 g Majoran
		0,5 g Thymian
	Zungen-, Fleisch- und Speckwürfel heiß	0,5 g Piment
	unter die gekutterte Masse mischen.	0,2 g Zimt
		10,0 g Zwiebeln

In Kappen, Sauenfettenden, Butten oder Sterildärme füllen.

Brühen bei 75 °C bis mindestens 68 °C Kerntemperatur.

Nach dem Abkühlen und Abtrocknen goldgelb kalt räuchern.

Zungenrotwurst 2.232.2

10 % S VIII	S VIII 3 mm würfeln, 2 Min. blanchieren	
35 % BSM	und mit Salz und Gewürzen unter die	20,0 g NPS
55 % Schweine-zungen	BSM mischen, Zungen ganz oder in Stücken dazugeben und vermischen.	2 g Pfeffer
		1,5 g Majoran
		0,5 g Piment
		0,2 g Zimt
	In Kappen, Sauenfettenden, Butten oder	10,0 g Zwiebeln
	Sterildärme füllen.	

In Kappen, Sauenfettenden, Butten oder Sterildärme füllen.

Brühen bei 75 °C bis mindestens 68 °C Kerntemperatur.

Nach dem Abkühlen und Abtrocknen goldgelb kalt räuchern.

Zungenwurst

17% Schwarten	Schwarten weich kochen. Heiß mit
3% Wasser	wenig Wasser sahnig kuttern und bei 45°C
10% Leber	die 2 mm gewolfte Leber unterziehen.
10% Blut	Blut, Salz und Gewürze unterkuttern.
60% Schweine-zungen	Zungen heiß abbrühen und unter die Blut-Schwarten-Leber-Masse mischen.

20,0 g NPS
2,0 g Pfeffer
0,5 g Muskat
1 g Thymian
0,5 g Piment
0,2 g Zimt
10,0 g Zwiebeln

 In Kappen, Sauenfettenden, Butten oder Sterildärme füllen.

 Brühen bei 75°C bis mindestens 68°C Kerntemperatur.

Nach dem Abkühlen und Abtrocknen goldgelb kalt räuchern.

Berliner Zungenwurst

12% Schwarten	Schwarten weich kochen und mit wenig
3% Wasser	Wasser sahnig kuttern. Bei 45°C die
10% Leber	2 mm gewolfte Leber unterziehen und
10% Blut	Blut, Salz und Gewürze unterkuttern.
10% S VIII	S VIII 3 mm würfeln, 2 Min. blanchieren
55% Zungen	und mit den Schweinezungen dazugeben und vermischen.

20,0 g NPS
2,0 g Pfeffer
0,5 g Muskat
1,5 g Majoran
0,5 g Piment
0,2 g Zimt
10,0 g Zwiebeln

 In Kappen, Sauenfettenden, Butten oder Sterildärme füllen.

 Brühen bei 75°C bis mindestens 68°C Kerntemperatur.

Nach dem Abkühlen und Abtrocknen goldgelb kalt räuchern.

Rote Zungenpastete   2.232.2

50 % Schweine- zungen	Schweinezungen kurz blanchieren. Schleimhaut entfernen, spritzpökeln und poltern. 4 Zungen gegenüber Kopf an Spitze legen und in einer Pressform 90 Min. kochen und erkalten lassen.	80,0 g NPS (Lake) 920,0 g Wasser
5 % Speckplatten	Die so gewonnene Zungenstange dünn mit BSM einreiben und mit einer 3 mm starken Speckplatte umwickeln.	
10 % S VIII 35 % BSM	S VIII 3 mm würfeln und 3 Min. blanchieren. BSM mit Speckwürfeln, Salz und Gewürzen vermengen. Pastetenform mit Speckplatten auslegen und knapp zur Hälfte mit der Blut-Schwarten-Speck-Masse füllen. Dann die umwickelte Zungenstange so hineindrücken, dass sie in der Mitte liegt.	20,0 g NPS 1,0 g Pfeffer 1,0 g Majoran 0,5 g Piment 0,2 g Zimt

 Brühen bei 75 °C bis mindestens 68 °C Kerntemperatur.

Delikatess-Rotwurst   2.232.3

50 % Schinken 15 % Zungen 15 % S VIII 20 % BSM	Blutwurstschinken und Schweinezungen in 2 cm große Würfel schneiden. S VIII 3 mm würfeln und 3 Min. blanchieren. Schinken heiß abbrühen und mit heißem Speck, Salz und Gewürzen unter die BSM mischen.	20,0 g NPS 2,0 g Pfeffer 1,0 g Majoran 0,5 g Piment 0,2 g Zimt

 In Schweinemägen, Butten, Kappen oder Blasen füllen.

 Brühen bei 75 °C bis mindestens 68 °C Kerntemperatur.

Nach dem Abkühlen und Abtrocknen goldgelb kalt räuchern.

Thüringer Rotwurst Ia   2.232.3

60 % Schinken	Blutwurstschinken in 2 cm große Würfel schneiden.	20,0 g NPS
15 % S VI	S VI 4 mm würfeln, salzen und über Nacht ziehen lassen. 5 Min. blanchieren.	
	Schinken heiß abbrühen und mit den heißen Backenwürfeln, Salz und	20,0 g NPS (BSM)
		2,0 g Pfeffer
25 % BSM	Gewürzen unter die BSM mischen.	1,5 g Majoran
		0,2 g Zimt
		0,5 g Piment
	In Kappen, Sauenfettenden, Butten oder Sterildärme füllen.	10,0 g Zwiebeln

Brühen bei 75 °C bis mindestens 68 °C Kerntemperatur.

Nach dem Abkühlen und Abtrocknen goldgelb kalt räuchern.

Leberrotwurst   2.232.3

25 % Schweineleber	Leber von Gallengängen befreien. 1 cm würfeln und über Nacht vorpökeln.	20,0 g NPS (Leber)
25 % S VI	Backen in 4 mm große Würfel schneiden, vorpökeln und 5 Min. blanchieren.	20,0 g NPS (S VI)
25 % Schinken	Blutwurstschinken in 1 cm große Würfel	20,0 g NPS (BSM)
25 % BSM (Milch)	schneiden, heiß abbrühen und sofort mit	2,0 g Pfeffer
	den heißen Backen, den Leberwürfeln,	1,5 g Majoran
	Salz, Gewürzen und der BSM vermischen.	0,5 g Piment
		20,0 g Zwiebeln
	In Kappen, Sauenfettenden, Butten oder Sterildärme füllen.	2,0 g Honig

Brühen bei 75 °C bis mindestens 68 °C Kerntemperatur.

Nach dem Abkühlen und Abtrocknen goldgelb kalt räuchern.

Tipp: Bei der Leberrotwurst sollte der BSM statt Fleischbrühe Milch zugesetzt werden, damit der Lebergeschmack gemildert wird.

Schinkenrotwurst

2.232.3

70% Blutwurst-schinken	Schinken in 2 cm große Würfel schneiden.	20,0 g NPS
30% BSM	Heiß abbrühen und mit Salz und Gewürzen unter die BSM mischen.	2,0 g Pfeffer
		1,5 g Majoran
		0,5 g Piment
		0,2 g Zimt
		10,0 g Zwiebeln

In Kappen, Butten oder Sterildärme füllen.

Brühen bei 75 °C bis mindestens 68 °C Kerntemperatur.

Nach dem Abkühlen und Abtrocknen goldgelb kalt räuchern.

Schwarzacher Rotwürstchen Ia

2.232.3

45% S II	S II mit Salz 5 mm wolfen und mindestens 12 Stunden vorpökeln lassen.	20,0 g NPS
20% S VI	S VI 4 mm wolfen, in einer Pfanne mit	
10% Zwiebeln	den fein gehackten Zwiebeln goldgelb anbraten und möglichst heiß mit SII,	20,0 g NPS (Rest)
25% BSM	der heißen BSM und den Gewürzen	2,0 g Pfeffer
	vermischen.	0,5 g Piment
		0,5 g Muskat
		1,5 g Majoran
		0,2 g Zimt

In Saitlinge füllen.

Brühen bei 75 °C bis mindestens 68 °C Kerntemperatur.

Warm aufhängen und bei 40 °C räuchern.

An der Luft auskühlen lassen.

Tipp: *Schwarzacher schmecken am besten abgetrocknet und sind dann auch ungekühlt haltbar.*

Gutsrotwurst   2.232.4

50% Schinken	Blutwurstschinken in 2 cm große Würfel schneiden.	
15% Rückenspeck	Speck in 3 mm große Würfel schneiden.	20,0 g NPS
		2,0 g Pfeffer
	Alles abbrühen und heiß mit Salz und	1,0 g Majoran
35% BSM	Gewürzen unter die BSM mischen.	0,5 g Thymian
		0,5 g Piment
		0,2 g Zimt
	In Kappen, Sauenfettenden, Butten oder Sterildärme füllen.	10,0 g Zwiebeln

Brühen bei 75 °C bis mindestens 68 °C Kerntemperatur.

Nach dem Abkühlen und Abtrocknen goldgelb kalt räuchern.

Gutsfleischwurst   2.232.4

Vorbereitung der Schweinekämme

Schweinekämme	Kämme spritzpökeln, mit Gewürzen poltern, fest in Formen füllen und mindestens 12 Stunden ruhen lassen.	20,0 g NPS
		3,0 g Pfeffer
		1,0 g Muskat

Brühen bei 75 °C bis mindestens 65 °C Kerntemperatur.

55% Kammfleisch	Backen 4 mm würfeln, vorpökeln und	20,0 g NPS (S VI)
15% S VI	5 Min. blanchieren. Kamm 2 cm würfeln.	2,0 g Pfeffer
		0,5 g Muskat
	Alles heiß abbrühen und sofort mit Salz	1,0 g Majoran
30% BSM	und Gewürzen unter die BSM mischen.	0,5 g Thymian
		0,5 g Piment
		0,2 g Zimt
	In Kappen, Sauenfettenden, Butten oder Sterildärme füllen.	10,0 g Zwiebeln

Brühen bei 75 °C bis mindestens 68 °C Kerntemperatur.

Nach dem Abkühlen und Abtrocknen goldgelb kalt räuchern.

Fleischrotwurst

2.232.4

70% Kammfleisch	Kamm in 2 cm große Würfel schneiden, heiß abbrühen	20,0 g NPS (BSM)
		2,0 g Pfeffer
30% BSM	und sofort mit Salz und Gewürzen	1,0 g Majoran
	unter die BSM mischen.	0,5 g Thymian
		0,2 g Zimt
		0,5 g Piment
	In Kappen, Sauenfettenden, Butten oder Sterildärme füllen.	10,0 g Zwiebeln

Brühen bei 75 °C bis mindestens 68 °C Kerntemperatur.

Nach dem Abkühlen und Abtrocknen goldgelb kalt räuchern.

Thüringer Fleischrotwurst

2.232.4

65% Schinken	Blutwurstschinken in 2 cm große	
10% S VI	Würfel schneiden, S VI 4 mm würfeln,	
	über Nacht mit NPS vorpökeln und	20,0 g NPS
	5 Minuten blanchieren.	1,0 g Majoran
	Schinken heiß abbrühen und zusammen	0,5 g Kümmel, gem.
	mit den heißen Backen, Salz und	2,0 g Pfeffer
25% BSM	Gewürzen unter die BSM mischen.	0,5 g Piment
		0,5 g Koriander
	In Kappen, Sauenfettenden, Butten oder Sterildärme füllen.	10,0 g Zwiebeln

Brühen bei 75 °C bis mindestens 68 °C Kerntemperatur.

Nach dem Abkühlen und Abtrocknen goldgelb kalt räuchern.

Berliner Fleischwurst   2.232.4

50 % Schinken	Blutwurstschinken in 2 cm große Würfel,
10 % Rückenspeck	Speck in 3 mm große Würfel schneiden.
10 % Herzen	Schweineherzen 3 Tage in Lake legen,
	weich kochen und in 5 mm große Würfel
	schneiden. Alles brühen und heiß mit
30 % BSM	Salz und Gewürzen unter die BSM
	mischen.

20,0 g NPS
2,0 g Pfeffer
1,0 g Majoran
0,5 g Kümmel
0,5 g Muskat
0,5 g Piment
0,2 g Zimt
10,0 g Zwiebeln

In Kappen, Sauenfettenden, Butten oder Sterildärme füllen.

Brühen bei 75 °C bis mindestens 68 °C Kerntemperatur.

Nach dem Abkühlen und Abtrocknen goldgelb kalt räuchern.

Eventuell etwas pressen.

Pariser Blutwurst   2.232.4

25 % Zungen	Schweinezungen 4 mm, Speck
10 % Rückenspeck	3 mm würfeln. Blutwurstschinken
40 % Schinken	in 2 cm große Würfel schneiden.
	Alles heiß abbrühen und mit Salz
25 % BSM	und Gewürzen unter die BSM mischen.

20,0 g NPS
2,0 g Pfeffer
1,0 g Thymian
0,5 g Piment
0,2 g Zimt
0,5 g Muskat
10 g Zwiebeln

In Kappen, Sauenfettenden, Butten oder Sterildärme füllen.

Brühen bei 75 °C bis mindestens 68 °C Kerntemperatur.

Nach dem Abkühlen und Abtrocknen goldgelb kalt räuchern.

Eventuell etwas pressen.

Fleischmagen

2.232.4

20% S VI	S VI 4 mm würfeln und mit NPS über Nacht vorpökeln. 5 Minuten	
50% Kammfleisch	blanchieren. Kamm in 2 cm große Würfel schneiden, alles heiß abbrühen	20,0 g NPS 1,0 g Majoran 2,0 g Pfeffer
30% BSM	und zusammen mit Salz und Gewürzen unter die BSM mischen.	1,5 g Majoran 0,5 g Piment 0,5 g Kümmel, gem.

In Schweinemägen füllen.   10,0 g Zwiebeln

Brühen bei 75 °C bis mindestens 68 °C Kerntemperatur.

Zum Abkühlen und Abtrocknen etwas pressen und

goldgelb kalt räuchern.

Fleischblutmagen

2.232.4

40% Schinken	Blutwurstschinken in 2 cm große Würfel,	20,0 g NPS
30% Kammfleisch	Kamm in 3 cm große Würfel schneiden.	2,0 g Pfeffer 1,0 g Majoran
	Alles abbrühen und heiß mit Salz und	0,5 g Thymian
30% BSM	Gewürzen unter die BSM mischen.	0,5 g Muskat 0,5 g Piment

In Schweinemägen füllen.   10,0 g Zwiebeln

Brühen bei 75 °C bis mindestens 68 °C Kerntemperatur.

Zum Abkühlen und Abtrocknen etwas pressen und

goldgelb kalt räuchern.

Fränkischer Rotgelegter

25% S XI	Köpfe weich kochen, auslösen, zuschneiden und sortieren. Magerfleisch in 1 cm große, Rüssel in 5 mm große und Fett in 3 mm große Würfel schneiden.
50% Schinken	Blutwurstschinken in 2 cm große Würfel schneiden.

20,0 g NPS
2,0 g Pfeffer
1,0 g Majoran
0,5 g Thymian
0,5 g Piment
0,2 g Zitronenschale
20,0 g Zwiebeln

25% BSM — Alles abbrühen und heiß mit Salz und Gewürzen unter die BSM mischen.

In Schweinemägen, Kappen oder Sterildärme füllen.

Brühen bei 75 °C bis mindestens 68 °C Kerntemperatur.

Zum Abkühlen und Abtrocknen eventuell etwas pressen und

goldgelb kalt räuchern.

Würzburger Rotgelegter

15% S XI	Köpfe weich kochen, auslösen, zuschneiden und sortieren. Magerfleisch in 1 cm große, Rüssel in 5 mm große und Fett in 3 mm große Würfel schneiden.
60% Schinken	Blutwurstschinken in 2 cm große Würfel schneiden.

20,0 g NPS
2,0 g Pfeffer
1,0 g Majoran
0,5 g Muskat
0,5 g Piment
0,2 g Zitronenschale
20,0 g Zwiebeln

Alles abbrühen und heiß mit Salz und
25% BSM — Gewürzen unter die BSM mischen.

In Schweinemägen, Kappen oder Sterildärme füllen.

Brühen bei 75 °C bis mindestens 68 °C Kerntemperatur.

Zum Abkühlen und Abtrocknen eventuell etwas pressen und

goldgelb kalt räuchern.

Thüringer Rotwurst

45 % Schinken	Blutwurstschinken in 2 cm große	
25 % S VI	Würfel schneiden. S VI 4 mm würfeln,	20,0 g NPS (S VI)
	über Nacht vorpökeln und 5 Min.	
	blanchieren. Schinken heiß abbrühen	20,0 g NPS (BSM)
	und zusammen mit den heißen	2,0 g Pfeffer
30 % BSM	Backenwürfeln, Salz und Gewürzen	1,5 g Majoran
	unter die BSM mischen.	0,2 g Zimt
		0,5 g Piment
	In Kappen, Sauenfettenden, Butten oder	10,0 g Zwiebeln
	Sterildärme füllen.	

Brühen bei 75 °C bis mindestens 68 °C Kerntemperatur.

Nach dem Abkühlen und Abtrocknen goldgelb kalt räuchern.

Dresdner Blutwurst

15 % S XI	Köpfe weich kochen, auslösen, zu-	
	schneiden und sortieren. Magerfleisch in	
	1 cm große, Rüssel in 5 mm große und	
	Fett in 3 mm große Würfel schneiden.	
10 % Herzen	Schweineherzen 3 Tage in Lake legen,	
	weich kochen und in 5 mm große Würfel	
50 % Schinken	schneiden. Blutwurstschinken in 2 cm	20,0 g NPS
	große Würfel schneiden.	2,0 g Pfeffer
	Alles abbrühen und heiß mit Salz und	1,0 g Majoran
25 % BSM	Gewürzen unter die BSM mischen.	0,5 g Thymian
		0,5 g Piment
	In Schweinemägen, Kappen oder	0,2 g Zitronenschale
	Sterildärme füllen.	20,0 g Zwiebeln

Brühen bei 75 °C bis mindestens 68 °C Kerntemperatur.

Nach dem Abkühlen und Abtrocknen goldgelb kalt räuchern.

Schlesische Blutwurst   2.232.6

25 % S XI	Köpfe weich kochen, auslösen, zu- schneiden und sortieren. Magerfleisch in 1 cm große, Rüssel in 5 mm große und Fett in 3 mm große Würfel schneiden.	
10 % Herzen	Schweineherzen 3 Tage in Lake legen, weich kochen und in 5 mm große Würfel	
20 % S VI	schneiden. S VI 4 mm würfeln, über Nacht vorpökeln und 5 Min. blanchieren.	20,0 g NPS
20 % Schinken	Blutwurstschinken in 2 cm große Würfel schneiden. Alles abbrühen und heiß mit	2,0 g Pfeffer 1,0 g Majoran
20 % BSM mit Milch	Salz und Gewürzen unter die BSM mischen.	0,5 g Thymian
5 % Schweineleber	Leber 3 mm wolfen und untermischen.	0,5 g Piment 0,5 g Honig

In Schweinemägen, Kappen oder Sterildärme füllen.

20,0 g Zwiebeln

Brühen bei 75 °C bis mindestens 68 °C Kerntemperatur.

Nach dem Abkühlen und Abtrocknen goldgelb kalt räuchern.

Rotwurst   2.232.7

35 % S XI	Köpfe weich kochen, auslösen, zu- schneiden und sortieren. Magerfleisch in 1 cm große, Rüssel in 5 mm große und Fett in 3 mm große Würfel schneiden.	
10 % Herzen	Schweineherzen 3 Tage in Lake legen, weich kochen und in 5 mm große Würfel schneiden. Speck in 4 mm große Würfel	20,0 g NPS
20 % S VIII	schneiden.	2,0 g Pfeffer 1,0 g Majoran
35 % BSM	Alles 2 Min. blanchieren und mit Salz und Gewürzen unter die BSM mischen.	0,5 g Thymian 0,5 g Piment

In Schweinemägen, Kappen oder
Sterildärme füllen.

0,2 g Zitronenschale
20,0 g Zwiebeln

Brühen bei 75 °C bis mindestens 68 °C Kerntemperatur.

Nach dem Abkühlen und Abtrocknen goldgelb kalt räuchern.

Calenberger Rotwurst

60% S IV	Schweinebäuche vorpökeln, poltern, in Formen füllen und 24 Stunden ruhen lassen. Bis 62 °C Kerntemperatur garen, in 1 cm große Würfel schneiden und heiß abschwenken.	20,0 g NPS (S IV)
5% Buchweizen 10% Fleischbrühe 15% Schwarten	Buchweizengrütze in die kochende fette Brühe geben und 15 Min. im Wasserbad erhitzen. Schwarten weich kochen und mit Grütze und Zwiebeln 2 mm wolfen. Mit Salz, Gewürzen und den heißen Einlagen mischen.	20,0 g NPS (BSM) 2,0 g Pfeffer 1,0 g Majoran 0,5 g Thymian 0,5 g Piment
10% Schweineblut	Blut dazugeben und gut verrühren.	0,2 g Muskat 0,2 g Zimt

In Krausdärme oder Fettenden füllen. 20,0 g Zwiebeln

Brühen bei 75 °C bis mindestens 68 °C Kerntemperatur.

Nach dem Abkühlen und Abtrocknen goldgelb kalt räuchern.

Bauernrotwurst

30% S XI	Köpfe weich kochen, auslösen, zuschneiden und sortieren. Magerfleisch in 1 cm große, Rüssel in 5 mm große und Fett in 3 mm große Würfel schneiden.	
35% S VIII	Speck in 4 mm große Würfel schneiden und 2 Min. blanchieren.	20,0 g NPS 2,0 g Pfeffer
15% Schwarten	Alles heiß mit Salz und Gewürzen unter die weich gekochten, 2 mm gewolften heißen Schwarten mischen.	1,0 g Majoran 0,5 g Thymian 0,5 g Muskat 0,5 g Piment
15% Schweineblut 5% Kesselbrühe	Blut unterrühren und gut vermischen. Zuletzt die fette Brühe unterrühren.	0,2 g Zitronenschale 20,0 g Zwiebeln

In Schweinemägen oder Kappen füllen.

Brühen bei 75 °C bis mindestens 68 °C Kerntemperatur.

Zum Abkühlen und Abtrocknen goldgelb kalt räuchern.

Eventuell etwas pressen.

Hausmacher Rotwurst

2.232.7

60 % S XI	Köpfe weich kochen, auslösen, zu-schneiden und sortieren. Magerfleisch in 1 cm große, Rüssel in 5 mm große und Fett in 3 mm große Würfel schneiden.	
15 % S VIII	Speck in 4 mm große Würfel schneiden.	20,0 g NPS 2,0 g Pfeffer
10 % Schwarten	Alles 2 Min. blanchieren, mit Salz und Gewürzen unter die weich gekochten, 2 mm gewolften Schwarten mengen.	1,0 g Majoran 0,5 g Thymian 0,5 g Piment
10 % Schweineblut	Blut unterrühren und gut vermischen.	0,2 g Zitronenschale
5 % Kesselbrühe	Zuletzt die fette Brühe unterrühren.	20,0 g Zwiebeln

In Schweinemägen oder Kappen füllen.

Brühen bei 75 °C bis mindestens 68 °C Kerntemperatur.

Zum Abkühlen und Abtrocknen goldgelb kalt räuchern.

Eventuell etwas pressen.

Hausmacher Rotwurst, Saarländer Art

2.232.7

25 % S XI	Köpfe weich kochen, auslösen, zu-schneiden und sortieren. Magerfleisch in 1 cm große, Rüssel in 5 mm große und Fett in 3 mm große Würfel schneiden.	
20 % S VI	S VI 4 mm würfeln, vorpökeln und 5 Min. blanchieren. Speck 4 mm würfeln und 2 Min. blanchieren.	20,0 g Zwiebeln 20,0 g NPS
25 % S VIII		2,0 g Pfeffer
	Schwarten und Lungen weich kochen und mit Zwiebeln 2 mm wolfen. Die Einlagen heiß mit Salz und Gewürzen untermischen.	2,0 g Majoran
10 % Schwarten		1,0 g Thymian
5 % Lungen		0,5 g Piment
10 % Schweineblut	Blut unterrühren und gut vermischen.	0,2 g Zitronen-
5 % Kesselbrühe	Zuletzt die fette Brühe unterrühren.	schale
		0,2 g Zimt

In Schweinemägen oder Kappen füllen.

Brühen bei 75 °C bis mindestens 68 °C Kerntemperatur.

Zum Abkühlen und Abtrocknen goldgelb kalt räuchern.

Eventuell etwas pressen.

L a n d r o t w u r s t

30 % S XI	Köpfe weich kochen, auslösen, zu- schneiden und sortieren. Magerfleisch in 1 cm große, Rüssel in 5 mm große und Fett in 3 mm große Würfel schneiden.	
20 % S VI	S VI 4 mm würfeln, salzen und über Nacht ziehen lassen. 10 Min. blanchieren.	

20,0 g NPS
2,0 g Pfeffer
1,0 g Majoran
0,5 g Thymian
0,5 g Muskat
0,5 g Piment
0,2 g Zitronen-
schale
20,0 g Zwiebeln

15 % S VIII	Speck in 4 mm große Würfel schneiden und 2 Minuten blanchieren.
15 % Schwarten	Alles heiß mit Salz und Gewürzen unter die weich gekochten, 2 mm gewolften heißen Schwarten mischen.
15 % Schweineblut	Blut unterrühren und gut vermischen.
5 % Kesselbrühe	Zuletzt die fette Brühe unterrühren.

In Schweinemägen oder Kappen füllen.

Brühen bei 75 °C bis mindestens 68 °C Kerntemperatur.

Zum Abkühlen und Abtrocknen goldgelb kalt räuchern.

Eventuell etwas pressen.

Roter Schwartenmagen   2.232.8

Schweineköpfe	Köpfe vorpökeln, weich kochen, auslösen und zuschneiden. Nur Rüssel und Magerfleisch verwenden.	
50% Schweinerüssel	Rüssel ganz, Magerfleisch in 2 cm	20,0 g NPS
30% mageres Kopffleisch	große Stücke schneiden. Alles 2 Min.	2,0 g Pfeffer
	blanchieren und sofort mit Salz und	1,0 g Majoran
10% Schwarten	Gewürzen unter die weich gekochten,	0,5 g Thymian
	2 mm gewolften Schwarten mischen.	0,5 g Piment
10% Schweineblut	Blut unterrühren und gut vermengen.	0,2 g Zitronen-schale

In Schweinemägen füllen.

Brühen bei 75 °C bis mindestens 68 °C Kerntemperatur.

Zum Abkühlen und Abtrocknen eventuell etwas pressen und goldgelb kalt räuchern.

20,0 g Zwiebeln

Roter Presssack, Blutpresssack   2.232.8

50% S XI	Köpfe weich kochen, auslösen, zuschneiden und sortieren. Magerfleisch in 1 cm große, Rüssel in 5 mm große und Fett in 3 mm große Würfel schneiden.	
		20,0 g NPS
10% Rückenspeck	Speck in 3 mm große Würfel schneiden,	2,0 g Pfeffer
	alles heiß abbrühen und heiß mit Salz	1,0 g Majoran
40% BSM	und Gewürzen unter die BSM mischen.	0,5 g Thymian
		0,5 g Piment
		0,2 g Zitronenschale
		20,0 g Zwiebeln

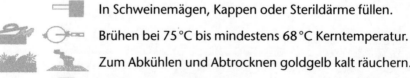

In Schweinemägen, Kappen oder Sterildärme füllen.

Brühen bei 75 °C bis mindestens 68 °C Kerntemperatur.

Zum Abkühlen und Abtrocknen goldgelb kalt räuchern.

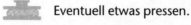

Eventuell etwas pressen.

Fränkischer Roter Presssack

2.232.8

55% S XI	Köpfe weich kochen, auslösen, zuschneiden und sortieren. Magerfleisch in 1 cm große, Rüssel in 5 mm große und Fett in 3 mm große Würfel schneiden.
20% S VI	S VI 4 mm würfeln salzen, über Nacht ziehen lassen und 10 Min. blanchieren.
10% Schwarten	Schwarten weich kochen, mit Zwiebeln 2 mm wolfen, mit Salz, Gewürzen und den heißen Einlagen vermischen.
10% Schweineblut	Blut unterrühren und gut vermischen.
5% Kesselbrühe	Zuletzt die fette Brühe unterrühren.

20,0 g Zwiebeln
20,0 g NPS
2,0 g Pfeffer
2,0 g Majoran
0,5 g Muskat
0,5 g Piment
0,2 g Zitronenschale

In Krausdärme oder Kappen füllen.

Brühen bei 75 °C bis mindestens 68 °C Kerntemperatur.

Nach dem Abkühlen und Abtrocknen goldgelb kalt räuchern.

Schwarzer Presssack

2.232.8

siehe Roter Presssack, jedoch wird statt NPS Kochsalz verwendet.

Roter Presskopf, Blutpresskopf   `2.232.8`

55% S XI	Köpfe weich kochen, auslösen, zu- schneiden und sortieren. Magerfleisch in 1 cm große, Rüssel in 5 mm große und Fett in 3 mm große Würfel schneiden.	
20% Schweine- herzen	Herzen 3 Tage in 9%ige Lake legen, weich kochen und in 5 mm große Würfel schneiden.	20,0 g NPS 2,0 g Pfeffer
25% BSM	Alles heiß abbrühen, heiß mit Salz und Gewürzen unter die BSM mischen.	1,0 g Majoran 0,5 g Thymian 0,5 g Piment 0,2 g Zitronenschale 20,0 g Zwiebeln

In Schweinemägen, Kappen oder Sterildärme füllen.

Brühen bei 75 °C bis mindestens 68 °C Kerntemperatur.

Nach dem Abkühlen und Abtrocknen goldgelb kalt räuchern.

Presswurst   `2.232.8`

45% S XI	Köpfe weich kochen, auslösen, zu- schneiden und sortieren. Magerfleisch in 1 cm große, Rüssel in 5 mm große und Fett in 3 mm große Würfel schneiden.	
10% Herzen	Schweineherzen 3 Tage in 9%ige Lake legen, weich kochen und in 5 mm große Würfel schneiden.	30,0 g Zwiebeln 20,0 g NPS 2,0 g Pfeffer
15% Speck- schwarten	Speckschwarten 75 Min. kochen und in 5 mm große Würfel schneiden.	2,0 g Majoran 0,5 g Kümmel
10% Schwarten 5% Lungen	Schwarten und Lungen weich kochen und mit Zwiebeln 2 mm wolfen. Einlagen heiß mit Salz und Gewürzen untermischen.	0,5 g Piment 0,5 g Koriander
10% Schweineblut 5% Kesselbrühe	Blut unterrühren, gut vermengen und zuletzt die fette Brühe unterrühren.	

 In Schweinemägen füllen.

Brühen bei 75 °C bis mindestens 68 °C Kerntemperatur.

Zum Abkühlen und Abtrocknen eventuell etwas pressen und

goldgelb kalt räuchern.

Schlesische Presswurst   2.232.8

40 % S XI	Köpfe weich kochen, auslösen, zu-schneiden und sortieren. Magerfleisch in 1 cm große, Rüssel in 5 mm große und Fett in 3 mm große Würfel schneiden.	
10 % Herzen	Schweineherzen 3 Tage in 10 %ige Lake legen. Weich kochen und in 5 mm große Würfel schneiden.	
20 % S VI	Backen in 5 mm große Würfel schneiden, vorpökeln und 10 Min. blanchieren.	20,0 g NPS (S VI)
		30,0 g Zwiebeln
10 % Schwarten	Schwarten weich kochen, mit Leber und	20,0 g NPS
5 % Schweineleber	Zwiebeln 2 mm wolfen und die Einlagen	2,0 g Pfeffer
	mit Salz und Gewürzen untermischen.	2,0 g Majoran
10 % Schweineblut	Blut unterrühren und gut vermischen.	0,5 g Kümmel
5 % Kesselbrühe	Zuletzt die fette Brühe unterrühren.	0,5 g Piment
		0,5 g Thymian

 In Schweinemägen oder Rinderbutten füllen.

 Brühen bei 75 °C bis mindestens 68 °C Kerntemperatur.

 Zum Abkühlen und Abtrocknen eventuell etwas pressen und

goldgelb kalt räuchern.

Schwäbische Presswurst
2.232.8

30% S XI	Köpfe weich kochen, auslösen, zu-schneiden und sortieren. Magerfleisch in 1 cm große, Rüssel in 5 mm große und Fett in 3 mm große Würfel schneiden.
20% Zungen	Schweinezungen 3 Tage in 10%ige Lake legen. Weich kochen und in 5 mm große Würfel schneiden. Speck in 4 mm große
15% S VIII	Würfel schneiden und 2 Min. blanchieren.
10% S VI	Backen in 5 mm große Würfel schneiden, vorpökeln und 10 Min. blanchieren.
10% Schwarten	Schwarten weich kochen, mit den Zwiebeln 2 mm wolfen und die Einlagen mit Salz und Gewürzen untermengen.
10% Schweineblut	Blut und Milch unterrühren und gut
5% Milch	vermischen.

20,0 g NPS (S VI)
30,0 g Zwiebeln
20,0 g NPS
2,0 g Pfeffer
0,5 g Kümmel
0,5 g Piment
1,0 g Majoran
0,5 g Thymian

In Schweinemägen oder Rinderbutten füllen.

Brühen bei 75 °C bis mindestens 68 °C Kerntemperatur.

Zum Abkühlen und Abtrocknen eventuell etwas pressen und

goldgelb kalt räuchern.

Pommersche Presswurst
2.232.8

20% S VI	Backen in 5 mm große Würfel schneiden, vorpökeln und 10 Min. blanchieren.
10% Rinderherzen	Rinderherzen 3 Tage in 10%ige Lake legen, weich kochen und in 5 mm große Würfel schneiden.
35% Speck-schwarten	Speckschwarten 75 Min. kochen und in 5 mm breite Streifen schneiden.
15% Schwarten	Schwarten weich kochen, mit Zwiebeln
10% Fleischbrühe	2 mm wolfen und die Einlagen heiß mit
(Kesselbrühe)	Salz, Gewürzen und Brühe untermengen.

20,0 g NPS (S VI)

30,0 g Zwiebeln
20,0 g NPS
2,0 g Pfeffer
2,0 g Majoran
1,0 g Thymian
0,5 g Piment
0,2 g Zitronenschale

10% Schweineblut   Blut unterrühren und gut vermischen.

  In Rinderbutten füllen.

  Brühen bei 75 °C bis mindestens 68 °C Kerntemperatur.

Zum Abkühlen und Abtrocknen eventuell etwas pressen und

goldgelb kalt räuchern.

Berliner Presswurst 2.232.8

35 % S XI	Köpfe weich kochen, auslösen, zu- schneiden und sortieren. Magerfleisch in 1 cm große, Rüssel in 5 mm große und Fett in 3 mm große Würfel schneiden.	
25 % Speck- schwarten	Speckschwarten 75 Min. kochen und in 5 mm breite Streifen schneiden.	30,0 g Zwiebeln 20,0 g NPS 2,0 g Pfeffer
	Schwarten und Lungen weich kochen,	2,0 g Majoran
15 % Schwarten	mit Zwiebeln 2 mm wolfen. Die	1,0 g Thymian
5 % Lungen	Einlagen heiß mit Salz, Gewürzen und	0,5 g Piment
10 % Fleischbrühe	Fleischbrühe (Kesselbrühe) untermischen.	0,2 g Zitronen-
10 % Schweineblut	Blut unterrühren und gut vermischen.	schale

  In Rinderbutten füllen.

  Brühen bei 75 °C bis mindestens 68 °C Kerntemperatur.

  Zum Abkühlen und Abtrocknen eventuell etwas pressen und

goldgelb kalt räuchern.

Blutwurst   2.232.9

25 % S XI	Köpfe weich kochen, auslösen, zu-schneiden und sortieren. Magerfleisch in 1 cm große, Rüssel in 5 mm große und Fett in 3 mm große Würfel schneiden.	
40 % S VIII	Speck in 4 mm große Würfel schneiden und 3 Min. blanchieren.	20,0 g NPS 2,0 g Pfeffer, schw.
15 % Schwarten	Schwarten weich kochen und mit Zwiebeln 2 mm wolfen. Heiß mit Salz, Gewürzen und den heißen Einlagen mischen.	1,0 g Majoran 0,5 g Thymian 0,5 g Piment
15 % Schweineblut	Blut unterrühren und gut verrühren.	0,2 g Zitronen-
5 % Kesselbrühe	Zuletzt die fette Brühe unterrühren.	schale
	In Krausdärme oder Kappen füllen.	20,0 g Zwiebeln
	Brühen bei 75 °C bis mindestens 68 °C Kerntemperatur.	
	Nach dem Abkühlen und Abtrocknen goldgelb kalt räuchern.	

Rheinische Blutwurst   2.232.9

55 % S IV	Schweinebäuche vorpökeln und poltern. In Formen bis 62 °C Kerntemperatur garen und abkühlen lassen. In 1 cm große Würfel schneiden und heiß abschwenken.	20,0 g Zwiebeln
15 % Schwarten	Schwarten weich kochen, mit Zwiebeln	20,0 g NPS
10 % Schweineleber	und Leber 2 mm wolfen. Mit Salz, Gewürzen und den heißen Einlagen mischen.	2,0 g Pfeffer 1,0 g Piment 0,2 g Zitronenschale
15 % Schweineblut	Blut dazugeben und verrühren.	0,2 g Zimt
5 % Kesselbrühe	Zuletzt die fette Brühe unterrühren.	

In Krausdärme oder Fettenden füllen.

Brühen bei 75 °C bis mindestens 68 °C Kerntemperatur.

Kurz abschrecken.

Warm nachräuchern.

Abtrocknen und auskühlen lassen.

Sächsische Blutwurst

35 % S IV	Schweinebäuche vorpökeln und poltern. In Formen bis 62 °C Kerntemperatur garen und abkühlen lassen. In 1 cm große Würfel schneiden und heiß abschwenken.	
10 % Schweine-herzen	Herzen 3 Tage in eine 9 %ige Lake legen, weich kochen und in 5 mm große	
20 % S VIII	Würfel schneiden. Speck 4 mm würfeln und 2 Min. blanchieren.	20,0 g NPS 2,0 g Pfeffer
15 % Schwarten	Schwarten weich kochen, mit Zwiebeln 2 mm wolfen und mit Salz, Gewürzen und den heißen Einlagen vermengen.	1,0 g Majoran 0,5 g Thymian 0,5 g Piment
15 % Schweineblut	Blut dazugeben und gut vermischen.	0,2 g Zitronenschale
5 % Kesselbrühe	Zuletzt die fette Brühe unterrühren.	0,2 g Zimt 20,0 g Zwiebeln

In Krausdärme oder Kappen füllen.

Brühen bei 75 °C bis mindestens 68 °C Kerntemperatur.

Nach dem Abkühlen und Abtrocknen goldgelb kalt räuchern.

Bauernblutwurst   2.232.9

20% S VI	S IV und Backen in 5 mm große Würfel	20,0 g NPS
10% S IV	schneiden, vorpökeln und 5 Min.	
15% S XI	blanchieren. S XI weich kochen,	
	auslösen, zuschneiden und in 5 mm	
	große Würfel schneiden.	
15% S VIII	Speck in 5 mm große Würfel schneiden und	20,0 g Kochsalz
	2 Min. blanchieren. Heiß mit Salz und	2,0 g Pfeffer
15% Schwarten	Gewürzen vermischen. Schwarten weich	1,5 g Majoran
20% Blut	kochen, mit Zwiebeln 2 mm wolfen und	0,5 g Piment
5% fette Brühe	mit Blut und Brühe verrühren.	0,2 g Zitronenschale
		50,0 g Zwiebeln
	Alles möglichst heiß vermischen.	

In Mitteldärme oder Krausdärme füllen.

Brühen bei 75°C bis mindestens 68°C Kerntemperatur.

Frisch verkaufen
oder
auskühlen und kalt räuchern.

Landblutwurst   2.232.9

10% Lunge	Lunge, Milz und Kronfleisch weich kochen	
10% Milz, Kron-	und zusammen mit den weich gekochten	
fleisch	Kopffleischabschnitten 5 mm wolfen.	
15% S XI (Abschn.)	Speck in 5 mm große Würfel schneiden	
30% S VIII	und 2 Min. blanchieren.	
	Heiß mit Salz und Gewürzen vermischen.	20,0 g Kochsalz
		2,0 g Pfeffer
15% Schwarten	Schwarten kochen, mit Zwiebeln 2 mm	1,5 g Majoran
15% Blut	wolfen und mit Blut und Brühe verrühren.	0,5 g Piment
5% fette Brühe		0,2 g Zitronen-
	Alles möglichst heiß vermischen.	schale
		50,0 g Zwiebeln

In Mitteldärme oder Krausdärme füllen.

Brühen bei 75 °C bis mindestens 68 °C Kerntemperatur.

Frisch verkaufen
oder
auskühlen und kalt räuchern.

Speckwurst   2.232.9

50 % S VIII	Speck in 3 mm große Würfel schneiden,	20,0 g NPS
	abbrühen und heiß mit Salz und	2,0 g Pfeffer
50 % BSM	Gewürzen unter die BSM mischen.	1,5 g Majoran
		0,5 g Piment
		0,2 g Zitronenschale
	In Kranzdärme (Ringe) füllen.	20,0 g Zwiebeln

In Kranzdärme (Ringe) füllen.

Brühen bei 75 °C bis mindestens 68 °C Kerntemperatur.

Frisch verkaufen
oder
auskühlen und kalt räuchern.

Speckblutwurst, frisch   2.232.9

55 % S VIII	Speck in 4 mm große Würfel schneiden,	20,0 g Kochsalz
	abbrühen und heiß mit Salz und Gewürzen	2,0 g Pfeffer
	vermischen.	1,5 g Majoran
20 % Schwarten	Schwarten und Milz weich kochen und	0,5 g Piment
5 % Milz	2 mm wolfen. Gut mit dem Blut verrühren	0,2 g Zitronen-
20 % Schweineblut	und mit den Speckwürfeln vermengen.	schale
		20,0 g Zwiebeln

In Schweinedünndärme oder Kranzdärme (Ringe) füllen.

Brühen bei 75 °C bis mindestens 68 °C Kerntemperatur.

Frisch verkaufen.

Touristenwurst

2.232.9

25 % S XI	Köpfe weich kochen, auslösen, zuschneiden und 4 mm würfeln.	
30 % S VIII	Speck in 3 mm große Würfel schneiden,	20,0 g NPS
	alles abbrühen und heiß mit S XI, Salz	2,0 g Pfeffer
45 % BSM	und Gewürzen unter die BSM mischen.	1,5 g Majoran
		0,5 g Piment
		0,2 g Zitronenschale
	In Kranzdärme (Ringe) füllen.	20,0 g Zwiebeln

Brühen bei 75 °C bis mindestens 68 °C Kerntemperatur.

Auskühlen und kalt räuchern.

Pfefferwurst

2.232.9

30 % Kuheuter	Euter in Scheiben schneiden und mit den	
10 % Schwarten	Schwarten gar kochen. Mit Zwiebeln fein	
10 % Schweineblut	kuttern und bei 50 °C Blut dazumischen.	20,0 g Zwiebeln
20 % Pansen, weiß gebrüht	Pansen kalt aufsetzen, zum Kochen bringen und herausnehmen.	
	Kalt abspülen und neu in gewürzter Fleischbrühe aufsetzen.	Brühe pro l: 20,0 g Salz
		5,0 g Pfefferkörner
	4 Stunden darin weich kochen und	2,0 g Pimentkörner
	in der Brühe abkühlen lassen, bis	50,0 g Zwiebeln
	der Pansen lauwarm ist.	50,0 g Essig
	Pansen herausnehmen, in 5 mm	4,0 Lorbeerblätter
	große Stücke schneiden und unter	10,0 Wacholder-
	die fein gekutterte Masse mischen.	beeren
30 % S VIII	Speck 4 mm würfeln und 2 Min.	16,0 g NPS
	blanchieren. Heiß mit Salz und Gewürzen	4,0 g Pfeffer
	vermischen und untermengen.	1,5 g Majoran
		0,5 g Piment
	In Kranzdärme oder Mitteldärme füllen.	0,2 g Zitronenschale

Brühen bei 75 °C bis mindestens 68 °C Kerntemperatur.

Frisch verkaufen oder

auskühlen und kalt räuchern.

Blunzen 2.232.9

25 % S VIII	Speck 10 Min. blanchieren und mit	
15 % S XI	dem weich gekochten Kopffleisch	
	4 mm wolfen.	

		30,0 g Zwiebeln
15 % Schwarten	Schwarten weich kochen und mit	16,0 g Kochsalz
20 % Milch	den Zwiebeln 2 mm wolfen. Mit Milch,	1,5 g Pfeffer
25 % Schweineblut	Blut, Salz, Gewürzen und den	0,2 g Piment
	Einlagen verrühren.	0,2 g Muskat
		0,1 g Zimt

In Kranzdärme oder Mitteldärme füllen.

Brühen bei 75 °C bis mindestens 68 °C Kerntemperatur.

Frisch verkaufen
oder
kurz abschrecken, warm räuchern und auskühlen.

Schwarze Plunzen 2.232.9

10 % Schwarten	Schwarten weich kochen, mit Zwiebeln	15,0 g Kochsalz
90 % Schweineblut	2 mm wolfen und mit Blut, Salz und	1,5 g Pfeffer
	Gewürzen verrühren.	0,2 g Piment
		0,2 g Muskat
		0,1 g Zimt

In Schweinedünndärme füllen.

Brühen bei 75 °C bis mindestens 68 °C Kerntemperatur.

Frisch verkaufen
oder
kurz abschrecken, warm räuchern und auskühlen.

Griebenwurst   2.232.9

25 % S VIII	Speck 3 mm würfeln. Köpfe kochen,	20,0 g Kochsalz
15 % S XI	auslösen und zuschneiden und in	2,0 g Pfeffer
	4 mm große Würfel schneiden.	
	Heiß mit Salz und Gewürzen vermischen.	1,5 g Majoran
		0,5 g Piment
20 % Grieben	Schweinefettgrieben in der fetten Brühe	0,2 g Zitronen-
10 % Fleischbrühe	erhitzen, 4 mm wolfen und untermischen.	schale
15 % Schwarten	Schwarten weich kochen, mit Zwiebeln	50,0 g Zwiebeln
15 % Blut	2 mm wolfen und mit Blut verrühren.	

Alles vermischen.

In Kranzdärme füllen.

Brühen bei 75 °C bis mindestens 68 °C Kerntemperatur.

Frisch verkaufen
oder
kurz abschrecken, warm räuchern und auskühlen.

Flönz   2.232.9

Flönz ist eine Blutwurstspezialität aus Köln und Umgebung.

30 % S XI	Köpfe weich kochen, auslösen, zu-	
	schneiden und sortieren. Magerfleisch	
	in 1 cm große, Rüssel in 5 mm große,	
	Fett in 3 mm große und den Blutwurst-	20,0 g NPS
30 % Schinken	schinken in 2 cm große Würfel	2,0 g Pfeffer
	schneiden. Heiß abbrühen und mit	0,5 g Piment
	Salz und Gewürzen vermischen.	0,2 g Nelken
15 % Schwarten	Schwarten weich kochen und mit den	0,2 g Zitronen-
25 % Schweineblut	Zwiebeln 2 mm wolfen. Gut mit dem Blut	schale
	und den Einlagen vermengen.	20,0 g Zwiebeln

In Krausdärme oder Kappen füllen.

Brühen bei 75 °C bis mindestens 68 °C Kerntemperatur.

Nach dem Abkühlen und Abtrocknen goldgelb kalt räuchern.

Schwarzwurst

25 % S VIII	Speck und S VI in 5 mm große Würfel schneiden, Speck 2 Min., S VI 5 Min. blanchieren und heiß mit Salz und Gewürzen vermischen.	20,0 g Kochsalz
25 % S VI		2,0 g Pfeffer
		1,5 g Majoran
		0,5 g Piment
15 % Schwarten	Schwarten weich kochen, mit den Zwiebeln 2 mm wolfen und mit Blut und Brühe verrühren.	50,0 g Zwiebeln
20 % Blut		
5 % fette Brühe		
10 % S XI	Kopffleisch weich kochen, auslösen, zuschneiden und 4 mm wolfen.	
	Alles vermischen.	

In Kranzdärme füllen.

Brühen bei 75 °C bis mindestens 68 °C Kerntemperatur.

Frisch verkaufen
oder
kurz abschrecken, warm räuchern und auskühlen.

Hausmacher Blutwurst

15 % S VIII	Speck in 5 mm große Würfel schneiden, 2 Min. blanchieren und heiß mit Salz und Gewürzen vermischen.	20,0 g Kochsalz
		2,0 g Pfeffer
		1,5 g Majoran
15 % Schwarten	Schwarten weich kochen, mit Zwiebeln 2 mm wolfen und mit Blut und der fetten Brühe verrühren.	0,5 g Piment
25 % Blut		0,2 g Zitronen- schale
5 % Fleischbrühe		50,0 g Zwiebeln
25 % S XI	Kopffleisch weich kochen, auslösen und zuschneiden. S V 10 Min. blanchieren und zusammen 4 mm wolfen.	
15 % S V		
	Alles vermischen.	

In Mitteldärme oder Krausdärme füllen.

Brühen bei 75 °C bis mindestens 68 °C Kerntemperatur.

Frisch verkaufen
oder
kurz abschrecken, warm räuchern und auskühlen.

Frische Blutwürstchen

2.232.11

30% S XI	Köpfe weich kochen, auslösen und	20,0 g Kochsalz
30% S VIII	zuschneiden. Mit dem Speck in	2,0 g Pfeffer
	5 mm große Würfel schneiden,	1,5 g Majoran
	abbrühen und heiß mit Salz und	0,5 g Piment
40% BSM	Gewürzen unter die BSM mischen.	0,2 g Zitronenschale
		20,0 g Zwiebeln

In Schweinedünndärme füllen.

Brühen bei 75 °C bis mindestens 68 °C Kerntemperatur.

Frisch verkaufen

oder

kurz abschrecken, warm räuchern und auskühlen.

Frische Blutwurst

2.232.11

30% S VIII	Speck und S V in 5 mm große Würfel	20,0 g Kochsalz
35% S V	schneiden, Speck 2 Min., S V 5 Min.	2,0 g Pfeffer
	blanchieren und heiß mit Salz und	1,5 g Majoran
	Gewürzen vermischen.	0,5 g Piment
15% Schwarten	Schwarten weich kochen, mit den	50,0 g Zwiebeln
15% Blut	Zwiebeln 2 mm wolfen und mit	
5% fette Brühe	Blut und Brühe verrühren.	

Alles gut vermischen.

In Kranzdärme oder Laufdärme füllen.

Brühen bei 75 °C bis mindestens 68 °C Kerntemperatur.

Frisch verkaufen

oder

kurz abschrecken, warm räuchern und auskühlen.

Berliner Frische Blutwurst
2.232.12

20% Brötchen	Altbackene Brötchen in Scheiben	20,0 g Kochsalz
15% Blut	schneiden, Blut und Gewürze zugeben	2,0 g Pfeffer
	und gut vermischen.	1,0 g Muskat
10% S IX	S IX 15 Min. blanchieren. Heiß mit	2,0 g Majoran
10% Zwiebeln	Zwiebeln, weich gekochten Schwarten	0,5 g Piment
5% Schwarten	und zuletzt der Brötchen-Blut-Masse	1 g Senfpulver
	durch die 3-mm-Scheibe wolfen	
	und alles gut vermischen.	
30% S VI	Backen in 5 mm große Würfel schneiden,	
	15 Min. blanchieren und heiß untermischen.	
10% S III	S III 2 mm wolfen und unterrühren.	

In Schweinedünndärme oder Kranzdärme füllen.

Brühen bei 75 °C bis mindestens 68 °C Kerntemperatur.

Frisch verkaufen.

Frische Blutwurst mit Brötchen
2.232.12

20% Brötchen	Brötchen in Scheiben schneiden, Blut,	20,0 g Kochsalz
15% Blut	Salz, Gewürze zugeben und vermischen.	2,0 g Pfeffer
15% S VI	Backen 10 Min. blanchieren. Heiß mit	2,0 g Majoran
10% Zwiebeln	Zwiebeln, weich gekochten Schwarten	1,0 g Senfpulver
5% Schwarten	und zuletzt der Brötchen-Blut-Masse	1,0 g Muskat
	durch die 3-mm-Scheibe wolfen	0,5 g Piment
	und alles gut vermischen.	
35% S VIII	Speck in 5 mm große Würfel schneiden,	
	2 Min. blanchieren und heiß untermischen.	

In Schweinedünndärme oder Kranzdärme füllen.

Brühen bei 75 °C bis mindestens 68 °C Kerntemperatur.

Frisch verkaufen, warm oder gebraten verzehren.

Boudin

Boudin nach französischer Art

10 % Weißkohl-blätter ohne Stiele	Weißkohlblätter 10 Min. blanchieren und heiß mit den zerbröckelten Brötchen vermengen. Blut, Milch, Salz und Gewürze zugeben und gut vermischen.	22,0 g NPS
20 % Brötchen		2,5 g Pfeffer
20 % Blut		1,0 g Muskat
10 % Milch		0,5 g Piment
	Backen 10 Min. blanchieren. Heiß mit goldgelb gedünsteten Zwiebeln, den weich gekochten Schwarten und zuletzt der Weißkohl-Brötchen-Blut-Masse durch die 3-mm-Scheibe wolfen und gut vermischen.	1,0 g Majoran
20 % S VI		0,2 g Zimt
10 % Zwiebeln		
10 % Schwarten		

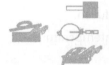

In Schweinedünndärme oder Kranzdärme füllen.

Brühen bei 75 °C bis mindestens 68 °C Kerntemperatur.

Frisch verkaufen, warm oder gebraten verzehren.

Boudin nach Saarländer Art

20 % Weißkohl-blätter ohne Stiele	Weißkohlblätter 10 Min. blanchieren. Heiß mit den zerbröckelten Brötchen vermengen, Blut, Salz und Gewürze zugeben und gut vermischen.	22,0 g NPS
20 % Brötchen		3,0 g Pfeffer
20 % Blut		1,0 g Muskat
		0,5 g Piment
15 % S VI	Backen 10 Min. blanchieren. Heiß mit Zwiebeln, weich gekochten Schwarten und der Weißkohl-Brötchen-Blut-Masse durch die 3-mm-Scheibe wolfen und alles gut vermischen.	2,0 g Majoran
10 % Zwiebeln		1,0 g Senfpulver
15 % Schwarten		0,2 g Kümmel
fette Fleischbrühe	Den Kochverlust mit Brühe ausgleichen.	

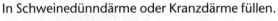

In Schweinedünndärme oder Kranzdärme füllen.

Brühen bei 75 °C bis mindestens 68 °C Kerntemperatur.

Frisch verkaufen, warm oder gebraten verzehren.

Beutelwurst

15 % Roggenschrot	Roggenschrot in Fleischbrühe 5 Min.
15 % Fleischbrühe	kochen und 30 Min. nachquellen lassen.
40 % Schweineblut	Möglichst fein kuttern, dabei das Blut zugeben.

20 % S VIII	Speck in 5 mm große Würfel schneiden	20,0 g Kochsalz
10 % S VI	und 2 Min. blanchieren. Backen 15 Min.	2,5 g Pfeffer
	blanchieren, 5 mm wolfen und alles heiß	1,0 g Majoran
	mit der Schrot-Blut-Masse und den	0,5 g Thymian
	Gewürzen vermischen.	0,5 g Piment
		0,2 g Zimt

In Rinderbutten oder Schweinsblasen füllen.

Brühen bei 75 °C bis mindestens 68 °C Kerntemperatur.

Frisch verkaufen

oder

kurz abschrecken, warm räuchern und auskühlen.

Schwarze Graupenwürstchen

5 % Gerstengraupen	Gestengraupen in Fleischbrühe 20 Min.	20,0 g Kochsalz
10 % Fleischbrühe	kochen und 30 Min. nachquellen lassen.	2,0 g Pfeffer, weiß
		0,5 g Muskat
10 % Kronfleisch,	Kronfleisch und Lunge gut durchkochen,	1,0 g Majoran
Lunge	Schwarten weich kochen. S IX 10 Min.	1,0 g Thymian
5 % Schwarten	blanchieren. Zwiebeln goldgelb dünsten.	0,5 g Piment
20 % S IX	Alles mit Salz und Gewürzen 2 mm	50,0 g Zwiebeln
25 % Schweineblut	wolfen und das Blut unterrühren.	

15 % Kuheuter	Euter in Scheiben schneiden und durch-
10 % SVIII	kochen. Mit dem Speck in 5 mm große
	Würfel schneiden, 2 Min. blanchieren und
	unter die Graupen-Blut-Masse mischen.

In Schweinedünndärme füllen.

Brühen bei 75 °C bis mindestens 68 °C Kerntemperatur.

Frisch verkaufen

oder

kurz abschrecken, warm räuchern und auskühlen.

Grützwürste

Namengebender Bestandteil der Grützwurst ist Gerstengrütze. Sie wird 30 Minuten in Brühe gekocht und sollte danach zugedeckt noch eine halbe Stunde nachquellen. Grützwürste werden meist frisch verkauft und gewärmt oder angebraten verzehrt. Natürlich ist nach dem Auskühlen auch das Kalträuchern möglich.

Grützblutwurst, Rote Grützwurst   2.232.12

10% Gerstengrütze	Gestengrütze in Fleischbrühe 20 Min.	
15% Fleischbrühe	kochen und 30 Min. nachquellen lassen.	
20% S XI	Köpfe weich kochen, auslösen und zu-	18,0 g Kochsalz
15% Speck S IX	schneiden. S IX 10 Min. blanchieren.	oder NPS
10% Zwiebeln	Mit Zwiebeln, weich gekochten Schwarten	2,0 g Pfeffer
10% Schwarten	und der Grütze fein wolfen und mit Blut,	0,5 g Nelken
20% Blut	Salz und Gewürzen vermischen.	2,0 g Majoran

In Schweinedärme (je 100 g) füllen.

Brühen bei 75 °C bis mindestens 68 °C Kerntemperatur.

0,5 g Zimt
1,0 g Senfpulver
0,2 g Zitronenschale

Frisch verkaufen, warm oder gebraten verzehren.

Hamburger Rote Grützwurst   2.232.12

10% Gerstengrütze	Gestengrütze in Fleischbrühe 20 Min.	
15% Fleischbrühe	kochen und 30 Min. nachquellen lassen.	
10% S XI	Köpfe weich kochen, auslösen und	20,0 g Kochsalz
5% S VIII, S IX	zuschneiden. S VIII, S IX 20 Min.	oder NPS
20% Milz, Lunge	blanchieren und mit den weich	2,0 g Pfeffer
15% Schwarten	gekochten Innereien und Schwarten	1,5 g Majoran
5% Zwiebeln	sowie den Zwiebeln fein wolfen. Mit	0,5 g Piment
20% Blut	Grütze, Blut, Salz und Gewürzen	0,2 g Nelken
	verrühren und zuletzt die eingeweichten	0,2 g Zimt
	Rosinen untermischen.	0,2 g Zitronenschale

In Schweinedärme (je 100 g) füllen.   50,0 g Rosinen

Brühen bei 75 °C bis mindestens 68 °C Kerntemperatur.

Frisch verkaufen, warm oder gebraten verzehren.

Panhas

2.232.12

10 % Kesselbrühe	Kesselbrühe mit Buchweizenmehl, Blut,	20,0 g Kochsalz
25 % Buchweizen-mehl	Gewürzen und den fein gehackten Zwiebeln verrühren. Im Wasserbad	2,0 g Pfeffer
		0,5 g Muskat
40 % Schweineblut	erhitzen, bis die Masse fest wird, aber	1,0 g Majoran
	mindestens auf 68 °C Kerntemperatur.	20,0 g Zwiebeln
25 % S V	Bauch kochen, in 5 mm große Würfel schneiden und heiß unterrühren.	

In flachen, angefeuchteten Kästen auskühlen und am Stück verkaufen.

Panhas wird in Scheiben geschnitten und angebraten verzehrt.

Tiegelblutwurst, Gebackenes Blut (Schweiß)

2.232.12

5 % S VIII	S VIII und S V in einer Kasserolle	
20 % S V	etwas ausbraten. Zwiebeln fein würfeln	1,0 g Majoran
10 % Zwiebeln	und im Bratfett glasig dünsten, zuletzt	12,0 g Kochsalz
	den Majoran zugeben.	50,0 g Mehl
30 % Milch	Milch und Blut mit Mehl und Gewürzen	1,5 g Pfeffer
35 % Schweineblut	verrühren, in die Kasserolle geben	0,2 g Piment
	und alles vermischen.	0,2 g Muskat

Backen im Heißluftofen bei 125 °C (evtl. Wasserbad) bis 70 °C Kerntemperatur.

Tipp: *Der Geschmack wird herzhafter, wenn S V ganz oder teilweise durch mageren Räucherbauch ersetzt wird. Zur Tiegelblutwurst passen Pellkartoffeln und Sauerkraut.*

Wellwürste

Typischer Bestandteil der Wellwürste sind altbackene Brötchen, die mit Fleischbrühe oder Blut vorgeweicht werden. Meist wird diese Masse noch fein gewolft, dies sollte jedoch nach dem Fleisch und Fett geschehen, damit das Anschnittbild nicht verschmiert. Wellwürste werden meist frisch verkauft und gewärmt oder angebraten verzehrt. Natürlich ist nach dem Auskühlen auch das Kalträuchern möglich.

Rote Wellwurst   2.232.12

20 % Brötchen	Brötchen in Scheiben schneiden, Blut	20,0 g Kochsalz
15 % Blut	und Gewürze zugeben und vermischen.	2,0 g Pfeffer
10 % Zwiebeln	Zwiebeln, weich gekochte Schwarten und	2,0 g Majoran
5 % Schwarten	Brötchen-Blut-Masse durch die 3-mm-	1,0 g Muskat
	Scheibe drehen und gut vermischen.	0,5 g Piment
50 % S XI	Köpfe weich kochen, auslösen und	
	zuschneiden. 5 mm wolfen und	
	möglichst heiß untermischen.	

In Schweinedünndärme oder Kranzdärme füllen.

Brühen bei 75 °C bis mindestens 68 °C Kerntemperatur.

Frisch verkaufen.

Schlesische Wellwurst   2.232.12

20 % Brötchen	Brötchen in Scheiben schneiden,	20,0 g Kochsalz
15 % Blut	Blut und Gewürze zugeben und vermischen.	2,0 g Pfeffer
10 % Lunge	Lunge weich kochen. Mit gedünsteten	2,0 g Majoran
10 % Zwiebeln	Zwiebeln, weich gekochten Schwarten	1,0 g Senfpulver
5 % Schwarten	und der Brötchen-Blut-Masse durch die	1,0 g Muskat
	2-mm-Scheibe wolfen, alles vermischen.	0,5 g Piment
40 % S VIII	Speck in 5 mm große Würfel schneiden,	
	2 Min. blanchieren und heiß untermischen.	

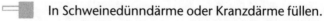

In Schweinedünndärme oder Kranzdärme füllen.

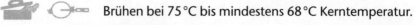

Brühen bei 75 °C bis mindestens 68 °C Kerntemperatur.

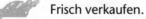

Frisch verkaufen.

Tollatschen

Die Masse von Roter Wellwurst, evtl. vermischt mit Grützwurst, wird in Formen gefüllt.

 Backen im Wasserbad

 bis Kerntemperatur 70 °C.

Tollatschen werden die daraus geschnittenen Scheiben genannt, die gebraten verzehrt werden.

Mengwurst

30 % S VIII	Speck in 3 mm große Würfel schneiden, heiß abbrühen und heiß mit Salz und	20,0 g NPS
		2,0 g Pfeffer
30 % BSM	Gewürzen unter die BSM mischen.	1,5 g Majoran
10 % Schweineleber	Leber kuttern, bis sie Blasen zieht. Dann im Langsamgang NPS unterkuttern und herausnehmen, wenn sie bindig ist.	20,0 g NPS (Leber)
20 % S X	S X 15 Min. blanchieren. Zwiebeln in	
10 % Zwiebeln	Schweinefett anbraten und beides mit Salz und Gewürzen fein kuttern.	20,0 g NPS (Rest)
		2,5 g Pfeffer, weiß
Kesselbrühe	Den Garverlust mit Brühe ausgleichen.	1,0 g Macis
(Fleischbrühe)	Zwischen 40 und 50 °C Leber	0,5 g Koriander
	unterkuttern, bis eine homogene	2,0 g Vanillezucker
	Masse entsteht, die Blasen bildet.	1,5 g Majoran
	Beide Massen mit den Gewürzen zusammen mischen.	0,5 g Piment
		0,2 g Ingwer
		0,2 g Zitronenschale

In Kranzdärme (Ringe) füllen.

Brühen bei 75 °C bis mindestens 68 °C Kerntemperatur.

Kurz abschrecken.

Warm nachräuchern.

Abtrocknen und auskühlen.

Fleisch-Mischwurst

10% S VIII 10% BSM	Speck in 3 mm große Würfel schneiden, heiß abbrühen und heiß mit Salz und Gewürzen unter die BSM mischen.	
15% S V 5% Schweineleber	S V 15 Min. blanchieren. Zwiebeln in Schweinefett goldgelb anbraten und heiß zusammen mit der Leber, Salz und Gewürzen 5 mm wolfen. Durchmengen und die BSM-Speck-Masse untermischen.	30,0 g Zwiebeln 20,0 g NPS (Fleisch) 2,5 g Pfeffer, weiß 1,5 g Majoran
40% Schinken 10% Rinderzunge 10% Rinderherz	Blutwurstschinken in 1 cm große Würfel, die weich gekochten Zungen und Herzen in 5 mm große Würfel schneiden. Abbrühen und untermischen.	0,5 g Piment 1,0 g Muskat 0,2 g Zitronen- schale

 In Krausdärme oder Schweinekappen füllen.

 Brühen bei 75°C bis mindestens 68°C Kerntemperatur.

 Kurz abschrecken.

 Warm nachräuchern.

 Abtrocknen und auskühlen.

Neue Blutwürste

Füllsel nach Pfälzer Art

5 % S VIII	S VIII 5 mm wolfen und in einer	
10 % Zwiebeln	Kasserolle etwas ausbraten. Zwiebeln fein würfeln und im Bratfett glasig dünsten.	
25 % Innereien	Innereien gar kochen, 3 mm wolfen und untermischen.	12,0 g Kochsalz
		2,0 g Pfeffer
30 % Schweineblut	Blut mit den Gewürzen verrühren und untermischen.	1,0 g Piment
		0,5 g Muskat
30 % Kartoffeln	Kartoffeln 30 Min. kochen, schälen, 8 mm wolfen und untermischen.	

Füllen in Sterildärme oder Dosen.

Brühen bei 75 °C bis mindestens 68 °C Kerntemperatur.

Tipp: *Füllsel eignet sich gut als Beilage und wird in der Pfalz auch als Beilage zu gegrilltem Spanferkel gegessen. Bei den Innereien werden hauptsächlich Kuheuter, Lunge, Milz und Kronfleisch verwendet.*

Apfel-Blutwurst

15 % S VIII	Speck und S V in 5 mm große Würfel	20,0 g Kochsalz
45 % S V	schneiden. Speck 2 Min. und S V 5 Min.	2,0 g Pfeffer
	blanchieren. Heiß mit Salz und Gewürzen	1,5 g Majoran
	vermischen.	0,5 g Piment
15 % Schwarten	Schwarten weich kochen, mit den	50,0 g Zwiebeln
15 % Blut	Zwiebeln 2 mm wolfen und mit	
10 % Apfelmus	Blut und Apfelmus verrühren.	

Alles gut vermischen.

In Kranzdärme oder Laufdärme füllen.

Brühen bei 75 °C bis mindestens 68 °C Kerntemperatur.

Frisch verkaufen

oder
kurz abschrecken, warm räuchern und

auskühlen.

Fenchel-Champignon-Rotwurst

50% Schinken	Blutwurstschinken 2 cm würfeln und 1 Min. blanchieren.	20,0 g NPS (S VI)
10% Fenchel 10% Champignons (Konserve) 30% BSM	Fenchel in 5 mm große Würfel schneiden und 5 Min. blanchieren. Champignons kurz abbrühen und mit Schinkenwürfeln und Gewürzen unter die BSM mischen.	20,0 g NPS (BSM) 2,0 g Pfeffer 0,5 g Ingwer 0,5 g Zimt

In Schweinemägen, Butten, Kappen oder Sterildärme füllen.

Brühen bei 75 °C bis mindestens 68 °C Kerntemperatur.

Nach dem Auskühlen goldgelb kalt räuchern.

Sellerie-Karotten-Apfel-Rotwurst

50% Schinken	Blutwurstschinken 2 cm würfeln und 1 Min. blanchieren. Sellerie, Karotten und	
10% Sellerie 10% Karotten 5% Äpfel	Äpfel in 5 mm große Würfel schneiden. Sellerie und Karotten 5 Min. blanchieren. Äpfel mit Zitronensaft beträufeln und mit Gewürzen und Schinkenwürfeln unter	Zitronensaft 20,0 g NPS (BSM) 2,0 g Pfeffer
25% BSM	die BSM mischen.	0,5 g Piment 0,5 g Zimt 0,2 g Ingwer

In Schweinemägen, Butten, Kappen oder Sterildärme füllen.

Brühen bei 75 °C bis mindestens 68 °C Kerntemperatur.

Nach dem Auskühlen goldgelb kalt räuchern.

Hähnchenrotwurst mit Reis und Champignons

40 % Hähnchen-brustfleisch 30 % BSM	Fleisch in 2 cm große Würfel schneiden, heiß abbrühen und mit Salz und Gewürzen unter die BSM mischen.	20,0 g NPS 2,0 g Pfeffer, weiß 1,0 g Rosmarin
10 % Champignons 5 % Karotten 5 % Zwiebeln 15 % Curryreis	Champignons, Karotten und Zwiebeln in 5 mm große Würfel schneiden und 5 Min. blanchieren. Den 15 Min. gekochten Curryreis dazumischen.	0,5 g Muskat 1,0 g Curry

 In Kappen Butten oder Sterildärme füllen.

 Brühen bei 75 °C bis mindestens 68 °C Kerntemperatur.

Warm aufhängen und bei 40 °C räuchern.

Tipp: *Für Curryreis den Reis in die doppelte Volumenmenge kochenden Wassers geben, mit 5 g Salz pro Liter und 3 g Curry einrühren und zugedeckt kochen lassen.*

Kaninchenrotwurst

Vorbereitung des Kaninchenfleisches

1,0 kg Kaninchen 12,0 g Salz 2,0 g Pfeffer 1,0 g Rosmarin 90,0 g Zwiebeln Hühnerbrühe	1. Kaninchen am besten schlachtwarm mit Salz und Gewürzen einreiben. 2. Über Nacht zugedeckt durchziehen lassen. 3. Hühnerbrühe mit Zwiebeln zum Kochen bringen und Kaninchen darin gar kochen und auskühlen. 4. Fleisch auslösen.

60 % Kaninchen-fleisch 10 % Karotten 30 % BSM mit Kaninchenbrühe	Fleisch 2 cm würfeln. Karotten in 5 mm große Würfel schneiden und 5 Min. blanchieren. Mit Salz, Gewürzen und den gedünsteten Zwiebeln unter die BSM mischen.	20,0 g NPS (BSM) 2,0 g Pfeffer, weiß 1,0 g Rosmarin 1,0 g Thymian 10,0 g Zwiebeln

 In Sterildärme füllen.

 Brühen bei 75 °C bis mindestens 68 °C Kerntemperatur.

Putenrotwurst mit Erbsen, Karotten und Sellerie

Vorbereitung des Putenfleisches

Putenbrust,	Fleisch evtl. auslösen, spritzpökeln und mit	150,0 g Lake:
Putenoberkeulen	Gewürzen poltern. In Formen schichten,	132,0 g Wasser
	12 Stunden ruhen lassen und bei 78 °C bis	18,0 g NPS
	62 °C Kerntemperatur brühen.	2,0 g Pfeffer
	Herausnehmen und in Formen füllen.	1,0 g Muskat
		1,0 g Curry

30 % Oberkeule	Fleisch in 2 cm große Würfel schneiden	20,0 g NPS
30 % Brustfleisch	und abbrühen. Mit Salz und Gewürzen	2,0 g Pfeffer, weiß
20 % Putenhaut	unter die gekochte, heiße 2 mm gewolfte	1,0 g Rosmarin
5 % Schweineblut	Haut mengen und das Blut untermischen.	0,5 g Muskat
5 % Erbsen	Erbsen kurz abbrühen, Karotten	0,2 g Ingwer
10 % Karotten	5 mm würfeln, 5 Min. blanchieren	10,0 g Zwiebeln
	und zusammen untermischen.	

 In Kappen oder Sterildärme füllen.

 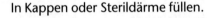 Brühen bei 75 °C bis mindestens 68 °C Kerntemperatur.

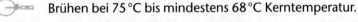 Aufhängen und abtrocknen lassen.

 Kappen evtl. räuchern.

Zungenpastete mit Spargel, Gänseleberpastete und Champignonleberpastete

Spargel-Karotten-Schinkenpastete mit Erbsen, Brokkoli-Schinken-Pastete mit Mais und Paprika und
Feta-Leberpastete mit Paprika, Mais und Bohnen

Apfel-Sellerie-Tomaten-Leberwurst, Leberwurst mit Feta und Paprika und Ananas-Gurken-Leberwurst mit Dill

Delikatess-Leberwurst, Kasseler Leberwurst und Schinkenleberwurst

Hamburger Gekochte Mettwurst, Pfälzer Saumagen und Gekochte Zwiebelmettwurst

Huhn-Reis-Wurst, Käse-Kochmettwurst mit Ananas und Truthahn-Erbswurst

Böhmische Blutwurst, Roter Presskopf und Leberrotwurst

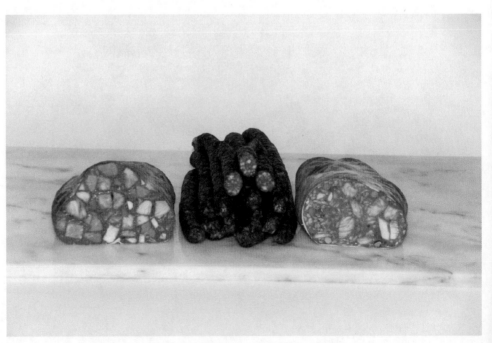

Sellerie-Karotten-Apfel-Rotwurst, Schwarzacher und Hähnchenrotwurst mit Curryreis

Zungenscheiben mit Champignons in Madeiraaspik, Geflügelsülze und Schinkentorte

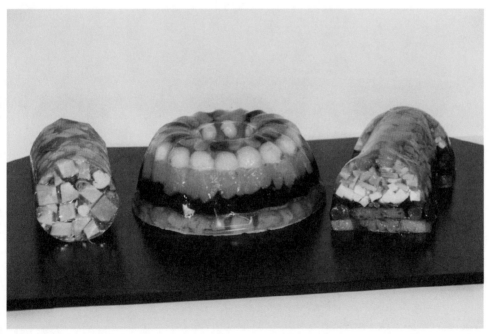

Schinkensülze mit Pilzen, Mandeln und Rosinen, Fruchtsülze in Champagneraspik und Schinken-
Käse-Obstsülze

Deutsches Corned Beef, Corned Pork und Rindfleischsülze mit Champignons

Corned Turkey mit Erbsen, Karotten und Paprika, Corned Mutton mit Bohnen und Corned Chicken mit Ananas und Mandarinen

Hessischer Presskopf, Kümmelmagen und Weiße Rollwurst mit Ei

Schinkenpresswurst mit Spargel, Erbsen und Karotten, Ananaspresswurst mit Käse und Schinkenpresswurst mit Trockenobst

Forellen-Leberpastete mit Spinat, Thunfisch-Schinken-Presswurst und Lachs-Tomaten-Leberwurst mit Dill

Zunge mit Lachs in Gelee und Corned Calf mit Thunfisch

Sülzwürste

Leitsätze

> Sülzwürste sind Kochwürste, deren Schnittfestigkeit im erkalteten Zustand durch erstarrte Gallertmasse (Aspik oder Schwartenbrei) zustande kommt.

Sülzwürste werden unterteilt in:

- Sülzen   `2.2331`
- Corned Meat   `2.2332`
- Presswürste   `2.2333`

Materialauswahl

Typischer Bestandteil der Sülzwürste ist die Gallertmasse. Sie lässt sich auf verschiedene Weise herstellen:

- **Mit Aspikpulver** (ergibt eine klare, transparente Gallertmasse):
- ▸ Aspikpulver mit wenig kalter Brühe vorquellen,
- ▸ restliche Brühe (Menge siehe Packungsvorschrift) heiß dazugeben und die Gelatine auflösen.
- ▸ Abschmecken und heiß weiterverarbeiten.

Als Brühe werden verwendet:

- ▸ Fleischbrühe oder Kochbrühe, gesiebt und entfettet (z. B. Zungenbrühe für Zungensülze, Rinderkraftbrühe für Rindfleischsülze, Corned Beef),
- ▸ Hühnerbrühe für Sülzen mit Kalbfleisch, Gans-, Enten- oder Hühnerfleisch,
- ▸ entfetteter Bratfond des jeweiligen Fleisches für Bratensülzen oder
- ▸ Gemüse- oder Obstbrühe (auch Konservenaufguss) für Sülzen mit Gemüse, Obst.

- **Mit Naturaspik** (aus Schwarten, Sehnen, Knochen u. ä.):
- ▸ Schwarten, Sehnen, Knochen u. ä. roh mit kaltem Wasser aufsetzen,
- ▸ einmal aufkochen lassen, abgießen und abspülen.
- ▸ Nochmals kalt mit möglichst wenig Wasser und pro kg Material mit 16 g Kochsalz,

3 g Pfefferkörner, 1 g Pimentkörner, 2 g Wacholderbeeren, 1 g Lorbeerblätter und eventuell Zwiebeln aufsetzen.
▸ 12 Stunden bei 90 °C ziehen lassen, Brühe abgießen und entfetten.

Die Brühe wird beim Erkalten fest. Um ein klares Aspik zu erhalten, kann wie folgt vorgegangen werden:
▸ Unter die lauwarme Aspikbrühe wird Eiklar oder frisches Blut gerührt.
▸ Die Aspikbrühe wird zum Kochen gebracht, das Eiklar oder das Bluteiweiß gerinnt.
▸ Wird die Aspikbrühe jetzt abgesiebt (z. B. durch einen Kaffeefilter), entsteht beim Erkalten eine klare Gelatine (Eiklar) oder eine klare, leicht goldene Gelatine (Blut).

Für Sülzen mit trübem Aspik und kollagenhaltigen Einlagen:
▸ Einlagen weich kochen und aus der Brühe nehmen.
▸ Auslösen und in die gewünschte Form und Größe schneiden.
▸ Nochmals in der Brühe erhitzen, würzen und abschmecken, eventuell die vorgequollene Gelatine darin auflösen und einmal aufkochen lassen.
▸ Füllen.

Für Presswürste:
• **Schwarten** für weiße Gallertmasse, Schwartenbrei:
▸ Schwarten junger Schweine ohne Stempel, Haare oder sonstige Verunreinigungen möglichst fettfrei abziehen und so weich kochen, dass man sie mit dem Finger durchdrücken kann.
▸ Danach möglichst heiß fein wolfen oder kuttern (evtl. mit Zwiebeln) und mit Brühe und/oder Milch (höchstens bis zur gleichen Menge) vermischen.

Einlagen

• **Einlageschinken** sollte wie folgt hergestellt werden:
▸ S I, S II oder S IV mit 12 %iger Lake (Einspritzmengen 16 %) spritzen und poltern.
▸ Fest und möglichst luftfrei in Formen füllen und mindestens 12 Stunden ruhen lassen.
▸ Bei 75 °C bis mindestens 65 °C Kerntemperatur brühen.
▸ Möglichst heiß weiterverarbeiten.

• **Schwarten** weich kochen, d. h., die Schwarte muss sich leicht mit dem Finger durchstoßen lassen.

- **Schweinsköpfe** ca. 2 Stunden kochen, heiß von Knochen, Knorpeln und Schleimhäuten befreien und so schnell wie möglich nach Rezept weiterverarbeiten.

- **Gemüse**
  ▸ Gemüsekonserven würfeln, 10 Sekunden heiß, 2 Sekunden kalt abschwenken.
  ▸ Karotten, Sellerie und Lauch gleichmäßig schneiden und 5 bis 10 Minuten blanchieren.

- **Obst**
  ▸ Nur Obstkonserven verwenden, abgießen (Brühe für Gallerte) und Früchte würfeln. 10 Sekunden heiß, 2 Sekunden kalt abschwenken.

- **Pilze**
  ▸ Konservenpilze abgießen (Brühe für Gallerte), 10 Sek. heiß, 2 Sek. kalt abschwenken. Frische Pilze ohne Fett braten und heiß mit der Gallerte vermischen.

- **Nüsse** schälen, Mandeln und Pistazien gehäutet verwenden.

- **Essig**
  ▸ Wird Essig verwendet, sollte auch Zucker zugegeben werden.

- **Gewürze** finden Sie bei den einzelnen Rezepten, vor allem für klares Aspik sind Extraktwürzungen gut geeignet, weil sie sich rückstandslos auflösen und zu keiner Trübung der Gallertmasse führen.

Sülzen

Besondere Merkmale:

Würfel-, streifen- oder scheibenförmiges Fleisch, bei Wurstsülzen Wurst, in einer Gallertmasse aus Schwartenabkochung (geklärt oder ungeklärt) und/oder Speisegelatine, die die Hälfte des Gesamtgewichts im Fertigerzeugnis nicht überschreitet; bei Angabe einer Tierart werden nur Einlagen dieser Tierart verwendet. Bei Tellersülzen (Sülzen in Tellern oder vergleichbaren Schalen) verringert sich der prozentuale Einlageanteil durch Auffüllen der Gallertmasse bis zum Gefäßrand, die Muskelfleischeinlagen betragen jedoch mindestens 80 % der jeweiligen Analysenwerte (z. B. 40 % bei Teller-Bratensülze).

Materialauswahl   siehe „Sülzwürste", S. 175

Herstellungsablauf

Bei der Herstellung von Aspikwaren empfiehlt sich folgendes Schema:
- ▸ Gegarte Einlagen gleichmäßig würfeln und kurz heiß abschwenken.
- ▸ Warm in durchsichtige Sterildärme oder dekorierte Formen füllen.
- ▸ Möglichst luftfrei mit flüssiger Gallerte auffüllen.
- ▸ Erkalten lassen, dabei eventuell in Formen pressen.

Brühen

Sterildärme sind länger haltbar, wenn sie sofort nach dem Füllen bis auf 68 °C Kerntemperatur erhitzt werden. Als Faustregel gilt 1 Minute pro mm Kaliber bei 75 °C. Sie sollten dann beim Abkühlen mehrmals vorsichtig gewendet werden, damit sich die Einlagen nicht absetzen (Fleisch nach unten, Gemüse nach oben, nicht massieren!).

Dekorieren

Sülzen, die in Formen gefüllt werden, können durch verkaufsfördernde Dekorationen aufgewertet werden:

- ▸ Kalte Form mit Gallerte ausschwenken, damit ein Aspikspiegel entsteht, der das Stürzen der Form erleichtert und zudem die Sülze vor Austrocknung schützt.

▸ Dekoration einbringen, mit Gallerte begießen und erkalten lassen.

▸ Masse einbringen. Dies kann auch schichtweise geschehen, wobei auch hier auf Farbkontraste geachtet werden sollte.

Beispiel: Als Dekoration Eischeiben, dann Schinken, grüne Essiggurken, rote Paprika, Schinken, gelber Mais, sodass ein attraktiver Anschnitt entsteht.

▸ Nachfolgend einige Dekorationsmöglichkeiten (siehe auch Kochwurstpasteten):

Dekorationsvorschläge

Für runde Formen

Kuchenformen
Eischeiben mit roter oder grüner Paprika umlegt (links) oder Sauerkirschen von Mandarinenfilets umlegt, auf ganzen Lychees (rechts)

Teller, runde Formen

Blumen mit blanchierten Karotten, Sellerie und Lauchblättern mit Eischeiben umlegt

Rosette aus Sauerkirschen, Mandarinenfilets mit Ananasstücken umlegt

Rosette aus Lauch, Eischeiben, Cocktailtomatenscheibe (s. Kochwurstpasteten)

Kastenformen

Eischeiben mit roten Tomatenpaprikastreifen umlegt
Gurkenscheiben oder blanchierte Karottenscheiben als Randgarnierung

Kirschtomatenscheiben mit gelben blanchierten Paprikastreifen umlegt
kleine blanchierte Zucchinischeiben als Randgarnierung

Lagern

Ideal sind dunkle Kühlräume mit einer Raumtemperatur von 0 bis 4 °C, mit geringer Luftbewegung und einer relativen Luftfeuchte von ~ 75 %. Sülzen ohne Darm sollten zudem mit Folien abgedeckt oder vakuumverpackt gelagert werden.

Fehlfabrikate – Ursachen und Möglichkeiten zur Abhilfe

Fehler	Mögliche Ursachen	Fehler vermeiden
Sülzwurst ist zu weich	• zu wenig Schwarten oder Aspikpulver • Schwarten schlecht entfettet • Wurst zu heiß oder zu lange gebrüht	→ Schwarten- oder Aspikanteil überprüfen → möglichst fettfrei abschwarten → Brühtemperatur und Brühzeit prüfen
Sülzwurst ist zu fest, gummiartig	• zu viel Aspikpulver oder Schwarten • zu wenig Brühe	→ Schwartenanteil verringern → mehr Fleischbrühe zugeben
Gallerte trübe	• Einlagen fettig • Wurst massiert	→ Einlagen gut abbrühen → Wurst nur wenden
Magerfleischeinlagen haben einen grauen Kern	• Einlagen nicht richtig durchgepökelt • zu wenig oder altes NPS • zu kurz gepökelt und gepoltert	→ Pökelvorgang überprüfen → Salzmenge, Lakestärke und NPS-Zustand überprüfen → auf ausreichende Pökel- und Polterzeiten achten
Einlagen fallen heraus	• zu viele Einlagen • zu wenig Gallerte • zu wenig Aspikpulver • Masse nicht richtig vermengt • Gallertmasse beim Einfüllen zu kalt, schlecht verteilt, Lufteinschlüsse	→ Rezept überprüfen → Gallerteanteil erhöhen → Aspikpulveranteil erhöhen → Masse gut durchmengen → Gallertmasse heißer einfüllen, Luft nach oben streichen, luftfrei füllen

Fehler	Mögliche Ursachen	Fehler vermeiden
	• Einlagen schlecht abgebrüht • Einlagen zu hart • Wurst zu heiß oder zu lange gebrüht	→ Einlagen gut heiß abspülen → Einlagen lange genug garen bzw. blanchieren → Brühtemperatur und Brühzeit prüfen
saurer Geschmack	• zu viel Essig • kein oder zu wenig Zucker	→ Essigmenge überprüfen → Zucker zugeben, Zuckermenge erhöhen
Sülzwurst hat einen grau-grünen Kern	• Erhitzungsdauer zu kurz • Erhitzungstemperatur zu niedrig • zu viel Wurst im Kessel, Wärme kann sich nicht richtig verteilen	→ länger erhitzen → Erhitzungstemperatur erhöhen → weniger Wurst in den Kessel geben, damit Wärmeaustausch erfolgen kann

Sülzen-Rezepte

Schinkensülze   2.2331.1

55 % Schinken	Schinken in 2 cm große Würfel schneiden,
5 % grüne Paprika	kurz heiß abschwenken und mit dem
5 % rote Paprika	30 Sek. blanchierten, 5 mm gewürfelten
5 % Maiskörner	Gemüse vermischen.

Heiß in durchsichtige Sterildärme oder dekorierte Formen füllen.

30 % Fleischbrühe	Brühe mit Aspikpulver verrühren und	Aspikpulver laut
	Darm/Form mit der Gallerte auffüllen.	Packung

Quadratisch pressen und erkalten lassen.

Tipp: *Natürlich sind auch andere Gemüsezusammenstellungen möglich, z. B.:*
- *Erbsen und Karotten,*
- *Blumenkohl und Brokkoli,*
- *Spargel, Karotten und Erbsen,*
- *Champignons und rote Zwiebeln.*

Schinken-Obst-Sülze   2.2331.1

55 % Schinken	Schinken gleichmäßig in 2 cm große
5 % Trockenaprikosen	Würfel schneiden, kurz heiß abschwenken
5 % Trockenpflaumen	und mit dem 1 cm gewürfelten Obst
5 % Trockenäpfel	vermischen.

Heiß in durchsichtige Sterildärme oder dekorierte Formen füllen.

30 % Orangensaft	Saft mit Aspikpulver verrühren und	Aspikpulver laut
	Darm/Form mit der Gallerte auffüllen.	Packung

Gewürfelter Schinken in Aspik

55% Schinken	Schinken in 2 cm große Würfel schneiden,
10% Spargel	kurz heiß abschwenken und mit dem
5% Erbsen	30 Sek. blanchierten, 5 mm gewürfelten
	Gemüse vermischen.

 Heiß in durchsichtige Sterildärme oder dekorierte Formen füllen.

30% Fleischbrühe/	Brühe mit Aspikpulver verrühren und	Aspikpulver laut
Spargelbrühe	Darm/Form mit der Gallerte auffüllen.	Packung

Delikatess-Fleischsülze

60% S II	S II und S IV mit Salz und Gewürzen	20,0 g NPS
20% S IV	poltern und in eine Pressform füllen.	2,0 g Pfeffer, weiß
	Mindestens 12 Stunden gekühlt ruhen	1,0 g Macis
	lassen.	0,5 g Senfmehl
		0,2 g Kardamom
	Fleisch bei 75°C bis 62°C	
	Kerntemperatur garen.	

	S II möglichst warm in 2 cm große	
	Würfel schneiden. S IV in 1 cm große	40,0 g Zwiebeln
	Würfel schneiden, kurz blanchieren	15,0 g Kochsalz
	und mit fein gehackten Zwiebeln	2,0 g Pfeffer, weiß
	und Gewürzen vermischen.	2,0 g Majoran
		0,5 g Kümmel, gem.

 In Sterildärme füllen.   0,2 g Piment

20% Fleischbrühe	Brühe mit Aspikpulver verrühren und	Aspikpulver laut
	Darm/Form mit der Gallerte auffüllen.	Packung

 Brühen bei 75°C bis mindestens 68°C Kerntemperatur.

 Erkalten lassen.

Fleischsülze Ia

70% Schinken	Schinken in 2 cm große Würfel schneiden, kurz blanchieren und mit den fein gehackten Zwiebeln und den Gewürzen vermischen.	40,0 g Zwiebeln 15,0 g Kochsalz 2,0 g Pfeffer, weiß 2,0 g Majoran 0,5 g Kümmel, gem. 0,2 g Piment

 In Sterildärme füllen.

30% Fleischbrühe   Brühe mit Aspikpulver verrühren und   Aspikpulver laut
Darm/Form mit der Gallerte auffüllen.   Packung

  Brühen bei 75 °C bis mindestens 68 °C Kerntemperatur.

Erkalten lassen.

Schinkentorte

	Kuchenform mit Aspikspiegel ausgießen.	40,0 g Aspik mit
Eier 6 Min. gekocht	Den oberen Rand mit Eischeiben garnieren und diese so mit Aspik begießen, dass sie fast bedeckt sind. Aspik erkalten lassen.	0,5 l Fleischbrühe
Kochschinken	Toastschinken in 5 mm große Würfel schneiden. Kurz heiß abschwenken, 2 cm dick in die Form legen und mit Aspik begießen, sodass er fast bedeckt ist. Aspik erkalten lassen.	40,0 g Aspik mit 0,5 l Fleischbrühe
Maiskörner (Konserve)	Maiskörner in einem Sieb kurz heiß abschwenken, 2 cm dick in die Form einbringen und mit Aspik begießen, sodass sie fast bedeckt sind. Aspik erkalten lassen.	40 g Aspik mit 0,5 l Fleischbrühe
Paprika, rot	Paprika in 5 mm große Würfel schneiden. Kurz heiß abschwenken, 2 cm dick in die Form bringen und mit Aspik begießen, sodass sie fast bedeckt ist. Aspik erkalten lassen.	40,0 g Aspik mit 0,5 l Fleischbrühe

Kochschinken	Schinken in 5 mm große Würfel schneiden. Kurz heiß abschwenken, 2 cm dick in die Form bringen und mit Aspik begießen, sodass er fast bedeckt ist. Aspik erkalten lassen.	40,0 g Aspik mit 0,5 l Fleischbrühe
Erbsen (Konserve)	Erbsen in einem Sieb 1 Minute heiß abschwenken, 2 cm dick in die Form bringen und mit Aspik begießen, sodass sie fast bedeckt sind. Aspik erkalten lassen.	40,0 g Aspik mit 0,5 l Fleischbrühe
	Mit Aspik aufgießen, bis alles bedeckt ist.	
	Form erkalten lassen und stürzen.	

Bratensülze

2.2331.2

Bratensülzwurst

Vorbereitung des Schweinebratens

1 kg Schweine-kamm	Schweinekamm spritzen mit 12 %iger Lake, Einspritzmenge 15 % des Rohgewichts. 24 Stunden poltern, herausnehmen und mit Gewürzen einreiben. Braten bei 125 °C bis mindestens 68 °C Kerntemperatur. Auskühlen lassen.	150,0 g Lake aus: 132,0 g Wasser und 18,0 g Kochsalz 2,0 g Pfeffer 1,0 g Curry 1,0 g Kümmel 1,0 g Knoblauch 1,0 g Zucker

55 % Schweine-braten 5 % Paprika, rot 5 % Cornichons 5 % Zwiebeln	Schweinekamm 2 cm würfeln und Paprika und Gurken 5 mm würfeln. Zwiebeln fein hacken. Gemüse kurz blanchieren, alles mischen und heiß in durchsichtige Sterildärme füllen.	
30 % Fleischbrühe	Brühe mit Aspikpulver verrühren und Darm/Form mit der Gallerte auffüllen.	Aspikpulver laut Packung
	Quadratisch pressen und erkalten lassen.	

Bratensülze

Gallerte Eischeiben Paprikaringe	Form mit Aspikspiegel ausgießen. In der Mitte Eischeiben, die mit roten Paprikaringen umlegt wurden, dekorieren. Mit Gallerte aufgießen und erkalten lassen.
Schweinebraten Zwiebeln Tomatenpaprika, rot Essiggurken	Kamm in 1 cm starke Scheiben, Zwiebeln in feine Ringe schneiden. Paprika und Gurken in 5 mm große Würfel schneiden. Gemüse 30 Sek. blanchieren.
	Form abwechselnd mit einer Schicht gefächerter Bratenscheiben und einer Schicht Zwiebelringe auslegen, dazwischen 5 mm gewürfelte rote Paprika und Gurken
Gewürzte Gallerte	streuen und mit Gallerte aufgießen.
	Erkalten lassen.

Karbonadensülze   2.2331.2

Karbonadensülzwurst

Vorbereitung des Koteletts

1 kg Schweine-kotelett, ausgelöst	Ausgelöstes Kotelett spritzpökeln mit 12 %iger Lake, Einspritzmenge 15 % des Rohgewichts. Mit Gewürzen poltern.	150,0 g Lake aus: 132,0 g Wasser und 18,0 g NPS 2,0 g Pfeffer, weiß 0,5 g Kümmel, gem.
	Brühen bei 75 °C bis mindestens 68 °C Kerntemperatur.	
	Auskühlen lassen.	

55 % Kotelett	Kotelett in 2 cm große Würfel schneiden.
5 % Paprika, rot	Paprika und Cornichons in 5 mm große
5 % Cornichons	Würfel schneiden und mit dem Mais kurz
5 % Maiskörner	heiß und dann kalt abspülen. Alles gut
	vermischen.

 In durchsichtige Sterildärme füllen.

30 % Fleischbrühe	Brühe mit Aspikpulver verrühren und	Aspikpulver laut
	Darm/Form mit der Gallerte auffüllen.	Packung

 Quadratisch pressen und erkalten lassen.

Karbonadensülze

Gallerte	Form mit Aspikspiegel ausgießen. In der
Eischeiben	Mitte mit Eischeiben, die mit roten Papri-
Tomatenpaprika-	karingen umlegt wurden, dekorieren, mit
ringe	Gallerte aufgießen und erkalten lassen.
Kotelett	Kotelett in 1 cm starke Scheiben, Zwie-
Zwiebeln	beln in feine Ringe schneiden.
	Zwiebelringe 30 Sek. blanchieren.
Tomatenpaprika,	Form abwechselnd mit einer Schicht gefä-
rot	cherter Bratenscheiben und Zwiebelringe
Essiggurken	auslegen, dazwischen 5 mm gewürfelte
	rote Paprika und Gurken streuen und mit
	Gallerte aufgießen.

 Erkalten lassen.

Kasseler-Paprika-Sülzwurst
2.2331.2

55% Kotelett	Kasseler und Paprika in 5 mm breite Strei-
10% Paprika, rot	fen schneiden. 2 Min. heiß und dann kurz
5% Paprika, grün	kalt abspülen und vermischen.

 In durchsichtige Sterildärme füllen.

30% Fleischbrühe   Brühe mit Aspikpulver verrühren und   Aspikpulver laut
Darm/Form mit der Gallerte auffüllen.   Packung

Erkalten lassen.

Mecklenburger Sülztörtchen
2.2331.2

Gallerte	Runde Form mit Aspikspiegel ausgießen.
Eischeiben	In der Mitte mit Eischeiben, die mit
Spargelspitzen	Spargelspitzen umlegt wurden, dekorieren.
	Mit Gallerte aufgießen und erkalten lassen.
Kochschinken	Kochschinken in 3 mm starke Scheiben
Spargelstangen	schneiden. Die Spargelstangen damit
	umwickeln und in die Form schichten.

Fleischbrühe   Brühe mit Aspikpulver verrühren   Aspikpulver laut
Spargelbrühe   und Form mit der Gallerte auffüllen.   Packung

Erkalten lassen.

Schinkensülzwurst Hawaii
2.2331.2

55% Schinken	Schinken gleichmäßig 2 cm würfeln. Käse
10% Leerdamer	und Ananas in 1 cm große Würfel schneiden,
5% Ananas	kurz heiß und ganz kurz kalt abspülen.

 Mischen und in Sterildärme oder dekorierte Formen füllen.

25% Fleischbrühe   Brühe mit Aspikpulver verrühren und   Aspikpulver laut
5% Ananasbrühe   Darm/Form mit der Gallerte auffüllen.   Packung

Erkalten lassen.

Kalbfleischsülze   2.2331.3

Vorbereitung des gepökelten Kalbfleisches

1 kg Kalbskamm oder Schulter	Fleisch spritzpökeln mit 12 %iger Lake, Einspritzmenge 15 % des Rohgewichts. Mit Gewürzen einreiben. 24 Stunden poltern, 25 Min. Arbeitszeit, 10 Min. Ruhezeit. Herausnehmen und in Formen füllen. 12 Stunden ruhen lassen und bei 78 °C bis 68 °C Kerntemperatur brühen.	150,0 g Lake aus: 132,0 g Wasser und 18,0 g NPS 2,0 g Pfeffer, weiß 1,0 g Muskat 0,2 g Ingwer

Gallerte Eischeiben Sardellenfilets	Form mit Aspikspiegel ausgießen. In der Mitte mit Eischeiben, die mit Sardellenfilets umlegt wurden, dekorieren. Mit Gallerte aufgießen und erkalten lassen.	
55 % Kalbfleisch 10 % Essiggurken 5 % Champignons (Konserve)	Pökelfleisch in 2 cm große, Gurken in 5 mm große Würfel schneiden. Kleine Champignons ganz lassen, größere vierteln und alles kurz heiß und dann kalt abspülen.	
30 % Kalbsbrühe oder Hühnerbrühe	Brühe mit Aspikpulver verrühren und die Form mit der Gallerte auffüllen	Aspikpulver laut Packung

Schwedische Kalbfleischsülze   2.2331.3

90 % sehniges Schulterfleisch mit 5 % Fettanteil	Fleisch in 2 cm große Würfel schneiden. Mit Salz und Gewürzen bindig mengen und 12 Stunden durchziehen lassen.	18,0 g Kochsalz 2,0 g Pfeffer 1,0 g Macis 0,5 g Ingwer
10 % Kalbsbrühe oder Hühnerbrühe	Brühe mit der 1,5-fachen Menge Aspikpulver anmachen. Mit den Kalbfleischwürfeln und den goldgelb gedünsteten Zwiebeln vermischen.	Aspikpulver laut Packung mal 1,5 30,0 g Zwiebeln

 In Konservendosen oder Gläser füllen.

Brühen bei 80 °C bis mindestens 75 °C
oder
Sterilisieren bis 121,1 °C Kerntemperatur.

Kalbfleisch-Sülzpastete   2.2331.3

Vorbereitung des Kalbsbratens
▸ Kalbfleisch mit 15 g Salz, 2 g weißem Pfeffer, 1 g Muskat, 0,2 g Ingwer pro kg würzen.
▸ Rundum in Butter oder Öl goldbraun anbraten und mit Hühnerbrühe, Zwiebeln, Karotten und Sellerie gar schmoren.
▸ Brühe absieben und entfetten = Kalbsbrühe.

55 % Kalbsbraten 10 % Spargel 5 % Karotten	Fleisch in 1 cm dicke Scheiben, Spargel in 1 cm große Stücke schneiden. Karotten 10 Min. blanchieren und in 5 mm dicke Scheiben schneiden. Alles kurz heiß und dann kalt abspülen.	
	Schichtweise in dekorierte Formen füllen.	
25 % Kalbsbrühe 5 % Spargelbrühe	Kalbsbrühe mit Aspikpulver verrühren und die Form mit der Gallerte auffüllen.	Aspikpulver laut Packung

 Erkalten lassen.

Kalbfleisch, gewürfelt in Aspik

55 % Kalbfleisch	Pökelfleisch in 2 cm große Würfel,
5 % Spargel	Spargel in 1 cm große Stücke schneiden.
5 % Karotten	Karotten in 5 mm große Würfel schneiden
5 % Erbsen	und mit den Erbsen zuerst 20 Sek. heiß und
	dann kurz kalt abspülen.

 In durchsichtige Sterildärme füllen.

30 % Kalbsbrühe	Kalbsbrühe mit Aspikpulver verrühren	Aspikpulver laut
	und Darm mit der Gallerte auffüllen.	Packung

In quadratischer Pressform erkalten lassen.

Tipp: *Natürlich sind auch andere Gemüsezusammenstellungen möglich, z. B.*
- *Erbsen und Karotten,*
- *Fenchel und Tomaten,*
- *Champignons und rote Paprika,*
- *Zucchini und Tomaten.*

Rindfleisch, gewürfelt in Aspik   2.2331.3

Vorbereitung des gepökelten Rindfleisches

R II	Rindfleisch in faustgroße Stücke schneiden und mit Fleischbrühe, Salz und Gewürz vermengen.	50,0 g Fleischbrühe 20,0 g NPS 2,0 g Pfeffer, weiß 1,0 g Knoblauchpaste
	Poltern, herausnehmen und in Formen 12 Stunden ruhen lassen. Bei 75 °C bis 68 °C Kerntemperatur brühen und auskühlen.	0,5 g Piment 1,0 g Zucker

55 % Rindfleisch 5 % grüne Paprika 10 % Maiskörner	Pökelfleisch gleichmäßig in 2 cm große Würfel schneiden. Kurz heiß abschwenken und mit dem 5 mm gewürfelten, 30 Sek. blanchierten Gemüse vermischen.	

 Heiß in durchsichtige Sterildärme oder dekorierte Formen füllen.

30 % Rinder- bouillon	Brühe mit Aspikpulver verrühren und Darm/Form mit der Gallerte auffüllen.	Aspikpulver laut Packung

 Erkalten lassen.

Tipp: *Natürlich sind auch andere Gemüsezusammenstellungen möglich, z. B.*
- *Erbsen und Karotten,*
- *Spargel, Karotten und Erbsen,*
- *Blumenkohl und Brokkoli,*
- *Champignons und rote Zwiebeln.*

Rindfleisch mit Lindenberger, gewürfelt in Aspik   2.2331.

55 % Rindfleisch 15 % Lindenberger	Pökelfleisch gleichmäßig in 2 cm große Würfel, Käse in 1 cm große Würfel schneiden. Kurz heiß abschwenken und vermischen.	

 In durchsichtige Sterildärme oder dekorierte Formen füllen.

30 % Rinder- bouillon	Brühe mit Aspikpulver verrühren und Darm/Form mit der Gallerte auffüllen.	Aspikpulver laut Packung

 Erkalten lassen.

Rindfleischsülze in Meerrettichaspik

55% Rindfleisch	Pökelfleisch in 1 cm große Würfel schneiden und kurz heiß abschwenken. Mit 5 mm gewürfelten,
10% Karotten	2 Min. blanchierten Karotten vermischen.

 Heiß in durchsichtige Sterildärme oder dekorierte Formen füllen.

30% Bouillongallerte	Gallerte mit Sahnemeerrettich verrühren
5% Meerrettich	und die Därme oder Formen damit auffüllen.

Erkalten lassen.

Rindfleischsülze in Senfaspik

55% Rindfleisch	Pökelfleisch in 1 cm große Würfel schneiden und kurz heiß
5% Sellerie	abschwenken. Sellerie in 5 mm große Würfel schneiden und
10% Brokkoli	mit dem in kleine Röschen geschnittenen Brokkoli 2 Min. blanchieren.

 Heiß in durchsichtige Sterildärme oder dekorierte Formen füllen.

25% Bouillongallerte	Gallerte mit dem Senf verrühren und die
5% mittelscharfer Senf	Därme oder Formen damit auffüllen.

Erkalten lassen.

Pikante Rindfleischsülze

60% Rindfleisch	Pökelfleisch in 2 cm große Würfel schneiden, mit
3% grüner Pfeffer	den Pfefferkörnern vermischen und kurz heiß abschwenken.

Heiß in durchsichtige Sterildärme oder dekorierte Formen füllen.

37% Rinder-bouillon	Brühe mit Aspikpulver verrühren und Darm/Form mit der Gallerte auffüllen.	Aspikpulver laut Packung

 Erkalten lassen.

Geflügelsülze   2.2331.4

Vorbereitung des gepökelten Putenfleisches

Putenbrust,	Fleisch mit 12%iger Lake spritzpökeln.	150,0 g Lake:
Putenoberkeulen	Einspritzmenge 15% des Rohgewichts	132,0 g Wasser
	und mit Gewürzen einreiben.	18,0 g NPS
	Poltern, herausnehmen und in Formen	2,0 g Pfeffer
	füllen. 12 Stunden ruhen lassen.	1,0 g Muskat
	Bei 78°C bis 68°C Kerntemperatur brühen.	1,0 g Curry

Gallerte	Form mit Aspikspiegel ausgießen. In der Mitte
Eischeiben	mit Eischeiben, die mit roten Paprikaringen
Paprikaringe	umlegt wurden, dekorieren und mit Gallerte
	aufgießen und erkalten lassen.
15% Putenbrust	Pökelfleisch in 2 cm große Würfel, Oberkeulenfleisch
40% Putenober-	in 1 cm große Würfel schneiden. Paprika und Gurken
keule	in 5 mm große Würfel schneiden, alles vermischen und zuerst
10% Tomaten-	20 Sek. heiß und dann kurz kalt abspülen.
paprika	
5% Gurken	
	In die vorbereiteten Formen füllen.

30% Hühnerbrühe	Brühe mit Aspikpulver verrühren und	Aspikpulver laut
	Darm/Form mit der Gallerte auffüllen.	Packung

Putensülze   2.2331.4

Vorbereitung des gekochten Geflügelfleisches

1 kg Puten-	1. Brust mit Gewürzen einreiben, 12 Stunden kühlen
brust	und in Hühnerbrühe mit Zwiebeln gar kochen.
15,0 g Salz	2. In der Brühe 30 Min. auskühlen, herausnehmen und
3,0 g Pfeffer	ganz abkühlen lassen. Enthäuten und Fleisch
2,0 g Curry	von den Knochen lösen.
50,0 g Zwiebeln	3. Kochbrühe absieben, entfetten und für Gallerte
	verwenden.

55 % Putenfleisch gekocht	Kochfleisch in 2 cm große Stücke schneiden, kurz heiß abschwenken und mit dem
5 % Karotten	30 Sekunden blanchierten und
5 % rote Paprika	5 mm gewürfelten Gemüse vermischen.
5 % Lauch	

Heiß in durchsichtige Sterildärme füllen.

30 % Kochbrühe	Brühe mit Aspikpulver verrühren und Darm mit der Gallerte auffüllen.	Aspikpulver laut Packung

Hähnchensülze 2.2331.4

Vorbereitung des gebratenen Geflügelfleisches

Würzen mit:

▸ Ganze Tiere und Schenkel:

10,0 g Salz, 1,0 g Pfeffer
1,0 g Curry, 0,2 g Rosmarin

▸ Schieres Fleisch (z.B. Schnitzel):

15,0 g Salz, 2,0 g Pfeffer
1,0 g Curry, 0,5 g Rosmarin

Geflügel wird gegrillt oder durchgebraten, wobei die Haut bei Hähnchen und Puten öfter mit Paprikaöl (3 g Paprika auf 100 g Öl) eingepinselt werden sollte.

50 % Hähnchenfleisch gekocht o. gebraten	Hähnchenfleisch in 2 cm große Würfel schneiden und kurz heiß abschwenken. Mit den 8 Min. blanchierten, 5 mm gewürfelten Karotten
5 % Karotten	und den kurz heiß abgeschwenkten und
5 % Spargel	1 cm gewürfelten Spargelstücken sowie
5 % Erbsen	den Erbsen vermischen.

 Heiß in Sterildärme füllen.

25 % Hühnerbrühe	Brühe mit Aspikpulver verrühren und	Aspikpulver laut
5 % Spargelbrühe	Darm/Form mit der Gallerte auffüllen.	Packung

 Erkalten lassen.

Hähnchen-Frucht-Sülze 2.2331.4

10% Ananas	Ananas in 1 cm große Stücke schneiden,
5% Mandarinen-filets	Mandarinenfilets halbieren. Hähnchen-fleisch in 2 cm große Stücke schneiden.
50% Hähnchen-fleisch gebraten	Alles mit Erbsen und Curry vermischen und kurz heiß abschwenken.
5% Erbsen	

Heiß in durchsichtige Sterildärme oder dekorierte Formen füllen.

25% Hühnerbrühe	Hühnerbrühe mit Sherry, Curry und Aspikpulver verrühren und	1,0 g Curry Aspikpulver laut
5% Sherry	Darm/Form mit der Gallerte auffüllen.	Packung

Erkalten lassen.

Ente in Orangenaspik 2.2331.4

Vorbereitung des Entenfleisches

bratfertige Ente Salz, Pfeffer, Majoran	1. Ente mit Gewürzen einreiben und mit Orangenfilets und fein gehackten Zwiebeln füllen.
	2. 30 Min. bei 125°C braten und dabei öfter mit der Gabel einstechen, damit das Fett austreten kann.
Zwiebeln Orangensaft	3. Zwiebelscheiben unterlegen und bei 200°C offen knusprig braten. Öfter mit Orangensaft einpinseln und wenden.
	4. Ente herausnehmen, Bratfond entfetten.
Gallerte Mandarinenfilets Sauerkirschen	Form mit Aspikspiegel ausgießen, mit Mandarinenfilets und Sauerkirschen dekorieren, aufgießen und erkalten lassen.

55% Entenfleisch 5% Zwiebeln 5% Mandarinen-filets	Fleisch entbeinen, 1 cm würfeln, mit den fein gewürfelten, 2 Min. blanchierten Zwiebeln und den Mandarinenfilets vermischen.

In dekorierte Formen füllen.

35% Bratfond/ Orangensaft	Bratfond mit Orangensaft erhitzen, Aspik darin auflösen und Formen damit aufgießen.	Aspikpulver laut Packung

Gänsebrust in Gemüseaspik

Vorbereitung des Gänsebrustfleisches

1,0 kg Gänsebrust	1. Brust mit Gewürzen einreiben, 12 Stunden kühlen und in Hühnerbrühe mit Zwiebeln gar kochen.
15,0 g Salz,	
3 g Pfeffer,	2. In der Brühe 30 Min. auskühlen lassen, dann herausnehmen und ganz abkühlen lassen. Enthäuten und das Fleisch von den Knochen lösen.
2,0 g Majoran,	
Hühnerbrühe	
50,0 g Zwiebeln	3. Kochbrühe absieben, entfetten und für Gallerte verwenden.

55 % Gänsebrust   Fleisch in 1 cm große Würfel schneiden,
5 % Sellerie   kurz heiß abschwenken und mit dem
5 % Karotten   5 mm gewürfelten, 5 Min. blanchierten
5 % grüne   Gemüse vermischen.
Lauchblätter

     In dekorierte Formen füllen.

30 % Kochbrühe   Brühe mit Aspikpulver verrühren und   Aspikpulver laut
                  Darm/Form mit der Gallerte auffüllen.   Packung

Erkalten lassen.

Geflügelsülzwurst   2.2331.4

Vorbereitung des Putenbrustfleisches

Putenbrust	Fleisch mit 12%iger Lake	150,0 g Lake aus:
Putenoberkeulen	spritzpökeln, Einspritzmenge	132,0 g Wasser
	15% des Rohgewichts. Mit	18,0 g NPS
	Gewürzen einreiben und poltern.	2,0 g Pfeffer, weiß
		1,0 g Muskat
		1,0 g Curry

In Formen füllen und 12 Stunden ruhen lassen.
Bei 78 °C bis 68 °C Kerntemperatur brühen.

25% Putenbrust	Pökelfleisch in 2 cm große, Oberkeulenfleisch
30% Putenober-	in 1 cm große Würfel, Spargel in 1 cm lange
keulen	Stücke schneiden. Karotten in 5 mm große
5% Spargel	Würfel schneiden und 10 Min. blanchieren.
5% Karotten	Erbsen 20 Sek. heiß, dann kurz kalt
5% Erbsen	abspülen.
	Mischen und in Sterildärme füllen.
30% Hühnerbrühe	Brühe mit Aspikpulver verrühren und Aspikpulver laut
	Darm/Form mit der Gallerte auffüllen. Packung

Gewürfeltes Geflügelfleisch in Aspik   2.2331.5

Gallerte	Form mit Aspikspiegel ausgießen. In der Mitte
Eischeiben	mit Eischeiben, links und rechts davon mit
Spargelstücke	Spargelstücken dekorieren. Mit Gallerte
	aufgießen und erkalten lassen.
55% Putenbrust	Pökelfleisch in 2 cm große Würfel schneiden. Spargel
5% Spargel	in 1 cm lange Stücke schneiden, Karotten in
5% Karotten	5 mm große Würfel schneiden und 10 Min. blanchieren.
5% Erbsen	Erbsen 20 Sek. heiß, dann kurz kalt abspülen.
	In die vorbereiteten Formen füllen.
30% Hühnerbrühe	Brühe mit Aspikpulver verrühren und Aspikpulver laut
	Darm/Form mit der Gallerte auffüllen. Packung
	Erkalten lassen.

Zungensülze mit Champignons 2.2331.6

Vorbereitung der Zungen

Rinderzungen, Schweinezungen	Zungen mit 12 %iger Lake spritzen, Einspritzmenge 15 % des Rohgewichts. Poltern und in Fleischbrühe kochen, bis die Zungenspitze weich ist. In kaltem Wasser abschrecken und die Schleimhaut entfernen. Brühe entfetten = Zungenbrühe	150,0 g Lake aus: 132,0 g Wasser 18,0 g NPS

55 % Rinderzunge 5 % Karotten 10 % Champignons ganz und klein	Pökelzunge 2 cm würfeln, kurz heiß mit den Champignons abschwenken und vermischen.	

 Heiß in durchsichtige Sterildärme oder dekorierte Formen füllen.

30 % Zungenbrühe	Brühe mit Aspikpulver verrühren und Darm/Form mit der Gallerte auffüllen.	Aspikpulver laut Packung

 Erkalten lassen.

Tipp: *Natürlich sind auch andere Gemüsezusammenstellungen möglich, z. B.*
- *Erbsen und Karotten*
- *Spargel, Karotten und Erbsen*

Tipp: *Wird der Gallerte Madeira zugegeben, bekommt sie eine schönere Farbe und einen besonderen Geschmack (3 Teile Zungenbrühe, 1 Teil Madeira).*

Zungen in Aspik 2.2331.6

85 % Schweinezungen	Gepökelte, gekochte Schweinezungen ganz sauber zuschneiden.	

Kurz abbrühen, heiß in Sterildärme oder dekorierte Formen füllen.

15 % Zungenbrühe	Brühe mit Aspikpulver verrühren und Darm/Form mit der Gallerte auffüllen.	Aspikpulver laut Packung

Erkalten lassen.

Zunge, gewürfelt mit feinen Gemüsen   2.2331.6

55 % Schweine-zungen	Gepökelte, gekochte Schweinezungen in 2 cm große Würfel schneiden. Spargel schälen
5 % Spargel	und in 1 cm große Stücke schneiden. 20 Min. in
5 % Erbsen	Salzwasser kochen und in Eiswasser abkühlen.
5 % Karotten	Karotten in 5 mm große Würfel schneiden und mit den Erbsen 5 Min. blanchieren.

 Heiß in durchsichtige Sterildärme oder dekorierte Formen füllen.

30 % Zungenbrühe	Brühe mit Aspikpulver verrühren und Darm/Form mit der Gallerte auffüllen.	Aspikpulver laut Packung

 Erkalten lassen.

Tipp: *Wird der Gallerte Weißwein zugegeben, bekommt sie eine schönere Farbe und einen besonderen Geschmack (3 Teile Zungenbrühe, 1 Teil Weißwein).*

Zungenscheiben mit Champignons in Madeiraaspik   2.2331.6

25 % Zungenbrühe	Brühe und Madeira mit Aspikpulver	Aspikpulver laut
5 % Madeira	anrühren.	Packung

55 % Rinderzungen	Pökelzungen in 1 cm dicke Scheiben schneiden und 1 Min. heiß und kurz kalt abschwenken.

15 % Champignons ganz und klein	Die Form zuerst links und rechts mit einer Reihe Champignons und in der Mitte mit einer Reihe gefächerter Zungenscheiben auslegen und mit Gallerte aufgießen.
	Danach immer zwei Schichten Zungenscheiben und zwei Schichten Champignonscheiben fächern und mit flüssiger Madeiragallerte auffüllen. Mit Zungenscheiben schließen, erkalten lassen und so mit Gallerte auffüllen, dass alles 2 bis 3 mm bedeckt ist.

 Erkalten lassen.

Zungensülztöpfchen

25 % Zungenbrühe 5 % Madeira	Brühe und Madeira mit Aspikpulver anrühren.	Aspikpulver laut Packung
55 % Rinderzungen 15 % Gewürzgurken	Pökelzungen in 1 cm dicke Scheiben schneiden und 1 Min. heiß und kurz kalt abschwenken. Gurken in 2 mm dicke Scheiben schneiden.	

Zungenscheiben kleeblattförmig fächern
und mit Gallerte aufgießen. Danach immer
eine Schicht Gurken und eine Schicht Zungenscheiben fächern und mit flüssiger Gallerte
auffüllen. Mit Zungenscheiben schließen,
erkalten lassen und so mit Gallerte auffüllen,
dass alles 2 bis 3 mm bedeckt ist.

 Erkalten lassen.

Fleisch-Sülzwurst

50 % Schweine- kamm 10 % S IV	Kämme und S IV mit anteiliger Menge NPS und Gewürz poltern und in Formen bis 65 °C Kerntemperatur kochen. S II in 2 cm große und S IV in 5 mm große Würfel schneiden.	20,0 g NPS 2,0 g Pfeffer 0,5 g Kardamom
5 % Zwiebeln	Zwiebeln fein würfeln, 1 Min. blanchieren und mit den heiß und kalt abgespülten Fleischwürfeln vermischen.	

 Locker in Sterildärme füllen.

35 % Fleischbrühe	Brühe mit Aspikpulver verrühren und Darm/Form mit der Gallerte auffüllen.	Aspikpulver laut Packung

 Brühen bei 75 °C bis mindestens 68 °C Kerntemperatur.

 Eventuell quadratisch pressen.

Fleischsülze

Vorbereitung des Eisbeinfleisches

Eisbeine	Eisbeine spritzpökeln mit 12%iger Lake (Einspritzmenge 10% des Rohgewichts), poltern und weich kochen. Auslösen und dicke Fettauflagen entfernen.	150,0 g Lake aus: 132,0 g Wasser 18,0 g NPS

30% S IV	S IV mit NPS und Gewürz poltern, in Formen bis 65°C Kerntemperatur brühen und in 1 cm große Würfel schneiden.	20,0 g NPS 2,0 g Pfeffer 0,5 g Kümmel, gem.
30% Eisbeinfleisch 5% Zwiebeln	Magerfleisch in 2 cm große Stücke und Schwarten in 2 mm breite Streifen schneiden. Zwiebeln 2 mm würfeln, alles mit dem S IV vermischen und 30 Sek. blanchieren.	
	Locker in Sterildärme füllen.	
35% Fleischbrühe	Brühe mit Aspikpulver verrühren und Darm/Form mit der Gallerte auffüllen.	Aspikpulver laut Packung
	Brühen bei 75°C bis mindestens 68°C Kerntemperatur.	

Sauerfleischsülze

35% S II 20% S IV	S II und IV mit anteiliger Menge NPS und Gewürz poltern. In Formen bis 65°C Kerntemperatur brühen. S II in 2 cm große, S IV in 1 cm große Würfel schneiden.	20,0 g NPS 2,0 g Pfeffer 0,5 g Kümmel, gem.
10% Zwiebeln	Zwiebeln fein würfeln und ohne Fett glasig dünsten. Mit Zucker leicht karamelisieren lassen. Mit Essig ablöschen und mit den 30 Sek. blanchierten Fleischwürfeln vermischen.	20,0 g Zucker 50,0 g Weinessig
	Locker in Sterildärme füllen.	

35 % Fleischbrühe | Brühe mit Aspikpulver verrühren und Darm/Form mit der Gallerte auffüllen. | Aspikpulver laut Packung

 Brühen bei 75 °C bis mindestens 68 °C Kerntemperatur.

Delikatess-Sülze mit Rindfleisch

2.2331.7

Vorbereitung von S II, RII

| S II, R II | Fleisch spritzpökeln mit 12 %iger Lake, Einspritzmenge 15 % des Rohgewichts, und mit Gewürzen poltern. | 150,0 g Lake aus: 132,0 g Wasser 18,0 g NPS 2,0 g Pfeffer 0,5 g Muskat 0,2 g Piment |

Luftfrei in Formen füllen,
12 Stunden ruhen lassen und bei 78 °C
bis 68 °C Kerntemperatur brühen.

Gallerte
Eischeiben
Paprikaringe

Form mit Aspikspiegel ausgießen. In der Mitte mit Eischeiben, die mit roten Paprikaringen umlegt wurden, dekorieren und mit Gallerte aufgießen und erkalten lassen.

25 % R II
30 % S II
5 % Paprika
5 % Essiggurken
5 % Amsterdamer
Zwiebeln, gelb

Pökelfleisch in 2 cm große Würfel schneiden.
Paprika und Gurken in 5 mm große Würfel schneiden
und mit den Amsterdamer Zwiebeln vermischen.
Zuerst 20 Sek. heiß und dann kurz kalt
abspülen, alles vermischen und in
die vorbereiteten Formen füllen.

30 % Fleischbrühe | Brühe mit Aspikpulver verrühren und Darm/Form mit der Gallerte auffüllen. | Aspikpulver laut Packung

Sülze Ia   2.2331.7

	Fleisch pökeln und weich kochen.	
30% S II	S II 2 cm würfeln. Mageres Eisbein-	
35% Eisbeinfleisch	fleisch in 2 cm große Stücke, Schwarten in	
	feine Streifen schneiden. Kurz heiß ab-	
5% Karotten	schwenken und mit dem 5 mm gewürfelten,	
5% Lauch	6 Min. blanchierten Gemüse vermischen.	

Heiß in durchsichtige Sterildärme oder dekorierte Formen füllen.

25% Fleischbrühe	Brühe mit Aspikpulver verrühren und	Aspikpulver laut
	Darm/Form mit der Gallerte auffüllen.	Packung

Erkalten lassen.

Eisbeinsülze   2.2331.7

50% Eisbeinfleisch	Magerfleisch in 2 cm große Stücke, Schwarten
	in feine Streifen schneiden. Kurz heiß ab-
5% Karotten	schwenken und mit dem 5 mm gewürfelten,
5% Zwiebeln	30 Sek. blanchierten Gemüse vermischen.
5% Gewürzgurken	

Heiß in durchsichtige Sterildärme oder dekorierte Formen füllen.

35% Fleischbrühe	Brühe mit Aspikpulver verrühren und	Aspikpulver laut
	Darm/Form mit der Gallerte auffüllen.	Packung

Eisbein-Zwiebel-Sülze   2.2331.7

55% Eisbeinfleisch,	Eisbeinfleisch in 5 mm große Würfel	
nur mager, gepö-	schneiden und kurz heiß abschwenken.	
kelt, gekocht	In eine dekorierte Form schichten, würzen	
	und die 5 mm gewürfelten, 30 Sekunden	2,0 g Kümmel
10% Zwiebeln	blanchierten Zwiebelwürfel obenauf legen.	
15% Kochbrühe,	Kochbrühe und Wasser, Zucker, Essig	Aspikpulver
gesiebt, entfettet	und Aspikpulver anrühren. Form damit	30,0 g Zucker
5% Wasser	auffüllen, evtl. einmal erkalten lassen	
5% Obstessig	und dann mit dem Rest so aufgießen,	
	dass auch die Zwiebeln bedeckt sind.	

Eisbein in Aspik (Konserve) 2.2331.7

Eisbeine	Eisbeine auslösen. Knorpel und grobes Fett entfernen, auf die Stärke des Glases bzw. der Dose zuschneiden und mit dem Gewürz einreiben.	16,0 g NPS 3,0 g Pfeffer 1,0 g Kümmel
	So eng wie möglich in das Glas oder die Dose füllen, dass die Schwarte außen und das Magerfleisch innen zu liegen kommt. Mit einer Zwiebelscheibe belegen.	Zwiebelscheiben
Fleischbrühe	Brühe mit Aspikpulver verrühren, Glas/Dose mit der Gallerte auffüllen.	Aspikpulver laut Packung mal 1,5

Verschließen, kochen oder sterilisieren.

Sülz-Fleischwurst, süßsauer 2.2331.7

55 % Schweine-kämme	Kämme mit anteiliger Menge NPS und Gewürz über Nacht poltern. In Formen bis 65 °C Kerntemperatur kochen und in 1 cm dicke Scheiben schneiden.	20,0 g NPS 2,0 g Pfeffer, weiß 0,5 g Kümmel
35 % Fleischbrühe	Brühe mit Aspikpulver verrühren.	Aspikpulver laut Packung
10 % Zwiebeln	Zwiebeln fein würfeln und in wenig Fett kurz andünsten. Mit dem Zucker bestäuben, goldgelb karamelisieren lassen, mit Essig ablöschen und mit der Gallerte verrühren.	50,0 g Zucker 50,0 g Weinessig
	Kammscheiben in eine dekorierte Form stellen, mit dem Zwiebelaspik auffüllen und erkalten lassen.	

Gelegter Schweinskopf

Gallerte	Form mit Aspikspiegel ausgießen und in
Eischeiben	der Mitte mit Eischeiben, die mit roten
Rote Zwiebelringe	Zwiebelringen umlegt wurden, dekorieren.
	Mit Gallerte aufgießen und erkalten lassen.

60 % Schweinskopf-fleisch, gepökelt, weich gekocht	Magerfleisch in 2 cm große Stücke, Rüssel in 1 cm dicke Scheiben schneiden, andere Teile für andere Sorten verwenden. Fleisch heiß	
5 % rote Zwiebeln	abschwenken und schichtweise in die vor-	
5 % Lauch	bereiteten Formen legen. Mit einer Rüssel-	
5 % Karotten	schicht beginnen und aufhören, zwischen die Schichten das in feine Streifen geschnit-tene, 2 Min. blanchierte Gemüse streuen.	
	Heiß in die dekorierten Formen füllen.	
25 % Fleischbrühe	Brühe mit Aspikpulver verrühren und Darm/Form mit der Gallerte auffüllen.	Aspikpulver laut Packung
	Erkalten lassen.	

Schweinskopf in Aspik

55 % Schweinskopf-fleisch, gepökelt, weich gekocht	Magerfleisch und Rüssel 1 cm würfeln. Schwarten in feine Streifen schneiden und heiß abschwenken. Mit Gewürz und	
5 % rote Zwiebeln	dem in feine Streifen geschnittenen,	2,0 g Pfeffer
10 % Lauch	5 Min. blanchierten Gemüse vermischen.	0,5 g Kümmel
5 % Karotten	Heiß in durchsichtige Sterildärme	0,5 g Piment
	oder dekorierte Formen füllen.	evtl. Essig
		evtl. 2,0 g Zucker
25 % Fleischbrühe	Brühe mit Aspikpulver verrühren und Darm/Form mit der Gallerte auffüllen.	Aspikpulver laut Packung

Delikatess-Schweinskopfsülze
2.2331.9

60% Schweinskopf-fleisch, gepökelt, weich gekocht	Magerfleisch in 2 cm große, Rüssel in 1 cm große Würfel schneiden. Rest anders verwerten. Kurz heiß abschwenken.	2,0 g Pfeffer
5% Karotten	Mit Gewürz und dem in feine Streifen ge-	0,5 g Piment
10% Lauch	schnittenen, 5 Min. blanchierten Gemüse vermischen. Heiß in durchsichtige Sterildärme oder dekorierte Formen füllen.	0,5 g Muskat evtl. Essig evtl. 2,0 g Zucker
25% Fleischbrühe	Brühe mit Aspikpulver verrühren und Darm/Form mit der Gallerte auffüllen.	Aspikpulver laut Packung

Rindsbeinsülze

55% Rinder-wadenfleisch	Wadenfleisch mit anteiliger Menge NPS und Gewürz poltern und in Fleischbrühe weich kochen. Das Fleisch ohne dicke Sehnen in 1 cm große Würfel schneiden und abbrühen.	20,0 g NPS 2,0 g Pfeffer, weiß
10% Zwiebeln 2% Pistazien 3% Mandeln 5% Rosinen	Zwiebeln ohne Fett anschwitzen und mit Zucker goldgelb karamelisieren lassen. Mit dem Essig ablöschen und Pistazien, Mandeln und Rosinen darin 1 Stunde quellen lassen.	20,0 g Zucker 50,0 g Essig
25% Rindsbouillon	Bouillon mit Aspikpulver verrühren, alles untermischen und heiß in durchsichtige Sterildärme oder dekorierte Formen füllen.	Aspikpulver laut Packung

Weinsülze

E i s b e i n   i n   R o t w e i n a s p i k

Vordereisbeine	Eisbeine pökeln, weich kochen, auslösen und von Schwarten und dicken Fettstücken befreien.	
50 % Eisbeinfleisch 5 % Karotten 5 % Zwiebeln 5 % Sellerie	Fleisch in 1 cm große Stücke schneiden und kurz heiß abschwenken. Gemüse in 5 mm große Würfel schneiden und 8 Min. blanchieren.	
	Alles heiß mit Gewürz vermischen und in durchsichtige Sterildärme oder dekorierte Formen füllen.	2,0 g Pfeffer evtl. Essig evtl. 2,0 g Zucker
25 % Fleischbrühe 10 % Rotwein	Aspikpulver mit Fleischbrühe, Rotwein anrühren und Darm damit aufgießen.	Aspikpulver lt. Packung

 Brühen bei 75 °C bis mindestens 68 °C Kerntemperatur.

 Eventuell quadratisch pressen.

 Erkalten lassen.

S c h w e i n s k o p f   i n   R o t w e i n a s p i k

60 % Schweinskopf-fleisch, gepökelt, weich gekocht 10 % Zwiebeln	Magerfleisch in 2 cm große, Rüssel in 1 cm große Würfel schneiden. Schwarten in feine Streifen schneiden und heiß abschwenken. Zwiebeln fein hacken und ohne Fett anschwitzen. Mit Zucker karamelisieren lassen, mit etwas Rotwein ablöschen und alles mit Gewürzen mischen. Heiß in Sterildärme füllen.	20,0 g Zucker 2,0 g Pfeffer 0,5 g Piment
25 % Fleischbrühe 5 % Rotwein	Aspikpulver mit Fleischbrühe und Rotwein anrühren und Darm damit aufgießen.	Aspikpulver lt. Packung

 Brühen bei 75 °C bis mindestens 68 °C Kerntemperatur.

 Eventuell quadratisch pressen.

Bauernsülze

2.2331.10

Schweinekämme oder magere Schweinebäuche	Kämme oder Bäuche mit anteiliger Menge NPS und Gewürz poltern. In Formen bis 65 °C Kerntemperatur kochen und in 1 cm große Würfel schneiden.	20,0 g NPS 2,0 g Pfeffer 0,5 g Kümmel
30 % Kamm/Bauch 20 % Eisbeinfleisch	Magerfleisch in 2 cm große Stücke, Schwarten in feine Streifen schneiden.	
20 % Schweinskopf-fleisch 5 % Zwiebeln	Magerfleisch in 2 cm große, Rüssel in 1 cm große Würfel schneiden. Schwarten in feine Streifen schneiden und heiß abschwenken. Zwiebeln fein hacken und ohne Fett anschwitzen. Mit Zucker karamelisieren lassen, mit Essig ablöschen, alles mit Gewürzen mischen und heiß in Sterildärme füllen.	20,0 g Zucker 30,0 g Essig 2,0 g Pfeffer 0,5 g Piment 0,5 g Kümmel
25 % Fleischbrühe	Brühe mit Aspikpulver verrühren und Darm/Form mit der Gallerte auffüllen.	Aspikpulver laut Packung

Brühen bei 75 °C bis mindestens 68 °C Kerntemperatur.

Schweinskopfsülze

2.2331.10

50 % S XI (ohne dickes Fett) 5 % Karotten 10 % Lauch	Köpfe pökeln, kochen, auslösen und zuschneiden. Rüssel in 5 mm große Würfel schneiden. Magerfleisch in 2 cm große Stücke und Schwarten in feine Streifen schneiden. Heiß abschwenken und mit Gewürzen und dem 5 Min. blanchierten, in Streifen geschnittenen Gemüse vermischen.	2,0 g Pfeffer 0,5 g Kümmel evtl. Essig evtl. 2,0 g Zucker

Heiß in durchsichtige Sterildärme oder dekorierte Formen füllen.

35 % Fleischbrühe	Brühe mit Aspikpulver verrühren und Darm/Form mit der Gallerte auffüllen.	Aspikpulver laut Packung

Erkalten lassen.

Hausmacher Sülze (Tellersülze)

2.2331.10

50 % Fleisch und Schwarten von Eisbeinen, Schwänzen, Schweinefüßen 30 % Fleisch von Fleischknochen	Rohes vorgepökeltes Material mit kaltem Wasser aufsetzen, einmal aufkochen und abgießen. Abkühlen lassen und mit der Gewürzlake aufsetzen. Weich kochen und heiß auslösen.	NPS pro Liter Wasser 20,0 g NPS 3,0 g Pfefferkörner 1,0 g Pimentkörner 2,0 g Wacholderbeeren 1,0 g Lorbeerblätter 10,0 g Karotten 50,0 g Zwiebeln 1,0 g Kümmel
	Magere Teile bis 1 cm, Schwarten und Fett 4 mm würfeln, dicke, schmalzige Fettstücke nicht verwenden.	
20 % Brühe, gesiebt und entfettet	Mit heißer Kochbrühe, in der das Material gegart wurde, aufgießen. Essig zugeben, abschmecken, aufkochen und lauwarm werden lassen.	20,0 g Weinessig
	Suppenteller mit Aspikspiegel ausgießen und mit Eischeiben, Zwiebeln und Essiggurken garnieren.	
Sülzenmasse Kochschinkenscheibe Sülzenmasse	Zur Hälfte mit warmer (nicht heißer!) Topfsülzenmasse auffüllen und mit einer 3 mm dicken Schinkenscheibe belegen. Etwas auskühlen lassen und mit Topfsülzenmasse aufgießen.	

 Erkalten lassen und stürzen.

Bauernsülzwurst

2.2331.10

50 % Schweinskopffleisch, gepökelt, weich gekocht 5 % Zwiebeln 35 % Fleischbrühe 10 % Essiggurken	Magerfleisch und Rüssel in 1 cm große Stücke schneiden. Fett und Schwarten 4 mm würfeln und mit den fein gehackten Zwiebeln vermischen. In der Fleischbrühe 2 Min kochen lassen. Gurken in 5 mm große Würfel schneiden und zugeben. Gewürze und Aspikpulver unterrühren.	2,0 g Pfeffer 0,5 g Piment 0,5 g Kümmel evtl. Essig evtl. 2,0 g Zucker Aspikpulver laut Packung

 Auf ca. 60 °C abkühlen.

In Sterildärme oder dekorierte Formen/Teller füllen.

Hausmacher Sülzwurst

Gallerte Eischeiben Zwiebelringe, rot	Form mit Aspikspiegel ausgießen. In der Mitte Eischeiben, die mit roten Zwiebelringen umlegt werden, auslegen. Mit Gallerte aufgießen und erkalten lassen.	
55 % magerer Schweinebauch	Bauch vorpökeln, poltern und würzen. In Formen bis 68 °C Kerntemperatur garen. In 2 cm dicke Scheiben schneiden und kurz heiß abschwenken.	20,0 g NPS 3,0 g Pfeffer, weiß 0,5 g Kümmel, gem.
10 % rote Zwiebeln	Abwechselnd mit den dünn geschnitten, 1 Minute in Essig und Zucker blanchierten Zwiebelscheiben in die vorbereitete Form schichten.	50,0 g Zucker pro l Essig
35 % Fleischbrühe	Brühe mit Aspikpulver verrühren und die Form damit auffüllen.	Aspikpulver laut Packung

Fränkische Fleisch-Sülzwurst

20 % Schweine- schulterfleisch	Schultern mit anteiliger Menge NPS und Gewürz poltern. In Formen bis 65 °C Kerntemperatur kochen und in 2 cm große Würfel schneiden.	20,0 g NPS 2,0 g Pfeffer, weiß 0,5 g Kümmel, gem.
35 % S XI	Köpfe weich kochen, auslösen und zuschneiden. Magerfleisch in 2 cm große Stücke, Rüssel in 1 cm große und Fett in 5 mm große Würfel schneiden.	
10 % Schweineleber	Schweineleber in 5 mm große Würfel schneiden und vorpökeln. Zwiebeln in wenig Fett goldgelb dünsten und darin die Leberwürfel garen.	20,0 g Zwiebeln 10,0 g Schmalz
35 % Fleischbrühe	Brühe mit Aspikpulver verrühren, alle Einlagen heiß untermischen und in Sterildärme füllen.	Aspikpulver laut Packung

Brühen bei 75 °C bis mindestens 68 °C Kerntemperatur.

Schweinskopf-Sülzwurst   2.2331.10

Eisbeine	Eisbeine spritzpökeln, in Gewürzlake durchpökeln und darin weich kochen. Erkalten lassen und auslösen.	Gewürzlake aus:

Gewürzlake aus:
1,0 kg Wasser
30,0 g Pökelsalz
20,0 g Zucker

20 % Eisbeinfleisch   Magerfleisch in 2 cm große Stücke, Schwarten in 4 mm große Würfel schneiden.

50 % S XI
(ohne dickes Fett)   Köpfe kochen, auslösen und zuschneiden. Magerfleisch in 2 cm große, Rüssel in 1 cm große und Schwarten in 4 mm große

2,0 g Pfeffer, weiß
0,5 g Piment

30 % Fleischbrühe   Würfel schneiden. Mit Gewürz in der Brühe 2 Min. kochen und mit Aspikpulver verrühren.

1,0 g Zucker
Essig
Aspikpulver laut
Packung

Warm in durchsichtige Sterildärme oder dekorierte Formen füllen.

Erkalten lassen.

Gewürfelter Schweinskopf, Sülzpresssack   2.2331.10

50 % S XI
(ohne dickes Fett)   Köpfe pökeln, kochen, auslösen und schneiden. Magerfleisch und Rüssel in 1 cm große Würfel, Fett und Schwarten in 4 mm große Würfel schneiden.

20 % S VI   Backen 4 mm würfeln, vorpökeln und 6 Min. blanchieren.

30 % Fleischbrühe   Brühe mit Aspikpulver verrühren. Backen und Fleisch heiß mit Gewürzen untermischen.

Aspikpulver
laut Packung
2,0 g Pfeffer, weiß
0,5 g Muskat
0,5 g Kümmel
2,0 g Majoran

In durchsichtige Sterildärme füllen.

Brühen bei 75 °C bis mindestens 68 °C Kerntemperatur.

Weißer Presssack

2.2331.10

20% Schweine-schulter	Schultern mit anteiliger Menge NPS und Gewürz poltern. In Formen bis 65 °C Kerntemperatur kochen und in 2 cm große Würfel schneiden.	20,0 g NPS 2,0 g Pfeffer, weiß 0,5 g Kardamom
40% S XI (ohne dickes Fett)	Köpfe kochen, auslösen und zuschneiden. Magerfleisch in 2 cm große Stücke, Rüssel in 1 cm große und Schwarten in 4 mm große Würfel schneiden.	
10% magerer Schweinebauch	Schweinebauch vorpökeln, poltern und würzen. In Formen bis 68 °C Kerntemperatur garen und in 5 mm große Würfel schneiden.	20,0 g NPS 3,0 g Pfeffer, weiß 0,5 g Kümmel, gem.
30% Gallerte	Fleisch kurz heiß abschwenken und mit der Gallerte vermischen.	

Warm in durchsichtige Sterildärme oder dekorierte Formen füllen.

Hausmacher Presssack

2.2331.10

55% S XI	Köpfe pökeln, weich kochen, auslösen und zuschneiden. Magerfleisch in 2 cm große Stücke, Rüssel in 1 cm große Würfel, Fett und Schwarten in 5 mm große Würfel schneiden.	
10% Schweineleber	Schweineleber in 5 mm große Würfel schneiden und pökeln. Zwiebeln fein hacken, in wenig Fett dünsten, Zucker zugeben und die Leberwürfel darin garen.	20,0 g NPS (Leber) 20,0 g Zwiebeln 2,0 g Zucker
35% Fleischbrühe	Brühe mit Gewürzen und Aspikpulver verrühren.	2,0 g Pfeffer 0,5 g Muskat 1,0 g Majoran Aspikpulver laut Packung

In Sterildärme füllen.

Brühen bei 75 °C bis mindestens 68 °C Kerntemperatur.

Sülze, einfach   2.2331.11

60 % Fleisch, Schwarten von weich gekochten Schweinefüßen	Rohes, evtl. vorgepökeltes Material mit kaltem Wasser aufsetzen. Einmal aufkochen lassen und abgießen. Nochmals kalt in der Gewürzlake aufsetzen.	eventuell NPS pro Liter Wasser

Schweineschwänze	Weich kochen und heiß auslösen. Magere Teile bis 1 cm, weichgekochte	20,0 g Kochsalz 3,0 g Pfefferkörner 1,0 g Pimentkörner 2,0 g Wacholderbeeren
5 % Bauchschwarten 30 % Brühe, in der gegart wurde, gesiebt, entfettet 5 % Zwiebeln	Schwarten und Fett höchstens 4 mm würfeln. Kochbrühe, Essig und die fein gehackten Zwiebeln zugeben, abschmecken und aufkochen lassen.	1,0 g Lorbeerblätter 2,0 g Kümmel 20,0 g Weinessig

 In Formen füllen oder auf dekorierte Teller geben.

 Auskühlen lassen.

Rindssülze, einfach   2.2331.11

15 % Rinderwadenfleisch	Rinderfleisch mit NPS und Gewürz poltern, in Fleischbrühe weich kochen und ohne dicke Sehnen 1 cm würfeln.	20,0 g NPS 2,0 g Pfeffer, weiß 1,0 g Kümmel gem.
35 % Rindskopffleisch	Kopffleisch mit anteiliger Menge NPS und Gewürz pökeln und weich kochen. Auslösen und von Knorpeln und Schleimhäuten befreien. Magerfleisch in 1 cm große Würfel schneiden und den Rest 4 mm wolfen.	20,0 g NPS 2,0 g Pfeffer, weiß 1,0 g Kümmel gem.
10 % Karotten 5 % Zwiebeln	Karotten in 5 mm große Würfel schneiden, Zwiebeln fein hacken, Fleischwürfel blanchieren. Mit dem gewolften Kopffleisch und Zwiebeln mischen und locker in Sterildärme füllen.	
35 % Rindfleischbrühe	Rindfleischbrühe mit Gelatine anrühren und die Därme auffüllen.	Aspikpulver laut Anleitung

  Brühen bei 75 °C bis mindestens 68 °C Kerntemperatur.

Rindssülze, einfach mit Fleck

2.2331.11

Vorbereitung des Pansens

Pansen (Kutteln) weiß gebrüht	Pansen kalt aufsetzen und kurz aufkochen. Herausnehmen, abspülen und neu in gewürzter Fleischbrühe aufsetzen.	Brühe mit (pro l):
		20,0 g Salz
	4 Stunden darin weich kochen und in der Brühe abkühlen lassen, bis er lauwarm ist.	5,0 g Pfefferkörner
		2,0 g Pimentkörner
		50,0 g Zwiebeln
		50,0 g Essig
	Pansen herausnehmen und in 5 mm große Stücke schneiden.	4 Lorbeerblätter
		10 Wacholderbeeren

20 % Rinderwadenfleisch	Rinderfleisch mit anteiliger Menge NPS und Gewürz poltern, in Fleischbrühe weich kochen und 1 cm würfeln.	20,0 g NPS 2,0 g Pfeffer, weiß 1,0 g Kümmel gem.
25 % Rindskopffleisch	Kopffleisch mit anteiliger Menge NPS und Gewürz pökeln und weich kochen. Auslösen und zuschneiden. Magerfleisch in 1 cm große Würfel schneiden und den Rest 4 mm wolfen.	20,0 g NPS 2,0 g Pfeffer, weiß 1,0 g Kümmel gem.
5 % Karotten 5 % Zwiebeln	Karotten in 5 mm große Würfel schneiden. Zwiebeln fein hacken und ohne Fett glasig dünsten. Mit Zucker goldgelb karamelisieren lassen und mit Essig ablöschen.	5,0 g Zucker 10,0 g Essig
20 % Pansen	Pansen in 5 mm große Würfel schneiden. Rindfleisch- und Karottenwürfel mit dem Pansen mischen und 2 Min. blanchieren. Das Gewolfte und die Zwiebeln untermengen und alles locker in Sterildärme füllen.	
25 % Rindfleischbrühe	Rindfleischbrühe mit Aspikpulver anrühren und Därme auffüllen.	Aspikpulver laut Anleitung

Brühen bei 75 °C bis mindestens 68 °C Kerntemperatur.

Sülzwurst, einfach, mit Kutteln   2.2331.11

25 % Pansen	Pansen in 5 mm große Stücke schneiden.	
35 % Fleisch, Schwarten von weich gekochten Schweinefüßen und Schwänzen	Material mit kaltem Wasser aufsetzen, einmal aufkochen lassen und abgießen. Nochmals kalt in der Gewürzlake aufsetzen.	pro Liter Wasser: 20,0 g Kochsalz 3,0 g Pfefferkörner
5 % Bauchschwarten	Weich kochen und heiß auslösen.	1,0 g Pimentkörner 2,0 g Kümmel
30 % Brühe, in der gegart wurde, gesiebt, entfettet 5 % Zwiebeln	Magere Teile in höchstens 1 cm große, weich gekochte Schwarten und Fett in höchstens 4 mm große Würfel schneiden. Kochbrühe, Essig und die fein gehackten Zwiebeln zugeben. Zuletzt Pansenstücke dazugeben, abschmecken und aufkochen lassen.	2,0 g Wacholderbeeren 1,0 g Lorbeerblätter 20,0 g Weinessig
	In Formen füllen oder auf dekorierte Teller geben.	

Innereiensülze mit Fleck   2.2331.11

20 % Pansen	Pansen in 5 mm große Stücke schneiden.	
15 % Schwarten, gut entfettet	Schwarten junger Schweine in kaltem Wasser aufsetzen, einmal aufkochen lassen und abgießen. Nochmals kalt in der Gewürzlake aufsetzen, zum Kochen bringen, die	pro Liter Wasser 20,0 g NPS
35 % Schweine- und Rinderherz, gepökelt	Herzen zugeben und das ganze Material weich kochen. Herzen in 1 cm große Würfel, Schwarten in höchstens 4 mm große Würfel schneiden und mit den nochmals heiß abgebrühten Pansenstücken vermischen.	3,0 g Pfefferkörner 1,0 g Pimentkörner Wacholderbeeren Lorbeerblätter
30 % Brühe, in der gegart wurde, gesiebt entfettet	Kochbrühe, Essig und die fein gehackten Zwiebeln zugeben, abschmecken und aufkochen lassen.	20,0 g Weinessig 20,0 g Zwiebeln
	In Formen füllen oder auf dekorierte Teller geben.	

Innereiensülze

2.2331.11

10 % Schwarten 30 % Fleisch und Schwarten von weich gekochten Spitzbeinen und Schweineschwänzen	Schwarten junger Schweine mit den rohen, vorgepökelten Spitzbeinen und Schwänzen in kaltem Wasser aufsetzen, einmal aufkochen lassen und abgießen.	NPS
40 % Schweine- und Rinderherz, gepökelt	Kalt in der Gewürzlake aufsetzen, zum Kochen bringen, die Herzen zugeben und das ganze Material weich kochen.	pro Liter Wasser: 20,0 g NPS 3,0 g Pfefferkörner 1,0 g Pimentkörner Wacholderbeeren Lorbeerblätter 10,0 g Karotten 50,0 g Zwiebeln
	Herzen in 1 cm große Würfel, Schwarten und Fett in höchstens 4 mm große Würfel schneiden. Dicke Fettteile sollten nicht verwendet werden.	
20 % Brühe, in der gegart wurde, ge- siebt und entfettet	Kochbrühe, Essig und die fein gehackten Zwiebeln zugeben, ab- schmecken und aufkochen lassen.	20,0 g Weinessig 20,0 g Zwiebeln

 In Formen füllen oder auf dekorierte Teller geben.

Knöcherlsülze (Topfsülze)

2.2331.12

50 % Fleisch und Schwarten von weich gekochten Schweinefüßen, Schweineschwänzen und Eisbein 20 % Fleisch von Schweinefleisch und Knochen	Material mit kaltem Wasser aufsetzen, einmal aufkochen lassen und abgießen. Nochmals kalt in der Gewürzlake auf- setzen, weich kochen und heiß auslösen. Magere Teile in 1 cm große Würfel, Schwarten und Fett in höchstens 4 mm große Würfel schneiden und mit den heiß abgebrühten Pansenstücken mischen.	pro Liter Wasser: 20,0 g NPS 3,0 g Pfefferkörner 1,0 g Pimentkörner Lorbeerblätter Wacholderbeeren 2,0 g Kümmel 10,0 g Karotten 50,0 g Zwiebeln
30 % Brühe, in der gegart wurde, gesiebt, entfettet	Kochbrühe, Essig und die fein gehackten Zwiebeln zugeben, abschmecken und aufkochen lassen.	20,0 g Weinessig 50,0 g Zwiebeln

 In Formen füllen oder auf dekorierte Teller geben.

Knöchelsülze   2.2331.12

10 % Schwarten	Schwarten junger Schweine mit den	
30 % Fleisch und	rohen, vorgepökelten Spitzbeinen und	NPS
Schwarten von	Schwänzen in kaltem Wasser aufsetzen.	
weichgekochten	Einmal aufkochen lassen und abgießen.	
Spitzbeinen und		
Schweineschwänzen		
40 % Fleisch von	In kaltem Wasser aufsetzen, zum Kochen	pro Liter Wasser:
gekochten	bringen, abgießen und abspülen. Noch-	20,0 g NPS
Schweinefleisch-	mals kalt in der Gewürzlake aufsetzen,	3,0 g Pfefferkörner
knochen	weich kochen und heiß auflösen.	1,0 g Pimentkörner
		2,0 g Wacholderbeeren
	Magere Teile in 1 cm große, Schwarten,	1,0 g Lorbeerblätter
	Fett, Karotten und Zwiebeln in 4 mm	1,0 g Kümmel
	große Würfel schneiden. Kein dickes,	10,0 g Karotten
	schmalziges Fett verwenden.	50,0 g Zwiebeln
20 % Brühe, in der	Mit heißer Kochbrühe aufgießen.	
gegart wurde,	Essig zugeben, nochmals abschmecken	20,0 g Weinessig
gesiebt, entfettet	und 3 Min. aufkochen lassen.	
	In Formen füllen oder auf dekorierten Tellern anrichten.	

Spitzbeinsülze   2.2331.12

50 % Fleisch und	Vorgepökeltes Material in kaltem	NPS
Schwarten von	Wasser aufsetzen, einmal aufkochen	
weich gekochten	lassen und abgießen. Nochmals kalt	
Schweinefüßen,	in der Gewürzlake aufsetzen, weich	pro Liter Wasser:
Schwänzen,	kochen und heiß auslösen.	20,0 g Kochsalz
Eisbeinen		3,0 g Pfefferkörner
20 % Fleisch von	Magere Teile in höchstens 1 cm große,	1,0 g Pimentkörner
Schweinefleisch-	Schwarten und Fett in 4 mm große	Wacholderbeeren
knochen	Würfel schneiden.	Lorbeerblätter
30 % Brühe, in der	Kochbrühe, Essig und die fein	20,0 g Weinessig
gegart wurde,	gehackten Zwiebeln zugeben, ab-	50,0 g Zwiebeln
gesiebt, entfettet	schmecken und aufkochen lassen.	2,0 g Kümmel
	In Formen füllen oder auf dekorierten Teller anrichten.	

Ohrensülze

2.2331.12

30% Fleisch und Schwarten von weich gekochten Schweinefüßen, Schwänzen, 20% Ohren	Vorgepökeltes Material in kaltem Wasser aufsetzen, einmal aufkochen lassen und abgießen. Nochmals kalt in der Gewürzlake aufsetzen, weich kochen und heiß auslösen.	NPS
		pro Liter Wasser:
		20,0 g Kochsalz
		3,0 g Pfefferkörner
20% Fleisch von Schweinefleisch-knochen	Magere Teile in höchstens 1 cm große, Schwarten und Fett in 4 mm große Würfel schneiden.	1,0 g Pimentkörner
		Wacholderbeeren
		Lorbeerblätter
30% Brühe, in der gegart wurde, gesiebt, entfettet	Kochbrühe, Essig und die fein gehackten Zwiebeln zugeben, ab-schmecken und aufkochen lassen.	20,0 g Weinessig
		50,0 g Zwiebeln
		2,0 g Kümmel

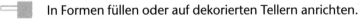 In Formen füllen oder auf dekorierten Tellern anrichten.

Tipp: *Ein Anteil an Ohrknorpeln ist zwar erlaubt, wird jedoch vom Kunden in der Regel nicht gewünscht.*

Rüsselsülze

2.2331.12

40% Rüssel (Ober-/Unterkiefer)	Köpfe vorpökeln und kochen. Rüssel abtren-nen und in 2 cm große Stücke schneiden.	NPS
10% Schwarten 30% Fleisch von weich gekochten Spitzbeinen und Schweinefleisch-knochen	Schwarten junger Schweine mit den rohen, vorgepökelten Spitzbeinen und Fleischknochen in kaltem Wasser aufsetzen, einmal aufkochen lassen und abgießen. Nochmals kalt in Gewürzlake aufsetzen.	NPS
		pro Liter Wasser:
		20,0 g NPS
	Weich kochen und heiß auslösen.	3,0 g Pfefferkörner
		1,0 g Pimentkörner
	Magere Teile in 1 cm große Stücke schneiden. Schwarten, Fett, Zwiebeln und Karotten in 4 mm große Würfel schneiden. Dickes Fett nicht verwenden.	2,0 g Wacholderbeeren
		1,0 g Lorbeerblätter
		50,0 g Zwiebeln
		10,0 g Karotten
20% Brühe, in der gegart wurde, gesiebt, entfettet	Rüssel zugeben und mit Kochbrühe aufgießen. Essig zugeben, abschmecken und 5 Min. aufkochen lassen.	1,0 g Kümmel
		20,0 g Weinessig

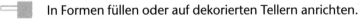 In Formen füllen oder auf dekorierten Tellern anrichten.

Ochsenmaulsülze

Ochsenmaul	Ochsenmaul bei 72 °C brühen, Schleimhaut abkratzen, restlos enthaaren und	
Fleischbrühe	über Nacht pökeln. In Fleischbrühe weich kochen, in Formen pressen und auskühlen. Die Ochsenmaulbrühe abgießen und entfetten.	20,0 g NPS
55 % Ochsenmaul	Ochsenmaul in 1 mm dicke Scheiben schneiden, diese in 4 mm breite Streifen schneiden und kurz heiß abschwenken.	
30 % Ochsenmaulbrühe	Brühe mit Aspikpulver verrühren.	Aspikpulver laut Packung mal 0,9
15 % Zwiebeln	Zwiebeln ohne Fett anschwitzen. Zucker dazugeben und goldgelb karamelisieren lassen. Mit dem Essig ablöschen und mit der Gallerte und den heißen Ochsenmaulstreifen vermischen.	20,0 g Zucker 50,0 g Essig

Warm in durchsichtige Sterildärme oder dekorierte Formen füllen.

Brühen bei 75 °C bis mindestens 68 °C Kerntemperatur.

Wurstsülze

55 % Fleischkäse, Fleischwurst, Wiener u. ä.	Würste schälen und in gleichmäßige, 5 mm große Würfel oder Streifen mit 5 mm Querschnitt schneiden. Zuerst kurz	
5 % Maiskörner	heiß, dann ganz kurz kalt abschwenken.	
5 % grüne Paprika	Mit dem 5 mm gewürfelten und 2 Min.	
5 % rote Paprika	blanchierten Gemüse vermischen.	
	Warm in durchsichtige Sterildärme füllen.	
30 % Fleischbrühe	Brühe mit Aspikpulver verrühren und Darm/Form mit der Gallerte auffüllen.	Aspikpulver laut Packung

Tipp: Natürlich sind auch andere Gemüsezusammenstellungen möglich, z. B.
- *Erbsen und Karotten,*
- *Blumenkohl und Brokkoli,*
- *Spargel, Karotten und Erbsen,*
- *Champignons und rote Zwiebeln.*

Elsässer Wurstsülze

Gallerte	Form mit Aspikspiegel ausgießen, in der Mitte
Eischeiben	mit Eischeiben, die mit roten Paprikaringen
Paprikaringe	umlegt wurden, dekorieren. Mit Gallerte
	aufgießen und erkalten lassen.

25 % Lyoner	Würste schälen und in gleichmäßige,
20 % Salami	5 mm große Würfel oder Streifen mit 5 mm
15 % Hartkäse	Querschnitt schneiden. Zuerst kurz heiß,
5 % Gurken	dann ganz kurz kalt abschwenken.
5 % Tomatenpaprika	Gemüse in 5 mm große Würfel schneiden und
5 % Maiskörner	20 Sek. heiß und kurz kalt abspülen. Schicht-
	weise in der Reihenfolge: Lyoner, Hartkäse,
	Tomatenpaprika, Mais, Salami, Gurken in
	die dekorierte Form füllen.
25 % Fleischbrühe	Brühe mit Aspikpulver verrühren, schicht-
	weise auffüllen und erkalten lassen.

Aspikpulver laut
Packung

Aufschnittsülze

55 % Lyoner,	Würste schälen und in gleichmäßige,
Jagdwurst	2 cm große Würfel schneiden. Zuerst kurz
Bierschinken u. ä.	heiß, dann ganz kurz kalt abschwenken
5 % Maiskörner	und mit dem 5 mm gewürfelten, 30 Sek.
5 % grüne Paprika	blanchierten Gemüse vermischen.
5 % rote Paprika	
	Warm in durchsichtige Sterildärme oder
	dekorierte Formen füllen.

30 % Fleischbrühe	Brühe mit Aspikpulver verrühren und
	Darm/Form mit der Gallerte auffüllen.

Aspikpulver laut
Packung

 Erkalten lassen.

Bratwurst-Sülze

25% Fleischbrühe 10% Sauerkraut	Brühe mit Aspikpulver verrühren und kräftig mit dem klein geschnittenen, 10 Min. blanchierten, gut ausgepressten Sauerkraut vermischen.	Aspikpulver laut Packung
55% Bratwürste 10% Karotten	Bratwürste durchbraten oder grillen. In 2 cm große Stücke schneiden und kurz heiß abschwenken. Mit 5 mm gewürfelten, 10 Min. blanchierten Karotten und den Gewürzen unter die Sauerkrautgallerte mengen.	

Warm in durchsichtige Sterildärme oder dekorierte Formen füllen.

Erkalten lassen.

Blutwurst-Sülze

50% Hausmacher Rotwurst 10% Gurken 10% Zwiebeln	Blutwurst in 3 mm dicke Scheiben, dann in feine Streifen schneiden und mit den 3 mm dicken Gurkenstreifen und den in feine Scheiben geschnittenen, 2 Min. blanchierten Zwiebeln vermischen.	

In durchsichtige Sterildärme oder dekorierte Formen füllen.

30% Fleischbrühe	Brühe mit Aspikpulver, Essig und Zucker verrühren, auf 60 °C abkühlen und Darm/Form damit auffüllen.	Aspikpulver laut Packung 20,0 g Weinessig 2,0 g Zucker

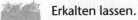

Erkalten lassen.

Tipp: *Die Blutwurst sollte möglichst kalt sein, damit sie nicht zu weich wird und schmiert.*
Aus dem gleichen Grund lässt man die Gallerte auf 50 °C abkühlen. Es ist jedoch da-
rauf zu achten, dass die Gelatine zwischen alle Einlagen gelangt und sich durch die
zähflüssige Masse keine Lufteinschlüsse bilden.

Neue Sülzen

Fruchtsülztorte in Champagneraspik

Bitte nur Obstkonserven oder pasteurisiertes Obst verwenden, da die Enzyme des frischen Obstes oft die Gelatine zersetzen.

Sauerkirschen Mandarinen	Kuchenform mit Aspikspiegel ausgießen. Oberen Rand mit Mandarinenscheiben und Sauerkirschen garnieren, diese so mit Aspik begießen, dass sie fast bedeckt sind. Aspik erkalten lassen.	Aspik mit Mandarinensaft und Sekt
Lychees	Lychees in einer Schicht in die Form legen und so mit Aspik begießen, dass sie bedeckt sind.	Aspik mit Lycheesaft und Sekt
Mandarinen	Mandarinen 2 cm dick in die Form schichten und so mit Aspik begießen, dass sie bedeckt sind.	Aspik mit Mandarinensaft und Sekt
Sauerkirschen	Sauerkirschen in einer 2 cm starken Schicht einbringen. Mit Aspik begießen, dass sie bedeckt sind. Erkalten lassen.	Aspik mit Sauerkirschensaft und Sekt
Ananas	Ananas in 2 cm dicke Stücke schneiden. In der Form so mit Aspik begießen, dass sie bedeckt sind. Aspik erkalten lassen.	Aspik mit Ananassaft und Sekt

Erkalten lassen und stürzen.

Hier wird mit Aspikpulver gearbeitet, das mit Fruchtsaft vorgequollen und mit dem heißen Fruchtsaft/Sekt aufgelöst wurde. Der Sekt sollte zum Kochen gebracht werden, damit Alkohol und ein Teil des Kohlendioxids entweichen können.

Tipp: Dazu passen gut Schlagsahne oder Vanillesauce. Variationen sind mit Williams-Christ-Birnen, Mangos, Himbeeren, Erdbeeren, Brombeeren u. v. m. möglich. Für rotes Obst kann statt Sekt auch Portwein zum Verfeinern des Aspiks verwendet werden.

Ananas-Gurken-Schinken-Sülze mit Dill

55 % Schinken	Schinken in 2 cm große Würfel schneiden	
10 % Ananas	und kurz heiß abbrühen. Mit den 30 Sek.	
5 % Gewürzgurken	blanchierten, 5 mm gewürfelten Ananas,	
	Gurken und dem fein gehackten Dill	4,0 g frischer Dill
	vermischen.	
	Heiß in durchsichtige Sterildärme oder dekorierte Formen füllen.	
20 % Fleischbrühe	Brühe mit Aspikpulver verrühren und	Aspikpulver laut
10 % Ananasbrühe	Darm/Form mit der Gallerte auffüllen.	Packung

Lammsülze mit Frühlingsgemüse

50 % Lammbraten	Lammbraten in 2 cm große Würfel schneiden	
10 % Zuckerschoten	und kurz heiß abbrühen. Zuckerschoten 4 Min.	
15 % Karotten	blanchieren. Karotten in 5 mm große Würfel	
	schneiden und 8 Min. blanchieren.	
	Form mit Aspikspiegel ausgießen, dekorieren und schichtweise mit Lammbraten, Zuckerschoten und Karottenwürfeln auffüllen.	
25 % Lammbrühe	Brühe mit Aspikpulver verrühren. Kräftig	Aspikpulver laut
aus Knochen	abschmecken und die Form mit der	Packung
und Bratfond	Gallerte auffüllen.	Salz, Pfeffer

 Erkalten lassen.

Mixed Pickles in Aspik

60% Mixed Pickles	Mixed Pickles in maximal 2 cm große Stücke schneiden und Tomatenpaprika 1 cm würfeln. 30 Sek. heiß und 5 Sek. kalt abspülen.	
10% Tomaten-paprika		

In durchsichtige Sterildärme oder dekorierte Formen füllen.

30% Mixed-Pickles-Brühe	Brühe mit Aspikpulver verrühren und Darm/Form mit der Gallerte auffüllen.	Aspikpulver laut Packung

Erkalten lassen.

Karpfensülze

Karpfen	Karpfen ausnehmen und entschuppen. 24 Std. im Sud einlegen. 30 Min. darin weich kochen, auskühlen und filetieren.	Pro Liter Sud: 20,0 g Salz 50,0 g Essig 5,0 g Pfefferkörner
2% Zucker	Zucker im Schweineschmalz goldgelb karamelisieren. Mit Sud ablöschen und mit Senf und den fein gehackten Zwiebeln 30 Min. durchkochen. Absieben und mit Aspikpulver zu einer Gallerte anrühren.	2,0 g Pimentkörner
23% Sud		10 Wacholderbeeren 20,0 g Senf 50,0 g Zwiebeln Aspikpulver laut Packung
	Dekorierte Formen mit einer Schicht	
55% Karpfenfilet	Karpfenfilet auslegen, dann eine Schicht fein geschnittenen, 10 Min. blanchierten	
10% Lauch	Lauch einbringen. Wieder eine Schicht Karpfenfilet und zuletzt eine Schicht	
10% Karotten	Karotten, die in 5 mm große Würfel geschnitten und 10 Min. blanchiert wurden, einlegen. Mit der Gallerte aufgießen.	

Forellenensülze

Forellen	Forellen ausnehmen und entschuppen. 24 Std. im Sud einlegen. 20 Min. darin weich kochen, auskühlen und filetieren.	Pro Liter Sud: 20,0 g Salz 50,0 g Zitronensaft 5,0 g Pfefferkörner
2 % Zucker 28 % Sud	Zucker in Butter goldgelb karamelisieren, mit Sud ablöschen. Mit den fein gehackten Zwiebeln 30 Min. durchkochen, absieben und mit Aspikpulver zu einer Gallerte anrühren.	50,0 g Zwiebeln 4 Lorbeerblätter 80,0 g Zwiebeln Aspikpulver laut Packung
55 % Forellenfilet 10 % Karotten 5 % Mandel-blättchen	Dekorierte Formen mit einer Schicht Forellenfilet auslegen. Eine Schicht Karotten, die in 5 mm große Würfel geschnitten und 10 Min. blanchiert wurden, darüber geben, wieder eine Schicht Forellenfilet und zuletzt eine Schicht geröstete Mandelblättchen einbringen. Mit der Gallerte aufgießen.	

Amerikanische Truthahn-Thunfisch-Sülze

40 % Putenober-keulen	Putenfleisch mit NPS und Gewürz poltern, in Formen bis 65 °C Kerntemperatur brühen und 2 cm würfeln.	20,0 g NPS (S II) 2,0 g Pfeffer, weiß
20 % Thunfisch 10 % Tomaten 5 % Erbsen	Thunfisch in 1 cm große Stücke, Tomaten in 5 mm große Würfel schneiden und mit den Erbsen kurz blanchieren.	
		Aspikpulver laut Packung
25 % Fleischbrühe	Brühe mit Aspikpulver und Gewürzen verrühren, Fleischwürfel abbrühen, mit Gemüse und Gallerte vermengen, zuletzt die Thunfischstücke untermischen.	3,0 g Pfeffer, weiß 1,0 g Muskat 0,5 g Ingwer
	In Sterildärme füllen.	

Krabben in Gemüse-Champignon-Aspik

40% Krabben	Olivenöl mit dem geriebenen Knoblauch mischen und in der Pfanne heiß werden lassen. Die Krabben darin goldgelb braten und herausnehmen.	40,0 g Olivenöl 10,0 g Knoblauch
15% kleine Zucchini 15% Champignons	Zucchini und Champignons 4 mm würfeln und im gleichen Öl kurz anbraten.	40,0 g Zitronensaft 8,0 g Kochsalz 1,5 g Pfeffer
	Alles gut heiß abbrühen und mit Zitronensaft und Gewürzen vermischen.	
	Heiß in durchsichtige Sterildärme oder dekorierte Formen füllen.	
30% Gemüsebrühe	Brühe mit Aspikpulver verrühren und Darm/Form mit der Gallerte auffüllen.	Aspikpulver laut Packung
	Erkalten lassen.	

Tipp: *Es ist wichtig, dass Krabben und Gemüse gut abgebrüht und sofort mit der Gallerte aufgefüllt werden. Frisch gehacktes Basilikum rundet den Geschmack ab.*

Schinkensülze mit Pilzen, Mandeln und Rosinen

50% Schinken 15% Mischpilze 3% Mandelstifte 2% Rosinen	Schinken gleichmäßig in 2 cm große Würfel schneiden, mit Pilzen, Mandeln und Rosinen vermischen und kurz heiß abschwenken.	
	Heiß in durchsichtige Sterildärme oder dekorierte Formen füllen.	
25% Fleischbrühe 5% Pilzbrühe	Brühe mit Aspikpulver verrühren und Darm/Form mit der Gallerte auffüllen.	Aspikpulver laut Packung
	Erkalten lassen.	

Schinken-Käse-Sülze mit Obst

5% Mandarinenfilets	Form mit Aspikspiegel ausgießen, in	Aspik mit
5% Sauerkirschen	der Mitte mit Sauerkirschen und	Ananassaft
10% Ananas	Mandarinenscheiben garnieren.	
	Am Rand entlang Ananasscheiben legen	
	und die Garnierung mit Aspik begießen,	
	bis sie fast bedeckt ist. Erkalten lassen.	
35% Schinken	Schinken gleichmäßig in 1 cm große Würfel	Aspik mit
	schneiden, kurz heiß abschwenken und in	Mandarinen-
	einer 3 cm dicken Schicht einbringen.	saft
	Mit Aspik begießen, bis die Masse fast	
	bedeckt ist. Fest werden lassen.	
30% Grünländer	Käse gleichmäßig in 1 cm große Würfel	Aspik mit
	schneiden, kurz heiß abschwenken und in	Ananas-
	einer 3 cm dicken Schicht einbringen.	saft
	Mit Aspik begießen, bis alles fast bedeckt ist.	
	Fest werden lassen.	
15% Sauerkirschen	Sauerkirschen kurz heiß abschwenken,	Aspik mit
	in einer 1 cm dicken Schicht einbringen und	Sauerkirsch-
	ganz mit Aspik bedecken. Erkalten lassen.	saft
	Der Aspikanteil liegt bei ca. 33%.	

Tipp: *Es wird mit Aspikpulver gearbeitet, das mit Fruchtsaft vorgequollen und mit heißem Fruchtsaft aufgelöst wurde. Der Sauerkirschsaft kann auch mit Portwein verfeinert werden.*

Corned Meat 2.2332

Besondere Merkmale:

Gegartes, gekörntes, d. h. gestückeltes oder gerissenes Fleisch in einer mit Schwarten, Sehnen, Schwartenabkochung oder Gelatine verdickten Kochbrühe. Ausnahme: 2.2332.1 ohne Geliermittel

Materialauswahl

- Sehnenarmes oder grob entsehntes Rindfleisch (R I, R II), Schweinefleisch (S I, S II) oder auch vergleichbares Fleisch von Kalb, Schaf, Geflügel

Vorbehandlung

▶ Würzbrühe zum Kochen bringen, eventuell mit Schwarten, Sehnen oder Knochen, und Fleisch darin gar kochen.

▶ 20 Minuten in der Brühe abkühlen lassen, dann herausnehmen und auskühlen.

▶ Brühe absieben und entfetten.

Herstellungsablauf

▶ Fleisch mit rückwärts laufenden Kuttermessern oder Wolfsatz (Vorschneider, rechtsdrehendes Messer, Vorschneider) zerreißen.

▶ Mit der warmen Fleischbrühe (evtl. mit aufgelöster Gelatine) vermischen.

▶ Schwarten oder Sehnen, die kalt fein gewolft wurden, untermischen.

▶ Die Masse warm und möglichst luftfrei in Sterildärme, Dosen oder Gläser füllen.

▶ Bei 80 °C bis mindestens 68 °C Kerntemperatur brühen, Dosen und Gläser auch kochen bzw. sterilisieren.

▶ Därme können quadratisch gepresst werden.

Fehlfabrikate – Ursachen und Möglichkeiten zur Abhilfe

Fehler	Mögliche Ursachen	Fehler vermeiden
Wurst im Anschnitt verschmiert, weißlich	• Schwarten, Sehnen waren beim Wolfen zu warm • Schwarten zu weich gekocht • Masse zu lange und zu warm gemischt, verrührt	→ Schwarten, Sehnen kalt wolfen → Schwarten nur so lange kochen, dass man sie durchdrücken kann → Masse lauwarm und vorsichtig mit Schwarten/Sehnen vermischen
Wurst zu weich, bröckelt, zerfällt	• zu viel Brühe (Geleeabsatz) • zu wenig Gelatine, Schwarten, Sehnen • Wurst zu lange oder zu heiß gebrüht	→ Brühe reduzieren → Gelatine-, Schwarten- oder Sehnenanteil erhöhen → Brühtemperatur und Brühzeit prüfen
Sonstige Fehler	→ siehe Sülzen	

Corned-Meat-Rezepte

Corned Beef

2.2332.1

100% R I	Rindfleisch mit Salz bindig mischen. 48 Std. durchpökeln, poltern und 5 Min. in der kochenden Gewürzlake aufsetzen.	20,0 g NPS Pro kg Wasser: 10,0 g NPS
	Herausnehmen, kurz abtrocknen und auskühlen lassen.	3,0 g Pfefferkörner 1,0 g Pimentkörner 2,0 g Wacholderbeeren
	Mit Wolf oder Kutter zerreißen.	1,0 g Lorbeerblätter 5,0 g Sellerieblätter
	Gut durchmengen, bis die Masse Bindung bekommt.	50,0 g Zwiebeln

In Dosen oder Gläser füllen.

Sterilisieren bei 125 °C bis 121,1 °C Kerntemperatur.

Corned Beef mit Gelee

2.2332.2

100% KUH I	Rindfleisch mit Salz bindig mischen. 48 Stunden durchpökeln und poltern. In der Gewürzlake weich kochen und darin lauwarm werden lassen. Brühe abgießen und entfetten.	20,0 g NPS Pro kg Material und Brühe: 10,0 g NPS 3,0 g Pfefferkörner
	Mit Wolf oder Kutter zerreißen.	1,0 g Pimentkörner 1,0 g Lorbeerblätter
	Brühe erhitzen und das Aspikpulver darin auflösen. Das Rindfleisch dazugeben, gut vermischen und abschmecken. Brühe und Aspikpulver dürfen den Koch- verlust nicht überschreiten!	5,0 g Sellerieblätter 50,0 g Zwiebeln Aspikpulver

In Sterildärme, Dosen oder Gläser füllen.

Brühen bei 75 °C bis mindestens 68 °C oder sterilisieren bis
121,1 °C Kerntemperatur.

Deutsches Corned Beef

100% KUH I	Kuhfleisch mit Salz bindig mischen.	20,0 g NPS
	48 Stunden durchpökeln und poltern.	Pro kg Material
10% Schwarten	Mit den Schwarten in Gewürzlake weich	und Brühe:
	kochen und darin lauwarm werden	10,0 g NPS
	lassen.	3,0 g Pfefferkörner
	Brühe abgießen und entfetten,	1,0 g Pimentkörner
	Schwarten erkalten lassen,	2,0 g Wacholderbeeren
	fein wolfen.	1,0 g Lorbeerblätter
		5,0 g Sellerieblätter
	Fleisch mit Wolf oder Kutter zerreißen.	50,0 g Zwiebeln

Rindfleisch mit der heißen Brühe
vermischen. Kalte gewolfte Schwarten
dazugeben und nochmals abschmecken.
Brühe und Schwarten dürfen den
Kochverlust nicht überschreiten!

 In Sterildärme füllen.

Brühen bei 75 °C bis mindestens 68 °C Kerntemperatur.

Rindfleischsülze

85% KUH I	Kuhfleisch mit Salz bindig mischen und	20,0 g NPS
	48 Stunden durchpökeln. Poltern, in	
	der Gewürzlake weich kochen und	Pro kg Wasser:
	darin lauwarm werden lassen.	10,0 g NPS
		3,0 g Pfefferkörner
	Fleisch mit Wolf oder Kutter zerreißen.	1,0 g Pimentkörner
	Brühe entfetten und erhitzen. Aspikpulver	2,0 g Wacholder-
	darin auflösen, Rindfleisch dazugeben.	beeren
	Vermischen, abschmecken und die	1,0 g Lorbeerblätter
5% Sellerie	5 mm gewürfelten, 5 Min. blanchierten	5,0 g Sellerieblätter
10% Karotten	Sellerie und Karotten untermischen.	50,0 g Zwiebeln
		Aspikpulver

 In Sterildärme, Dosen oder Gläser füllen.

Einkochen oder besser sterilisieren.

Feines Rindfleisch in Aspik mit Champignons   2.2332.2

85 % KUH I	Kuhfleisch mit Salz bindig mischen und 48 Stunden durchpökeln. Poltern, in der Gewürzlake weich kochen und darin lauwarm werden lassen.	20,0 g NPS
		Pro kg Wasser:
		10,0 g NPS
	Fleisch mit Kutter oder Wolf zerreißen.	3,0 g Pfefferkörner
		1,0 g Pimentkörner
	Brühe (als Ausgleich für den Kochverlust) entfetten und erhitzen. Aspikpulver darin auflösen. Rindfleisch dazugeben, abschmecken und mit den	2,0 g Wacholder- beeren
		1,0 g Lorbeerblätter
		5,0 g Sellerieblätter
15 % Champignons,	Champignons vermischen.	50,0 g Zwiebeln
kleine Köpfe		Aspikpulver

 In Sterildärme füllen.

Brühen bei 75 °C bis mindestens 68 °C Kerntemperatur.

Corned Pork (Kraftfleisch vom Schwein)   2.2332.4

100 % S I	Fleisch mit Salz bindig mischen. 48 Stunden durchpökeln und poltern.	20,0 g NPS
		Pro kg Schwarten
10 % Schwarten	Mit den Schwarten in Gewürzlake weich kochen und abkühlen. Brühe entfetten.	und Brühe:
		10,0 g NPS
	Kalte Schwarten fein wolfen.	3,0 g Pfefferkörner
		1,0 g Pimentkörner
	Fleisch mit Wolf oder Kutter zerreißen.	2,0 g Wacholder-
		beeren
	Fleisch mit der warmen Brühe vermischen, gewolfte Schwarten dazumischen und nochmals abschmecken.	1,0 g Lorbeerblätter
		4,0 g Sellerieblätter
		50,0 g Zwiebeln
	Brühe und Schwarten dürfen den Kochver- lust nicht überschreiten!	1,0 g Kümmel

In Sterildärme füllen.

Brühen bei 75 °C bis mindestens 68 °C Kerntemperatur.

Kraftfleisch vom Schwein   2.2332.4

50% S III	S III mit Salz, Gewürzen und Zwiebeln	18,0 g NPS
25% S IV	3 mm wolfen und bindig mengen.	3,0 g Pfeffer
25% S II		0,5 g Kümmel,
	S IV und S II in wolfgerechte Stücke	gem.
	schneiden mit dem S III vermischen.	1,0 g Muskat
	Alles 5 mm wolfen.	0,5 g Koriander
	Gut bindig mengen, Aspikpulver	10,0 g Zwiebeln
	untermischen.	5,0 g Aspikpulver

In Konservendosen oder Gläser füllen.

Einkochen oder sterilisieren.

Corned Mutton (Kraftfleisch vom Schaf)   2.2332.4

100% Schaffleisch,	Schaffleisch mit Salz bindig mischen.	20,0 g NPS
mager, sehnenarm	48 Std. durchpökeln und poltern. In der	
	Gewürzlake weich kochen, Fleisch	Pro kg Wasser:
	herausnehmen und auskühlen lassen.	10,0 g NPS
	Brühe entfetten.	3,0 g Pfefferkörner
	Fleisch mit Wolf oder Kutter zerreißen.	1,0 g Pimentkörner
		2,0 g Wacholderbeeren
	Brühe erhitzen, Aspikpulver darin	1,0 g Lorbeerblätter
	auflösen. Schaffleisch dazugeben,	5,0 g Sellerieblätter
	vermischen und abschmecken.	50,0 g Zwiebeln
	Brühe und Aspikpulver dürfen den	Knoblauch
	Kochverlust nicht überschreiten!	Aspikpulver

In Sterildärme füllen.

 Brühen bei 75°C bis mindestens 68°C Kerntemperatur.

Corned Mutton mit Bohnen   2.2332.4

90% Corned Mutton	Corned-Mutton-Masse mit Brechbohnen	
10% Bohnen	(frisch oder aus der Konserve)	
	5 Min. in Salzwasser blanchieren	0,5 g Bohnenkraut
	und mit Bohnenkraut vermischen.	

Corned Turkey mit Champignons

80% Putenbrust mager, sehnenarm	Fleisch mit Salz bindig mischen. 48 Stunden durchpökeln und poltern. In der Gewürzlake weich kochen, heraus- nehmen und auskühlen lassen. Brühe entfetten. Fleisch mit Wolf oder Kutter zerreißen. Brühe erhitzen, Aspikpulver auflösen. Mit Putenfleisch vermischen und ab- schmecken. Brühe und Aspikpulver dürfen den Kochverlust nicht überschreiten!	20,0 g NPS Pro kg Wasser: 10,0 g NPS 3,0 g Pfefferkörner 1,0 g Pimentkörner 2,0 g Wacholderbeeren 1,0 g Rosmarin 5,0 g Sellerieblätter 50,0 g Zwiebeln
10% Champignons (Konserve) 10% Karotten	Abgebrühte Champignons sowie die 5 mm gewürfelten, 6 Min. blanchierten Karotten dazugeben und vermengen.	Aspikpulver

 In Sterildärme füllen.

  Brühen bei 75°C bis mindestens 68°C Kerntemperatur.

Corned Chicken mit Südfrüchten

2 Teile Hühnerbrühe 1 Teil Ananassaft	Hühnerbrühe und Ananassaft erhitzen, Aspikpulver darin auflösen.	Aspikpulver
10% Ananas 10% Mandarinen- filets	Ananas in 5 mm große Würfel schneiden, Mandarinenfilets halbieren und kurz heiß abschwenken.	
80% Hähnchen- brust, gebraten	Hähnchenbrust in Scheiben schneiden und würzen. Rosa anbraten, heiß von Hand zerpflücken und mit den Früchten unter das warme Hühner-Ananas-Aspik mischen. Brühe und Aspikpulver dürfen den Kochverlust nicht überschreiten!	16,0 g Kochsalz 2,0 g Pfeffer, weiß 1,0 g Curry 1,0 g Rosmarin

 In Sterildärme füllen.

  Sofort brühen bei 75°C bis mindestens 68°C Kerntemperatur.

Corned Calf mit Thunfisch und Gelee

80 % Kalb II	Fleisch mit Salz bindig mischen, 48 Std. durchpökeln, poltern, in der Gewürzlake weich kochen, herausnehmen, abkühlen lassen, Brühe abgießen und entfetten.	20,0 g NPS
		Pro kg Wasser:
		12,0 g NPS
		3,0 g Pfefferkörner
10 % Thunfisch in Lake (Konserve)	Fleisch und Fisch mit Wolf oder Kutter zerreißen.	5,0 g Sellerieblätter
		50,0 g Zwiebeln
		5,0 g Knoblauch
10 % Karotten 9 Teile Kalbsbrühe 1 Teil Thunfischlake	Karotten in 5 mm große Würfel schneiden und 5 Min. blanchieren. Thunfischlake und Brühe erhitzen und Aspikpulver darin auflösen. Karotten und Kalbfleisch dazugeben, gut vermischen und abschmecken.	1,0 g Muskat
		Aspikpulver

 In Sterildärme füllen.

Brühen bei 75 °C bis mindestens 68 °C Kerntemperatur.

Zunge-Lachs-Parfait

75 % Rinderzunge	Zunge in kochender Gewürzlake aufsetzen und so lange kochen, bis die Zungenspitze weich ist. In der Brühe lassen, bis diese lauwarm wird. Brühe abgießen und entfetten. Zunge auskühlen.	Pro kg Wasser:
		16,0 g Kochsalz
		3,0 g Pfefferkörner
		50,0 g Zwiebeln
		5,0 g Sellerieblätter
25 % Räucherlachs	Rinderzunge und Räucherlachs mit Wolf oder Kutter zerreißen.	
Zungenbrühe	Brühe erhitzen, Aspikpulver darin auflösen. Zunge und Lachs mit dem fein gehackten frischen Dill vermischen und abschmecken.	Aspikpulver
		5,0 g Dill

 In Sterildärme füllen.

Brühen bei 75 °C bis mindestens 68 °C Kerntemperatur.

Auch bei den Rezepten mit Fisch sollten Brühe und Schwarten den Kochverlust nicht überschreiten!

Presswürste

Besondere Merkmale:

Gemenge aus stückigen Einlagen, gewolftem Fleisch, Brät oder zerkleinerter Leber und einer Gallertmasse, die zerkleinerte Schwarten enthält; in Hüllen verschiedenen Kalibers.

Materialauswahl

siehe „Sülzwürste", S. 175

Herstellungsablauf

Mengen

- **Bei gegarten Einlagen:**
- ▸ Schwarten so weich kochen, dass man sie mit dem Finger durchdrücken kann.
- ▸ Danach möglichst heiß fein wolfen oder kuttern (evtl. mit Zwiebeln) und mit der gleichen Menge Brühe und/oder Milch sowie den Gewürzen vermischen.
- ▸ Gegarte Einlagen heiß abbrühen und untermischen.

- **Bei rohen Einlagen:**
- ▸ Schwarten so weich kochen, dass man sie mit dem Finger durchdrücken kann.
- ▸ Fein wolfen oder kuttern, evtl. mit Fleischbrühe oder Milch verdünnen.
- ▸ Auf 50°C abkühlen lassen.
- ▸ Gut mit den rohen Bestandteilen vermischen.

Weitere Hinweise finden Sie bei den einzelnen Rezepten.

Bei der Herstellung von Presswürsten gelten hinsichtlich des Füllens, Brühens, Stippens, Auskühlens, Pressens und Räucherns die gleichen Grundsätze wie bei Blutwurst (s. Seite 114 ff.).

Fehlfabrikate – Ursachen und Möglichkeiten zur Abhilfe

Fehler	Mögliche Ursachen	Fehler vermeiden
Presswurst ist zu weich	• zu wenig Schwarten, Schwarten schlecht entfettet	→ Schwartenanteil überprüfen → Möglichst fettfrei abschwarten
	• Wurst zu heiß oder zu lange gebrüht	→ Brühtemperatur und Brühzeit prüfen
	• zu viel Milch oder Brühe	→ Milch bzw. Brühe reduzieren
Presswurst ist zu fest	• zu viel Schwarten • zu wenig Brühe oder Milch • Schwarten nicht lange genug gekocht	→ Schwartenanteil verringern → Mehr Fleischbrühe oder Milch → Schwarten kochen, bis sie sich durchdrücken lassen
Presswurst grießig	• Schwarten nicht lange genug gekocht	→ Schwarten kochen, bis sie sich durchdrücken lassen
sonstige Fehler	→ siehe Sülzen	

Presswurst-Rezepte

Weißgelegter

65% Schweine-kämme	Kämme und S IV mit Salz und Gewürz poltern und in Formen über Nacht ruhen lassen. Bis 65°C Kerntemperatur brühen. Kämme in 2 cm große, S IV in 5 mm große Würfel schneiden.	20,0 g NPS
10% S IV		2,0 g Pfeffer, weiß
		0,5 g Kardamom

5% S IX	S IX 10 Min. blanchieren. Mit	
15% Schwarten	Zwiebeln und den heißen gekochten Schwarten sahnig kuttern und dabei	30,0 g Zwiebeln
		20,0 g Kochsalz
5% Milch	Milch und Gewürze zugeben.	3,0 g Pfeffer, weiß
	S II- und S IV-Würfel abbrühen und untermischen.	1,0 g Muskat
		2,0 g ganzer Kümmel
		0,5 g Koriander

In Schweinemägen oder Sterildärme füllen.

Brühen bei 75°C bis mindestens 68°C Kerntemperatur.

Nach dem Abkühlen und Abtrocknen goldgelb kalt räuchern.

Eventuell pressen.

Weißer Fleischmagen   2.2333.1

65 % S II	S II und S IV mit Salz und Gewürz	20,0 g NPS
10 % S IV	poltern und in Formen über Nacht ruhen	2,0 g Pfeffer, weiß
	lassen. Bis 65 °C Kerntemperatur	0,5 g Kümmel,
	brühen. S II in 1 cm große, S IV in 5 mm	gem.
	große Würfel schneiden.	
10 % Schwarten	Zwiebeln mit den heißen gekochten	50,0 g Zwiebeln
	Schwarten sahnig kuttern und dabei	20,0 g Kochsalz
10 % Milch	heiße Milch und Gewürze zugeben.	3,0 g Pfeffer, weiß
		1,0 g Muskat
	S II- und S IV-Würfel abbrühen und	2,0 g Majoran
	untermischen.	0,5 g Koriander

 In Mägen oder Sterildärme füllen.

Brühen bei 75 °C bis mindestens 68 °C Kerntemperatur.

Nach dem Abkühlen und Abtrocknen goldgelb kalt räuchern.

Eventuell pressen.

Kümmelmagen   2.2333.1

65 % S II	S II und S IV mit NPS und Gewürz	20,0 g NPS
10 % S IV	poltern und in Formen 24 Stunden ruhen	2,0 g Pfeffer, weiß
	lassen. Bis 65 °C Kerntemperatur brühen.	0,5 g Kardamom
	S II 1 cm große, S IV in 5 mm große	
	Würfel schneiden.	
5 % S IX	S IX 10 Min. blanchieren und mit	
15 % Schwarten	Zwiebeln und den heißen gekochten	50,0 g Zwiebeln
	Schwarten sahnig kuttern. Dabei	20,0 g Kochsalz
5 % Kesselbrühe	Kesselbrühe und Gewürze zugeben.	3,0 g Pfeffer, weiß
		1,0 g Muskat
	S II- und S IV-Würfel abbrühen und	2,0 g Kümmel
	untermischen.	0,5 g Koriander

 In Schweinemägen oder Sterildärme füllen.

 Brühen bei 75 °C bis mindestens 68 °C Kerntemperatur.

Nach dem Abkühlen und Abtrocknen goldgelb kalt räuchern.

 Eventuell pressen.

Schinkenmagen

65 % S II	S II und S IV mit NPS und Gewürz	20,0 g NPS
10 % S IV	poltern, in Formen 24 Stunden ruhen	2,0 g Pfeffer, weiß
	lassen, bis 65 °C Kerntemperatur brühen,	0,5 g Kardamom
	S II in 1 cm große, S IV in 5 mm große	
	Würfel schneiden.	
10 % Schwarten	Zwiebeln mit heißen, gekochten	20,0 g Zwiebeln
10 % R III	Schwarten und R III 2 mm wolfen	20,0 g Kochsalz
5 % Kesselbrühe	und mit der Brühe vermischen.	0,5 g Kümmel

 In Schweinemägen füllen.

 Brühen bei 75 °C bis mindestens 68 °C Kerntemperatur.

 Nach dem Abkühlen und Abtrocknen goldgelb kalt räuchern.

Eventuell pressen.

Schinkenpresskopf

65 % S II	S II und S IV mit NPS und Gewürz	20,0 g NPS
20 % S IV	poltern und in Formen 24 Stunden ruhen	2,0 g Pfeffer, weiß
	lassen. Bis 65 °C Kerntemperatur brühen.	0,5 g Kardamom
	S II in 1 cm große, S IV in 5 mm große Würfel	
	schneiden.	
10 % Schwarten	Die heißen, weich gekochten Schwarten	50,0 g Zwiebeln
	mit den Zwiebeln 2 mm wolfen und mit den	20,0 g Kochsalz
	abgebrühten Fleischwürfeln, Gewürzen	2,0 g Pfeffer, weiß
5 % Kesselbrühe	und der heißen Kesselbrühe vermischen.	1,0 g Muskat
		0,5 g Kardamom
		0,5 g Koriander

 In Rinderbutten oder Sterildärme füllen.

  Brühen bei 75 °C bis mindestens 68 °C Kerntemperatur.

 Nach dem Abkühlen und Abtrocknen goldgelb kalt räuchern.

 Eventuell pressen.

Wiener Presskopf

2.2333.1

75 % S II	S II und S IV mit NPS und Gewürz	20,0 g NPS
10 % S IV	poltern und in Formen 24 Stunden ruhen	2,0 g Pfeffer, weiß
	lassen. Bis 65 °C Kerntemperatur brühen.	0,5 g Kardamom
	S II in 1 cm große, S IV in 5 mm große Würfel	
	schneiden.	
10 % Schwarten	Heiße, weich gekochte Schwarten mit	50,0 g Zwiebeln
	Zwiebeln, Gewürzen und der heißen	20,0 g Kochsalz
5 % Kesselbrühe	Kesselbrühe fein kuttern. Fleischwürfel	3,0 g Pfeffer, weiß
	abbrühen und untermischen.	1,0 g Muskat
		1,0 g Kümmel, gem.
		0,5 g Ingwer

In Schweinemägen oder Sterildärme füllen.

Brühen bei 75 °C bis mindestens 68 °C Kerntemperatur.

Nach dem Abkühlen und Abtrocknen goldgelb kalt räuchern.

Eventuell pressen.

Schinkenpresswurst

2.2333.1

75 % S II	S II mit NPS und Gewürz poltern.	20,0 g NPS (S II)
	In Formen bis 65 °C Kerntemperatur	2,0 g Pfeffer, weiß
	brühen und 3 cm würfeln.	0,5 g Ingwer
15 % Schwarten	Zwiebeln mit heißen, gekochten	30,0 g Zwiebeln
	Schwarten, Gewürzen und der heißen	20,0 g Kochsalz
10 % Kesselbrühe	Kesselbrühe fein kuttern. Fleischwürfel	3,0 g Pfeffer, weiß
	abbrühen und untermischen.	1,0 g Muskat
		1,0 g Kümmel

In Schweinemägen oder Sterildärme füllen.

Brühen bei 75 °C bis mindestens 68 °C Kerntemperatur.

Nach dem Abkühlen und Abtrocknen goldgelb kalt räuchern.

Eventuell pressen.

Weiße Rollwurst

2.2333.1

75 % S IV	Schweinebauch mit anteiliger Menge NPS und Gewürz über Nacht poltern. Zusammenrollen und in einer Form bis 60 °C Kerntemperatur kochen.	20,0 g NPS 2,0 g Pfeffer, weiß 0,5 g Kümmel 0,5 g Majoran, gem.
	Heiß in eine Butte oder in einen weiten Sterildarm schieben.	
15 % Schwarten 10 % Kesselbrühe	Zwiebeln mit den heißen, gekochten Schwarten fein wolfen, Kesselbrühe und Gewürze untermengen.	20,0 g Zwiebeln 20,0 g Kochsalz 3,0 g Pfeffer, weiß 1,0 g Muskat
	Schweinebauchrolle damit auffüllen.	2,0 g Kümmel, ganz 0,5 g Koriander

Brühen bei 75 °C bis mindestens 68 °C Kerntemperatur.

Nach dem Abkühlen und Abtrocknen goldgelb kalt räuchern.

Eventuell pressen.

Tipp: Wird der Schweinebauch um ein Stangenei gewickelt, ergibt sich ein schönes Anschnittbild, die Wurst wird dann als „Weiße Rollwurst mit Ei" bezeichnet.

Fleisch-Sülzwurst

50 % Schweine-kämme 20 % S IV	Kämme und S IV mit NPS und Gewürz poltern. In Formen 24 Stunden ruhen lassen. Bis 65 °C Kerntemperatur brühen. Kämme in 1 cm große, S IV in 5 mm große Würfel schneiden.	20,0 g NPS 2,0 g Pfeffer, weiß 0,5 g Kardamom
15 % Schwarten 15 % Kesselbrühe	Heiße, weich gekochte Schwarten mit den Zwiebeln fein wolfen. Kesselbrühe und Gewürze untermengen. S II- und S IV-Würfel abbrühen und untermischen.	50,0 g Zwiebeln 20,0 g Kochsalz 3,0 g Pfeffer, weiß 1,0 g Muskat 2,0 g Kümmel, ganz 0,5 g Koriander

In Mägen oder Sterildärme füllen.

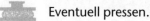

Brühen bei 75 °C bis mindestens 68 °C Kerntemperatur.

Nach dem Abkühlen und Abtrocknen goldgelb kalt räuchern.

Eventuell pressen.

Schinkensülzwurst

60 % S I	S I mit NPS und Gewürz poltern und 24 Stunden ruhen lassen. In Formen bis 62 °C Kerntemperatur brühen und in 2 cm große Würfel schneiden.	20,0 g NPS 2,0 g Pfeffer, weiß 0,5 g Kardamom
20 % Schwarten 10 % Fleischbrühe 10 % Milch	Schwarten, Fleischbrühe, Milch und Zwiebeln fein kuttern. Mit Gewürzen und den heißen Fleischwürfeln vermischen.	40,0 g Zwiebeln 20,0 g NPS 2,0 g Pfeffer, weiß 2,0 g Majoran 0,5 g Kümmel, gem. 0,5 g Muskat

In Kappen, Sauenfettenden, Butten oder Sterildärme füllen.

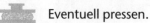

Brühen bei 75 °C bis mindestens 68 °C Kerntemperatur.

Nach dem Abkühlen und Abtrocknen goldgelb kalt räuchern.

Eventuell pressen.

Hessischer Presskopf

40% S II	S II 8 mm und S VI 5 mm wolfen.	20,0 g NPS
15% S VI	Anteilige Menge NPS dazugeben, durch- mischen und über Nacht durchpökeln.	(S II, SVI)

30% S XI	Köpfe vorpökeln, weich kochen, auslösen und zuschneiden. Nur Magerfleisch und Rüssel verwenden. Magerfleisch in 1 cm große, Rüssel in 5 mm große Würfel schneiden.

10% Schwarten	Zwiebeln mit heißen, gekochten	20,0 g Zwiebeln
	Schwarten 2 mm wolfen. Mit den heiß	20,0 g Kochsalz
	abgebrühten Kopfwürfeln, Gewürzen	3,0 g Pfeffer, weiß
5% Kesselbrühe	und der heißen Kesselbrühe vermischen	1,0 g Muskat
	und gut mit S II und S VI vermengen.	1,0 g Kümmel
		0,5 g Koriander

In Rinderbutten oder Schweinekappen füllen.

Brühen bei 75°C bis mindestens 68°C Kerntemperatur.

Nach dem Abkühlen und Abtrocknen goldgelb kalt räuchern.

Eventuell pressen.

Mannheimer Presskopf

60% Vorderschinken	Schinken in 5 mm breite Streifen	20,0 g NPS
10% S IV	schneiden. S IV mit anteiliger Menge	2,0 g Pfeffer, weiß
	NPS und Gewürz poltern, in Formen bis	
	65°C Kerntemperatur brühen und in	
	5 mm große Würfel schneiden.	

15% Schwarten	Zwiebeln mit heißen, gekochten	30,0 g Zwiebeln
15% Milch	Schwarten, Gewürzen und heißer Milch	20,0 g Kochsalz
	fein kuttern. Fleischwürfel abbrühen und	3,0 g Pfeffer, weiß
	mit der Schwartenmasse vermischen.	1,0 g Muskat
		1,0 g Kümmel, gem.
		0,5 g Ingwer

In Schweinemägen füllen.

Brühen bei 75°C bis mindestens 68°C Kerntemperatur.

Nach dem Abkühlen und Abtrocknen goldgelb kalt räuchern.

Eventuell pressen.

Presswurst   2.2333.2

30 % Rinderwaden- fleisch	Rinderwadenfleisch mit NPS und Gewürz über Nacht poltern, weich kochen und 4 mm wolfen.	20,0 g NPS (Rind) 2,0 g Pfeffer, weiß 0,5 g Piment
50 % S XI	Köpfe kochen, auslösen und zuschneiden. Magerfleisch in 1 cm große, Rüssel in 5 mm große Würfel schneiden. Rest anderweitig verwenden.	
10 % Schwarten 10 % Milch	Heiße, gekochte Schwarten mit Zwiebeln, Gewürzen und der Milch fein kuttern.	50,0 g Zwiebeln 20,0 g NPS (Rest) 3,0 g Pfeffer, weiß
	Kopfwürfel heiß abbrühen und alles mit der Schwartenmasse vermischen.	1,0 g Muskat 0,5 g Ingwer

In Schweinemägen füllen.

Brühen bei 75 °C bis mindestens 68 °C Kerntemperatur.

Nach dem Abkühlen und Abtrocknen goldgelb kalt räuchern.

Eventuell pressen.

Kasseler Schwartenmagen   2.2333.2

30 % S II 10 % S IV	S II und S IV mit NPS und Gewürz poltern und 24 Stunden ruhen lassen. In Formen bis 65 °C Kerntemperatur brühen. S II in1 cm, S IV in 5 mm große Würfel schneiden.	20,0 g NPS 2,0 g Pfeffer, weiß 0,5 g Kümmel, gem.
15 % Schweine- zungen	Gepökelte Zungen weich kochen und ohne Schleimhaut 1 cm würfeln.	
30 % S XI	Köpfe kochen, auslösen und zuschneiden. Magerfleisch und Rüssel in 5 mm große Würfel schneiden, Rest anderweitig verwenden.	

10 % Schwarten	Heiße, gekochte Schwarten mit Zwiebeln 2 mm wolfen. Mit den abgebrühten Kopf- und Zungenwürfeln,	30,0 g Zwiebeln
		20,0 g Kochsalz
		3,0 g Pfeffer, weiß
5 % Kesselbrühe	Gewürzen und der Brühe vermischen.	1,0 g Muskat
		1,0 g Kümmel, gem.
		0,5 g Koriander

In Mägen oder Sterildärme füllen.

Brühen bei 75 °C bis mindestens 68 °C Kerntemperatur.

Nach dem Abkühlen und Abtrocknen goldgelb kalt räuchern.

Eventuell pressen.

Pfälzer Hausmacher Schwartenmagen   2.2333.2

25 % Schweine-zungen	Gepökelte Zungen weich kochen und ohne Schleimhaut 1 cm würfeln.	
60 % S XI	Köpfe kochen, auslösen und zuschneiden. Magerfleisch in 1 cm große, Rüssel in 5 mm große Würfel schneiden. Rest anderweitig verwenden.	
10 % Schwarten	Heiße, gekochte Schwarten mit Zwiebeln 2 mm wolfen. Mit den abgebrühten Fleisch-, Kopf- und Zungenwürfeln,	30,0 g Zwiebeln
		20,0 g Kochsalz
		2,0 g Pfeffer, weiß
5 % Kesselbrühe	Gewürzen und der Brühe vermischen.	1,0 g Muskat
		1,0 g Piment

In Mägen oder Sterildärme füllen.

Brühen bei 75 °C bis mindestens 68 °C Kerntemperatur.

Nach dem Abkühlen und Abtrocknen goldgelb kalt räuchern.

Eventuell pressen.

Gothaer grobe Sülze

2.2333.2

20 % Schinken	Blutwurstschinken 2 cm würfeln. Eisbeine	
20 % Eisbeine	vorpökeln, weich kochen und auslösen.	
	Fleisch 2 cm, Schwarten 4 mm würfeln.	
30 % S XI	Köpfe kochen, auslösen und zuschneiden.	
	Magerfleisch in 1 cm, Rüssel in 5 mm große	
	Würfel schneiden. Rest anderweitig verwenden.	
15 % Schwarten	Heiße, gekochte Schwarten mit Zwiebeln	30,0 g Zwiebeln
	2 mm wolfen. Mit den abgebrühten	20,0 g Kochsalz
	Fleisch- und Kopfwürfeln sowie der	2,0 g Pfeffer, weiß
15 % Kesselbrühe	heißen Kesselbrühe vermischen.	1,0 g Kümmel, gem.
		0,5 g Koriander
		0,2 g Ingwer

In Schweinemägen füllen.

Brühen bei 75 °C bis mindestens 68 °C Kerntemperatur.

Nach dem Abkühlen und Abtrocknen goldgelb kalt räuchern.

Eventuell pressen.

Presssülze

2.2333.2

20 % Rinderwaden- fleisch	Fleisch mit NPS und Gewürz poltern und 24 Stunden ruhen lassen. In Formen bis 65 °C Kerntemperatur brühen und in 5 mm große Würfel schneiden.	20,0 g NPS 2,0 g Pfeffer, weiß
30 % Eisbeine	Eisbeine pökeln, weich kochen und auslösen. Fleisch 1 cm, Schwarten 4 mm würfeln.	
20 % S XI	Köpfe kochen, auslösen und zuschneiden. Magerfleisch in 1 cm, Rüssel in 5 mm große Würfel schneiden. Rest anderweitig verwenden.	
15 % Schwarten	Heiße, gekochte Schwarten mit Zwiebeln	30,0 g Zwiebeln
	2 mm wolfen. Mit den abgebrühten	20,0 g Kochsalz
	Fleisch- und Kopfwürfeln sowie der	2,0 g Pfeffer, weiß
15 % Kesselbrühe	heißen Kesselbrühe vermischen.	1,0 g Muskat
		0,5 g Ingwer

In Schweinemägen füllen.

Brühen bei 75 °C bis mindestens 68 °C Kerntemperatur.

Nach dem Abkühlen und Abtrocknen goldgelb kalt räuchern.

Eventuell pressen.

Sülzwurst

2.2333.2

30 % Eisbeine	Eisbeine pökeln, weich kochen und auslösen. Fleisch 1 cm, Schwarten 4 mm würfeln.	
50 % S XI	Köpfe kochen, auslösen und zuschneiden. Magerfleisch in 1 cm, Rüssel in 5 mm große Würfel schneiden. Rest anderweitig verwenden.	
10 % Schwarten	Heiße, gekochte Schwarten mit Zwiebeln 2 mm wolfen. Mit den abgebrühten Fleisch- und Kopfwürfeln sowie der	30,0 g Zwiebeln 20,0 g Kochsalz 2,0 g Pfeffer, weiß
10 % Kesselbrühe	heißen Kesselbrühe vermischen.	1,0 g Muskat

In Sterildärme füllen.

Brühen bei 75 °C bis mindestens 68 °C Kerntemperatur.

Unter leichtem Pressen auskühlen.

Presssülzwurst

2.2333.2

20% Eisbeine	Eisbeine pökeln, weich kochen und auslösen, Fleisch 2 cm, Schwarten 4 mm würfeln.	
10% Schweine- herzen 35% S XI	Herzen 3 Tage in 9%ige Lake legen, weich kochen und in 5 mm große Würfel schneiden. Köpfe kochen, auslösen und zuschneiden. Magerfleisch in 1 cm, Rüssel in 5 mm große Würfel schneiden. Rest anderweitig verwenden.	
15% Schwarten	Heiße, gekochte Schwarten mit Zwiebeln 2 mm wolfen. Mit den abgebrühten Fleisch-, Herz- und Kopfwürfeln sowie	30,0 g Zwiebeln 20,0 g Kochsalz 2,0 g Pfeffer, weiß
10% Kesselbrühe 10% Schweineleber	der heißen Kesselbrühe und der 5 mm gewolften Leber vermischen.	1,0 g Muskat 1,0 g Piment 50,0 g Zwiebeln

In Sterildärme oder Rinderbutten füllen.

Brühen bei 75 °C bis mindestens 68 °C Kerntemperatur.

Unter leichtem Pressen auskühlen.

Butten evtl. kalt nachräuchern.

Presskopf, weiß

2.2333.2

20% Schweine- zungen	Gepökelte Zungen weich kochen und ohne Schleimhaut 1 cm würfeln.	
50% S XI	Köpfe kochen, auslösen und zuschneiden. Magerfleisch in 1 cm, Rüssel in 5 mm große Würfel schneiden. Rest anderweitig verwenden.	
15% Schwarten	Heiße, gekochte Schwarten mit Zwiebeln 2 mm wolfen. Mit den abgebrühten Fleisch-, Herz- und Kopfwürfeln sowie	30,0 g Zwiebeln 20,0 g Kochsalz 2,0 g Pfeffer, weiß
15% Kesselbrühe	der heißen Kesselbrühe vermischen.	1,0 g Muskat 1,0 g Piment

In Rinderbutten oder Sterildärme füllen.

Brühen bei 75 °C bis mindestens 68 °C Kerntemperatur.

Nach dem Abkühlen und Abtrocknen goldgelb kalt räuchern.

Eventuell pressen.

Fleischpresssack

15 % S II	S II und S IV mit NPS und Gewürz	20,0 g NPS
10 % S IV	poltern und 24 Stunden ruhen lassen. In	2,0 g Pfeffer, weiß
	Formen bis 65 °C Kerntemperatur brühen.	1,0 g Kümmel
	S II in 1 cm große, S IV in 5 mm große Würfel	
	schneiden.	
60 % S XI	Köpfe kochen, auslösen und zuschneiden.	
	Magerfleisch in 1 cm, Rüssel in 5 mm große	
	Würfel schneiden. Rest anderweitig verwenden.	
	Zwiebeln goldgelb anbraten. Mit den	50,0 g Zwiebeln
10 % Schwarten	heißen, gekochten Schwarten 2 mm	20,0 g Kochsalz
	wolfen und mit den abgebrühten	3,0 g Pfeffer, weiß
	Fleisch- und Kopfwürfeln, Gewürzen und	2,0 g Majoran
5 % Kesselbrühe	der heißen Kesselbrühe vermischen.	1,0 g Muskat
		0,5 g Koriander

In Kappen oder Sterildärme füllen.

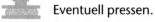

Brühen bei 75 °C bis mindestens 68 °C Kerntemperatur.

Nach dem Abkühlen und Abtrocknen goldgelb kalt räuchern.

Eventuell pressen.

Fränkischer Fleischpresssack

20% S II	S II und S IV mit NPS und Gewürz	20,0 g NPS
20% S IV	poltern, 24 Stunden ruhen lassen und in	2,0 g Pfeffer, weiß
	Formen bis 65 °C Kerntemperatur brühen.	1,0 g Kümmel
	S II in 1 cm große, S IV in 5 mm große Würfel	
	schneiden.	
35% S XI	Köpfe kochen, auslösen und zuschneiden.	
	Magerfleisch in 1 cm, Rüssel in 5 mm große	
	Würfel schneiden. Rest anderweitig verwenden.	
	Zwiebeln goldgelb anbraten. Mit den	50,0 g Zwiebeln
10% Schwarten	gekochten Schwarten 2 mm wolfen	20,0 g Kochsalz
	und mit den heiß abgebrühten Fleisch-	3,0 g Pfeffer, weiß
	und Kopfwürfeln, Gewürzen sowie	2,0 g Majoran
5% Kesselbrühe	der heißen Kesselbrühe vermischen.	1,0 g Muskat
10% Schweineleber	Leber 5 mm wolfen und untermengen.	0,5 g Piment
		0,5 g Thymian
		2,0 g Zucker

In Kappen oder Sterildärme füllen.

Brühen bei 75 °C bis mindestens 68 °C Kerntemperatur.

Nach dem Abkühlen und Abtrocknen goldgelb kalt räuchern.

Eventuell pressen.

Fränkische Fleischsülze 2.2333.3

30% S XI	Köpfe vorpökeln, weich kochen, auslösen und zuschneiden. Magerfleisch in 1 cm, Rüssel in 5 mm große Würfel schneiden. Fett 3 mm würfeln. Kopfabschnitte mit den Schwarten kuttern.	
30% S II	S II und S IV mit NPS und Gewürz	20,0 g NPS
10% S IV	poltern und 24 Stunden ruhen lassen. In Formen bis 65 °C Kerntemperatur brühen. S II in 1 cm große, S IV in 5 mm große Würfel schneiden.	2,0 g Pfeffer, weiß 1,0 g Kümmel
15% Schwarten	Zwiebeln mit den gekochten Schwarten 2 mm wolfen und mit den abgebrühten Kopf- und Zungenwürfeln, Gewürzen	50,0 g Zwiebeln 20,0 g Kochsalz 2,0 g Pfeffer, weiß 1,0 g Piment
15% Kesselbrühe	und der heißen Kesselbrühe vermischen.	1,0 g Muskat 0,5 g Kümmel, gem.

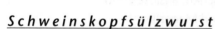 In Schweinemägen oder Sterildärme füllen.

  Brühen bei 75 °C bis mindestens 68 °C Kerntemperatur.

Schweinskopfsülzwurst 2.2333.3

50 S XI	Köpfe vorpökeln, weich kochen, auslösen und zuschneiden. Magerfleisch und Rüssel in 1 cm große Würfel schneiden. Fett 3 mm würfeln. Kopfabschnitte mit den Schwarten kuttern.	
20% Schweinezungen	Gepökelte Zungen weich kochen und ohne Schleimhaut 2 cm würfeln.	50,0 g Zwiebeln
15% Schwarten	Zwiebeln mit den gekochten Schwarten 2 mm wolfen und mit den abgebrühten Kopf- und Zungenwürfeln, Gewürzen und	20,0 g Kochsalz 3,0 g Pfeffer, weiß 1,0 g Piment
15% Kesselbrühe	der heißen Kesselbrühe vermischen.	1,0 g Muskat 0,5 g Kümmel, gem.

In Schweinemägen oder Sterildärme füllen.

Brühen bei 75 °C bis mindestens 68 °C Kerntemperatur.

Zungenpresskopf

2.2333.3

50% Schweine-zungen	Zungen pökeln, weich kochen und ohne Schleimhaut in 2 cm große Stücke schneiden.	
20% S XI	Köpfe kochen, auslösen und zuschneiden. Magerfleisch in 1 cm, Rüssel in 5 mm große Würfel schneiden. Rest anderweitig verwenden.	
15% Schwarten	Zwiebeln mit den gekochten Schwarten 2 mm wolfen und mit den abgebrühten Kopf- und Zungenwürfeln, Gewürzen	20,0 g Kochsalz 3,0 g Pfeffer, weiß 1,0 g Piment
15% Kesselbrühe	und der heißen Kesselbrühe vermischen.	1,0 g Muskat 50,0 g Zwiebeln

In Schweinemägen füllen.

Brühen bei 75°C bis mindestens 68°C Kerntemperatur.

Nach dem Abkühlen und Abtrocknen goldgelb kalt räuchern.

Eventuell pressen.

Rüssel-Pressmagen

2.2333.4

S XI	Köpfe vorpökeln, weich kochen, auslösen und zuschneiden. Nur Rüssel und Magerfleisch für den Rüssel-Pressmagen verwenden.	
50% Schweine-rüssel 30% Magerfleisch	Rüssel in ganzen Stücken lassen, Mager-fleisch in 2 cm große Stücke schneiden.	20,0 g NPS 2,0 g Pfeffer
	Alles 2 Min. blanchieren, sofort mit Salz und Gewürzen unter die weich gekochten,	1,0 g Majoran 0,5 g Thymian
10% Schwarten	2 mm gewolften Schwarten mischen.	0,5 g Piment 0,2 g Zitronenschale
5% Fleischbrühe 5% Milch	Brühe und Milch heiß unterrühren und gut vermischen.	20,0 g Zwiebeln

In Schweinemägen füllen.

Brühen bei 75°C bis mindestens 68°C Kerntemperatur.

Nach dem Abkühlen und Abtrocknen goldgelb kalt räuchern.

Eventuell pressen.

Presssack, einfach

20 % S VIII	Speck in 5 mm große Würfel schneiden, 2 Min. blanchieren.

40 % Kopffleisch-
abschnitte

20 % Schwarten

10 % Kesselbrühe

Kopffleischabschnitte in 5 mm
große Würfel schneiden, Zwiebeln
goldgelb anbraten. Mit den gekochten
Schwarten 2 mm wolfen und mit den
heiß abgebrühten Speck- und Kopfwürfeln,
Gewürzen sowie der heißen Kesselbrühe
vermischen.

50,0 g Zwiebeln
20,0 g Kochsalz
3,0 g Pfeffer, weiß
2,0 g Majoran
1,0 g Muskat
0,5 g Piment
0,5 g Thymian
2,0 g Zucker

10 % Schweineleber   Leber 5 mm wolfen und untermengen.

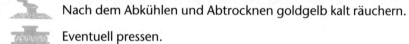

In Schweinsblasen oder Schweinekappen füllen.

Brühen bei 75 °C bis mindestens 68 °C Kerntemperatur.

Nach dem Abkühlen und Abtrocknen goldgelb kalt räuchern.

Eventuell pressen.

Presskopf

20 % Schweine-schultern	Schultern auslösen, ohne Fett und Schwarten mit Salz und Gewürz poltern. In Formen bis 65 °C Kerntemperatur brühen und in 2 cm große Würfel schneiden.	20,0 g NPS 2,0 g Pfeffer, weiß 0,5 g Kardamom
35 % S XI (ohne dickes Fett)	Köpfe vorpökeln, weich kochen, auslösen und zuschneiden. Magerfleisch in 2 cm große Stücke, Rüssel in 1 cm große Würfel, Schwarten in 4 mm große Würfel schneiden.	
15 % Schwarten 10 % Brühe	Zwiebeln mit gekochten Schwarten, Gewürzen und Brühe heiß fein kuttern. Fleisch- und Kopfwürfel heiß abbrühen und unter die Schwartenmasse mischen.	50,0 g Zwiebeln 20,0 g NPS 2,0 g Pfeffer, weiß 1,0 g Muskat 2,0 g Majoran
10 % S VI 10 % Schweineleber	Backen 15 Min. blanchieren. Mit der Leber 5 mm wolfen und untermischen.	0,5 g Kümmel 2,0 g Zucker

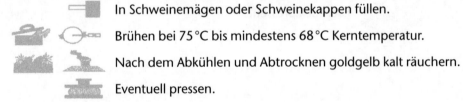

In Schweinemägen oder Schweinekappen füllen.

Brühen bei 75 °C bis mindestens 68 °C Kerntemperatur.

Nach dem Abkühlen und Abtrocknen goldgelb kalt räuchern.

Eventuell pressen.

Presssack

30 % R IV	Rinderwadenfleisch mit Salz und Gewürzen poltern. In Formen 24 Stunden ruhen lassen und bis 65 °C Kerntemperatur brühen.	20,0 g NPS 2,0 g Pfeffer, weiß 1,0 g Kümmel
40 % S IV	S IV mit NPS und Gewürz poltern und 5 mm wolfen.	20,0 g NPS 2,0 g Pfeffer, weiß
15 % Schwarten 15 % Brühe	Zwiebeln mit gekochten Schwarten, Salz, Gewürzen und heißer Brühe fein kuttern. Rindfleischwürfel abbrühen und mit dem S IV unter die Schwartenmasse mischen.	50,0 g Zwiebeln 20,0 g NPS 3,0 g Pfeffer, weiß 1,0 g Muskat 0,5 g Ingwer

In Mägen oder Rinderbutten füllen.

Brühen bei 75 °C bis mindestens 68 °C Kerntemperatur.

Nach dem Abkühlen und Abtrocknen goldgelb kalt räuchern.

Eventuell pressen.

Presssäckl

2.2333.5

40 % S XI	Köpfe vorpökeln, weich kochen, auslösen und zuschneiden. Magerfleisch in 1 cm, Rüssel in 5 mm große Würfel schneiden. Fett 3 mm würfeln. Kopfabschnitte mit den Schwarten kuttern.	
30 % S IV	S IV mit anteiliger Menge NPS und Gewürz über Nacht poltern und 5 mm wolfen.	20,0 g NPS 2,0 g Pfeffer, weiß
15 % Schwarten 15 % Brühe	Zwiebeln mit gekochten Schwarten, Gewürzen und Brühe heiß fein kuttern. Kopffleischwürfel abbrühen und mit S IV unter die Schwartenmasse mischen.	50,0 g Zwiebeln 20,0 g NPS 3,0 g Pfeffer, weiß 1,0 g Muskat 0,5 g Ingwer

In Schweinekappen füllen.

Brühen bei 75 °C bis mindestens 68 °C Kerntemperatur.

Nach dem Abkühlen und Abtrocknen goldgelb kalt räuchern.

Eventuell pressen.

Hausmacher Presssack   2.2333.5

55 % S XI	Köpfe vorpökeln, weich kochen, auslösen und zuschneiden. Magerfleisch in 1 cm, Rüssel in 5 mm große Würfel schneiden. Fett 3 mm würfeln.	
10 % Schwarten 10 % Schweineleber 5 % Kesselbrühe	Kopfabschnitte mit gekochten Schwarten, Leber und Zwiebeln 2 mm wolfen und mit Gewürzen und der heißen Brühe zu einer gleichmäßigen Masse verrühren.	50,0 g Zwiebeln 20,0 g Kochsalz 2,0 g Pfeffer, weiß 1,0 g Majoran
20 % S V	Bauch in 5 mm große Würfel schneiden, 3 Min. blanchieren und mit den heiß abgeschwenkten Kopffleischwürfeln möglichst heiß mit der gewolften Masse vermischen.	0,5 g Koriander 0,5 g Muskat

In Schweinemägen, Schweinekappen oder Blasen füllen.

Brühen bei 75 °C bis mindestens 68 °C Kerntemperatur.

Nach dem Abkühlen und Abtrocknen goldgelb kalt räuchern.

Eventuell pressen.

Hessischer Presssack   2.2333.3

30 % S II 3 % Wasser	S II mit anteiligem NPS und Gewürz 5 mm wolfen und mit Wasser poltern.	20,0 g NPS 2,0 g Pfeffer, weiß
22 % R II 3 % Eis 5 % Eis	R III mit Salz bis 0 °C trockenkuttern, dann erstes Eis zugeben. Bei 4 °C zweites Eis zugeben und bis höchstens 8 °C kuttern.	20,0 g NPS 3,0 g Kutterhilfs- mittel
12 % Schwarten	Gekochte Schwarten und Zwiebeln fein wolfen und mit den Gewürzen unter das Rinderbrät mengen.	50,0 g Zwiebeln 20,0 g NPS 3,0 g Pfeffer, weiß 1,0 g Muskat
15 % S VIII	S VIII 4 mm würfeln, 4 Min. abbrühen und mit S II zur Brät-Schwarten-Masse mengen.	1,0 g Kümmel, gem.

 In Schweinemägen, Schweinekappen oder Blasen füllen.

Brühen bei 75 °C bis mindestens 68 °C Kerntemperatur.

Nach dem Abkühlen und Abtrocknen goldgelb kalt räuchern.

Eventuell pressen.

Leberpresssack
2.2333.3

20 % Schweineleber	Leber kuttern, bis sie Blasen zieht, dann im Langsamgang NPS unterkuttern, Masse herausnehmen, wenn sie bindig ist.	20,0 g NPS (Leber)
40 % S XI	Köpfe pökeln, weich kochen und auslösen. Magerfleisch in 1 cm, Rüssel in 5 mm große Würfel schneiden. Fett 3 mm würfeln.	
10 % Schwarten 5 % Micker	Kopfabschnitte, gekochte Schwarten, durchgekochten Micker mit Gewürzen und frischen Zwiebeln heiß feinkuttern,	50,0 g Zwiebeln 20,0 g Kochsalz 2,0 g Pfeffer, weiß
5 % Kesselbrühe	heiße Kesselbrühe und zuletzt die vorgekutterte Leber unterziehen.	1,0 g Majoran 0,5 g Koriander
20 % S V	Bauch in 5 mm große Würfel schneiden, 3 Min. blanchieren und mit den abgebrühten Kopffleischwürfeln heiß unter die gewolfte Masse mischen.	0,5 g Muskat 2,0 g Zucker

 In Mägen oder Schweinekappen füllen.

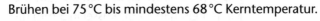 Brühen bei 75 °C bis mindestens 68 °C Kerntemperatur.

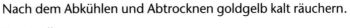 Nach dem Abkühlen und Abtrocknen goldgelb kalt räuchern.

 Eventuell pressen.

Hausmacher Leberpresssack   2.2333.5

50% S XI	Köpfe pökeln, weich kochen und auslösen. Magerfleisch in 1 cm, Rüssel in 5 mm große Würfel schneiden. Fett 3 mm würfeln.	
10% Schwarten 20% Schweineleber 5% Kesselbrühe	Kopfabschnitte mit gekochten Schwarten, Leber und Zwiebeln 2 mm wolfen und mit Gewürzen und der heißen Brühe zu einer gleichmäßigen Masse verrühren.	50,0 g Zwiebeln 20,0 g Kochsalz 2,0 g Pfeffer, weiß 1,0 g Majoran
15% S V	Bauch in 5 mm große Würfel schneiden, 3 Min. blanchieren und mit den abgebrühten Kopffleischwürfeln heiß unter die gewolfte Masse mischen.	0,5 g Koriander 0,5 g Muskat 2,0 g Zucker

In Mägen oder Schweinekappen füllen.

Brühen bei 75 °C bis mindestens 68 °C Kerntemperatur.

Nach dem Abkühlen und Abtrocknen goldgelb kalt räuchern.

Eventuell pressen.

Oberfränkischer Presssack   2.2333.5

15% Schweineleber	Leber kuttern, bis sie Blasen zieht, dann Salz langsam unterkuttern und Leber entnehmen, wenn die Masse bindig ist.	20,0 g NPS
40% S XI	Köpfe pökeln, weich kochen und auslösen. Magerfleisch in 1 cm, Rüssel in 5 mm große Würfel schneiden. Fett 3 mm würfeln.	
10% Schwarten 5% Kesselbrühe	Kopfabschnitte mit gekochten Schwarten, Zwiebeln und Gewürzen fein kuttern und die heiße Kesselbrühe zugeben. Leber im Langsamgang unterkuttern.	50,0 g Zwiebeln 20,0 g Kochsalz 2,0 g Pfeffer, weiß 1,0 g Majoran
30% S V	Bauch pökeln und poltern. In Formen 24 Stunden ruhen lassen und bis 65 °C Kerntemperatur garen. In 5 mm große Würfel schneiden, kurz abbrühen und mit	0,5 g Koriander 0,5 g Muskat 2,0 g Zucker

den abgebrühten Kopffleischwürfeln heiß
unter die feine Masse mischen.

 In Mägen oder Schweinekappen füllen.

 Brühen bei 75 °C bis mindestens 68 °C Kerntemperatur.

Nach dem Abkühlen und Abtrocknen goldgelb kalt räuchern.

Eventuell pressen.

Weißer Presssack
2.2333.5

20 % Schinken	Schinken in 1 cm große Würfel schneiden.	
55 % S XI	Köpfe kochen, auslösen und zuschneiden. Magerfleisch in 1 cm, Rüssel in 5 mm große Würfel schneiden. Rest anderweitig verwenden.	
		50,0 g Zwiebeln
	Zwiebeln mit den gekochten	3,0 g Pfeffer, weiß
15 % Schwarten	Schwarten 3 mm wolfen. Mit den	2,0 g Majoran
	abgebrühten Fleisch- und Kopfwürfeln	0,5 g Piment
	sowie Gewürzen und dem Essig	0,5 g Kümmel, gem.
10 % Kesselbrühe	vermischen.	5,0 g Essig

 In Kappen oder Sterildärme füllen.

  Brühen bei 75 °C bis mindestens 68 °C Kerntemperatur.

Nach dem Abkühlen und Abtrocknen goldgelb kalt räuchern.

 Eventuell pressen.

Weißer Magen, Schwartenmagen   2.2333.5

40% S II	S II 13 mm, S IV 5 mm wolfen und mit	20,0 g NPS
10% S IV	NPS und Gewürz über Nacht vorpökeln.	2,0 g Pfeffer, weiß
25% S XI	Köpfe vorpökeln, weich kochen, auslösen und zuschneiden. Magerfleisch in 1 cm, Rüssel in 5 mm große Würfel schneiden. Fett 3 mm würfeln.	
10% Schwarten	Zwiebeln mit gekochten Schwarten 2 mm wolfen. Mit den abgebrühten Kopfwürfeln, Gewürzen und der	30,0 g Zwiebeln 20,0 g Kochsalz 3,0 g Pfeffer, weiß
15% Kesselbrühe	heißen Kesselbrühe vermischen und gut mit S II und S VI vermengen.	1,0 g Muskat 0,5 g Kardamom 0,5 g Koriander

In Mägen oder Sterildärme füllen.

Brühen bei 75 °C bis mindestens 68 °C Kerntemperatur.

Nach dem Abkühlen und Abtrocknen goldgelb kalt räuchern.

Eventuell pressen.

Hausmacher Schwartenmagen   2.2333.5

25% S III	S III und Leber 5 mm wolfen und mit	20,0 g NPS
10% Schweineleber	NPS und Gewürz über Nacht vorpökeln.	2,0 g Pfeffer, weiß
20% S XI	Köpfe vorpökeln, weich kochen, auslösen und zuschneiden. Magerfleisch in 1 cm, Rüssel in 5 mm große Würfel schneiden. Fett 3 mm würfeln.	
15% Schwarten	Zwiebeln mit gekochten Schwarten	30,0 g Zwiebeln
10% S VIII	2 mm wolfen. Mit dem 5 mm gewürfelten,	20,0 g Kochsalz
20% Kesselbrühe	abgebrühten Speck, Kopfwürfeln, Brühe, Gewürzen, S III und der Leber vermengen.	3,0 g Pfeffer, weiß 1,0 g Majoran 0,5 g Kümmel, gem. 0,5 g Koriander

In Mägen oder Sterildärme füllen.

Brühen bei 75 °C bis mindestens 68 °C Kerntemperatur.

Nach dem Abkühlen und Abtrocknen goldgelb kalt räuchern.

Eventuell pressen.

Oberhessischer Schwartenmagen   2.2333.5

25 % S II	S II 13 mm, S VI 5 mm wolfen und mit	20,0 g NPS
5 % S VI	NPS und Gewürz über Nacht vorpökeln.	2,0 g Pfeffer, weiß
10 % Schweine-zungen	Gepökelte Zungen weich kochen und ohne Schleimhaut 1 cm würfeln.	
10 % Schweine-herzen	Herzen 3 Tage in 9 %ige Lake legen, weich kochen und in 5 mm große Würfel schneiden.	
15 % S XI	Köpfe vorpökeln, weich kochen, auslösen und zuschneiden. Magerfleisch in 1 cm, Rüssel in 5 mm große Würfel schneiden. Fett 3 mm würfeln.	
20 % Schwarten	Zwiebeln mit gekochten Schwarten 2 mm wolfen und mit den abgebrühten Kopfwürfeln, Gewürzen, der heißen	50,0 g Zwiebeln 20,0 g Kochsalz 3,0 g Pfeffer, weiß
15 % Kesselbrühe	Brühe sowie S II und S VI vermischen.	1,0 g Muskat 0,5 g Kardamom 0,5 g Koriander

In Mägen oder Sterildärme füllen.

Brühen bei 75 °C bis mindestens 68 °C Kerntemperatur.

Nach dem Abkühlen und Abtrocknen goldgelb kalt räuchern.

Eventuell pressen.

Bauernsülze   2.2333.5

60 % S XI	Köpfe vorpökeln, weich kochen, auslösen und zuschneiden. Magerfleisch und Rüssel in 1 cm große, Fett und Schwarten in 5 mm große Würfel schneiden. Heiß abbrühen und mit den	
10 % Essiggurken	5 mm gewürfelten Gurken vermischen.	
15 % Schwarten	Zwiebeln mit gekochten Schwarten	20,0 g Zwiebeln
	2 mm wolfen. Mit den heißen Einlagen,	20,0 g Kochsalz
15 % Kesselbrühe	Salz, Gewürzen und der heißen Brühe, in	3,0 g Pfeffer
	der das Material gegart wurde, vermischen.	1,0 g Muskat
		0,5 g Kardamom
		0,5 g Koriander
		0,5 g Kümmel, gem.

In dekorierte Formen oder Teller füllen und erkalten lassen.

Brühen bei 75 °C bis mindestens 68 °C Kerntemperatur.

Nach dem Abkühlen und Abtrocknen goldgelb kalt räuchern.

Eventuell pressen.

Bauernsülzwurst   2.2333.5

40 % Fleisch und	Rohes, evtl. vorgepökeltes Material	eventuell NPS
Schwarten von	mit kaltem Wasser aufsetzen, einmal	
weich gekochten	aufkochen lassen und abgießen.	Pro Liter Wasser
Schweinefüßen,	Nochmals kalt in der Gewürzlake	20,0 g Kochsalz
Schweineschwänzen	aufsetzen, weich kochen und heiß aus-	3,0 g Pfefferkörner
25 % Fleisch von	lösen.	1,0 g Pimentkörner
Schweineknochen	Magere Teile bis 1 cm, weich gekochtes	2,0 g Wacholderbeeren
5 % Bauchschwarten	Fett und Schwarten 4 mm würfeln.	1,0 g Lorbeerblätter
15 % Schwarten	Zwiebeln mit gekochten Schwarten	20,0 g Zwiebeln
	2 mm wolfen. Mit den heißen Einlagen,	20,0 g Kochsalz
15 % Kesselbrühe	Salz, Gewürzen und der heißen Brühe, in	3,0 g Pfeffer, weiß
	der das Material gegart wurde, vermischen.	1,0 g Muskat
		0,5 g Kümmel
		0,5 g Koriander

In Mägen oder Sterildärme füllen.

Brühen bei 75 °C bis mindestens 68 °C Kerntemperatur.

Nach dem Abkühlen und Abtrocknen goldgelb kalt räuchern.

Eventuell pressen.

Hausmacher Sülzwurst   2.2333.5

siehe Bauernsülzwurst, jedoch ohne Muskat und Koriander.

In dekorierte Formen füllen.

Erkalten lassen.

Weiße Zungenwurst   2.2333.5

65 % Zungen	Schweinezungen 4 bis 5 Tage in einer 8 %igen Lake einlegen. Weich kochen, abschrecken und die Schleimhaut lösen.	
17 % Schwarten	Schwarten weich kochen, heiß mit wenig	20,0 g NPS
3 % Wasser	Wasser kuttern, bis sie sahnig sind, dann	2,0 g Pfeffer
15 % Milch	Milch, Salz und Gewürze unterkuttern.	1,0 g Thymian
		0,5 g Muskat
	Zungen abbrühen und unter die	0,5 g Piment
	heiße Milch-Schwarten-Masse mischen.	0,2 g Zimt
		10,0 g Zwiebeln

In Butten oder Sterildärme füllen.

Brühen bei 75 °C bis mindestens 68 °C Kerntemperatur.

Nach dem Abkühlen und Abtrocknen goldgelb kalt räuchern.

Eventuell pressen.

Neue Presswürste

Schinkenpresswurst mit Trockenobst

40 % S II	S II mit NPS und Gewürz poltern.	20,0 g NPS (S II)
	In Formen bis 65 °C Kerntemperatur	2,0 g Pfeffer, weiß
	brühen und 3 cm würfeln.	0,2 g Zimt
10 % Backpflaumen		0,3 g Nelken
10 % Aprikosen	Trockenobst in 1 cm große Stücke schneiden	
5 % Apfelringe	und 12 Stunden in Orangensaft einweichen.	
5 % Feigen	Absieben und Einweichbrühe aufheben.	
5 % Rosinen		
15 % Schwarten	Schwarten mit der Einweichbrühe	
10 % Einweichbrühe	fein kuttern, mit abgebrühten S II	
	und dem Trockenobst vermischen.	

In Sterildärme füllen.

Brühen bei 75 °C bis mindestens 68 °C Kerntemperatur.

Eventuell pressen.

Ananaspresswurst mit Käse

30 % Unterschale	Unterschale flächig ca. 2 bis 3 cm stark	20,0 g NPS
(Schinkenstück)	aufschneiden. Mit dem 2 cm gewürfelten	2,0 g Pfeffer
20 % S I	S I salzen, würzen und poltern.	
15 % Ananas	Ananas und Hartkäse in 1 cm große Würfel	
15 % Hartkäse	schneiden.	
15 % Schwarten	Die heißen, gekochten Schwarten mit	20,0 g Kochsalz
5 % Ananassaft	Salz, Gewürzen und heißem Ananassaft	3,0 g Pfeffer, weiß
	fein kuttern und die abgebrühten S I-,	0,5 g Ingwer
	Ananas- und Käsewürfel untermengen.	

Ananasform mit dem Unterschalenfleisch auslegen, Masse einfüllen und verschließen.

Brühen bei 75 °C bis mindestens 68 °C Kerntemperatur.

Mindestens 8 Stunden abkühlen lassen.

Kalbfleischpresswurst

90% sehniges Schulterfleisch mit 5% Fettanteil	Schulterfleisch 2 cm würfeln. Mit Salz und Gewürzen bindig mengen und 12 Stunden durchziehen lassen.	18,0 g Kochsalz 2,0 g Pfeffer 1,0 g Macis
10% Kalbskopfhaut	Kalbskopfhaut mit den Zwiebeln 2 mm wolfen und mit den Kalbfleischwürfeln vermischen.	0,5 g Ingwer 30,0 g Zwiebeln

 In Konservendosen oder Gläser füllen.

 Brühen bei 75 °C bis mindestens 68 °C oder sterilisieren bis 121,1 °C Kerntemperatur.

Truthahnpresswurst mit Champignons, Paprika und Karotten

Vorbereitung des Putenfleisches

Putenbrust, Putenoberkeulen	Fleisch spritzpökeln mit 12%iger Lake, Einspritzmenge 15% des Rohgewichts, und mit Gewürzen einreiben. 24 Stunden poltern, Arbeitszeit 25 Min., Ruhezeit 10 Min. Herausnehmen, in Formen füllen, 12 Stunden ruhen lassen und bei 78 °C bis 62 °C Kerntemperatur brühen.	150,0 g Lake: 132,0 g Wasser 18,0 g NPS 2,0 g Pfeffer 1,0 g Muskat 1,0 g Curry

25% Oberkeule 30% Brustfleisch 15% Putenhaut 5% Hühnerbrühe	Fleisch in 2 cm große Würfel schneiden, abbrühen und heiß mit Salz und Gewürzen unter die gekochte, heiße, 2 mm gewolfte Haut mengen und die Brühe untermischen.	20,0 g NPS 2,0 g Pfeffer, weiß 1,0 g Rosmarin 0,5 g Muskat 0,2 g Ingwer
10% Champignons 10% Paprika, rot 5% Karotten	Champignons und Paprika kurz abbrühen, Karotten in 5 mm große Würfel schneiden. 5 Min. blanchieren und alles untermischen.	10,0 g Zwiebeln

 In Sterildärme füllen.

 Brühen bei 75 °C bis mindestens 68 °C Kerntemperatur.

Eventuell pressen.

Karpfenpresswurst

Karpfen	Karpfen ausnehmen und entschuppen. 24 Stunden im Sud einlegen, 30 Min. darin weich kochen, auskühlen und filetieren, Haut zurücklegen.	Sud pro Liter: 20,0 g Salz 50,0 g Essig 5,0 g Pfefferkörner 2,0 g Pimentkörner
5 % Zucker 15 % Sud	Zucker im Schweineschmalz goldgelb karamelisieren. Mit Sud ablöschen und mit Senf und den fein gehackten Zwiebeln 30 Min. durchkochen.	50,0 g Zwiebeln 10 Wacholder- beeren 4 Lorbeerblätter
20 % Karpfenhaut	Haut fein wolfen und untermischen.	20,0 g Senf 80,0 g Zwiebeln
60 % Karpfenfilet	Karpfenfilet vorsichtig in Sterildärme oder dekorierte Formen schichten und mit der heißen Masse auffüllen.	

Thunfisch-Schinkenpresswurst

40 % S II	S II mit NPS und Gewürz poltern, in Formen bis 65 °C Kerntemperatur brühen und 2 cm würfeln.	20,0 g NPS (S II) 2,0 g Pfeffer, weiß
20 % Thunfisch 10 % Tomaten 5 % Erbsen	Thunfisch in 1 cm große Stücke, Tomaten in 5 mm große Würfel schneiden und mit den Erbsen kurz blanchieren.	
15 % Schwarten 10 % Fleischbrühe	Zwiebeln mit heißen, gekochten Schwarten, Gewürzen und der heißen Fleischbrühe fein kuttern.	10,0 g Zwiebeln 20,0 g Kochsalz 3,0 g Pfeffer, weiß 1,0 g Muskat 0,5 g Ingwer
	Fleischwürfel abbrühen. Mit Gemüse und Schwartenmasse vermengen, zuletzt die Thunfischstücke untermischen.	

In Sterildärme füllen.

Brühen bei 75 °C bis mindestens 68 °C Kerntemperatur.

Eventuell pressen.

Presswurst Tonato di Vitello

45 % Kalb II	Kalbfleisch mit Salz bindig mischen und 48 Stunden durchpökeln. Poltern, in der Gewürzlake weich kochen, darin lauwarm werden lassen und herausnehmen.	20,0 g NPS Pro kg Wasser: 12,0 g NPS 1,0 g Rosmarin
15 % Kalbskopfhaut	2 cm würfeln. Brühe entfetten und Kalbskopfhaut darin weich kochen.	3,0 g Pfefferkörner 5,0 g Sellerieblätter
10 % Kochbrühe	Kalbskopfhaut 2 mm wolfen und mit der Kochbrühe vermengen.	50,0 g Zwiebeln 5,0 g Knoblauch
10 % Karotten 5 % grüner Lauch	Karotten und Lauch in 5 mm große Würfel schneiden und 10 Min. blanchieren. Mit der gewolften Masse, den abgebrühten Kalbfleischwürfeln und den Gewürzen vermischen.	1,0 Pfeffer 0,5 g Muskat 0,5 g Ingwer Knoblauchpaste
15 % Thunfisch in Lake	Thunfisch in 2 cm große Stücke schneiden und vorsichtig untermischen.	

In Sterildärme füllen.

Brühen bei 75 °C bis mindestens 68 °C Kerntemperatur.

Eventuell quadratisch pressen.

Schafpresswurst

40% Schaf II	Lammfleisch mit Salz bindig mischen und 48 Stunden durchpökeln. Poltern, in der Gewürzlake weich kochen, darin lauwarm werden lassen und herausnehmen.	20,0 g NPS
		Pro kg Wasser:
		12,0 g NPS
15% Schafskopfhaut	2 cm würfeln. Brühe entfetten und Schafskopfhaut darin weich kochen.	1,0 g Thymian
		3,0 g Pfefferkörner
		5,0 g Sellerieblätter
	Schafskopfhaut 2 mm wolfen und mit	50,0 g Zwiebeln
10% Kochbrühe	der Kochbrühe vermengen.	5,0 g Knoblauch
10% Karotten	Karotten in 5 mm große Würfel schneiden	1,0 Pfeffer
20% Brechbohnen	und mit den Bohnen 10 Min. blanchieren.	0,5 g Muskat
5% grüner Lauch	Lauch in feine Streifen schneiden und 2 Min. blanchieren. Mit der gewolften Masse, den abgebrühten Fleischwürfeln und den Gewürzen vermischen.	0,5 g Piment
		Knoblauchpaste

In Sterildärme füllen.

Brühen bei 75 °C bis mindestens 68 °C Kerntemperatur.

Eventuell quadratisch pressen.

Tipp: *Statt Schafskopfhaut können auch Schweineschwarten verwendet werden.*

Verzeichnis der Rezepte

Aachener Leberwurst 50
Amerikanische Truthahn-Thunfisch-Sülze 226
Ananas-Gurken-Schinken-Sülze mit Dill 224
Ananaspresswurst mit Käse 266
Apfel-Blutwurst 163
Aufschnittsülze 221

Bauernblutwurst 148
Bauernleberwurst 76
Bauernrotwurst 137
Bauernsülze 209
Bauernsülzwurst 210
Berliner Feine Leberwurst 50
Berliner Fleischwurst 132
Berliner Frische Blutwurst 155
Berliner Presswurst 145
Berliner Zungenwurst 126
Beutelwurst 157
Blunzen 151
Blutpresskopf 142
Blutpresssack 140
Blutwurst mit Brötchen, Frische 155
Blutwurst mit Einlage 125
Blutwurst, Dresdner 135
Blutwurst, Frische 154
Blutwurst, Frische Berliner 155
Blutwurst, Hausmacher 153
Blutwurst, Pariser 132
Blutwurst, Rheinische 146
Blutwurst, Sächsische 147
Blutwurst, Schlesische 136
Blutwürstchen, Frische 154
Blutwurstschinken 116
Blutwurst-Sülze 222
Böhmische Blutwurst 124

Boudin nach französischer Art 156
Boudin nach Saarländer Art 156
Bratensülze 185
Bratensülzwurst 185
Bratwurst-Sülze 222
Braunschweiger Leberwurst 58
Braunschweiger Leberwurst, grob 58
Bregenwurst, Hannoversche 100
Bregenwurst, Zerbster 101
Bremer Pinkel 110
Briespastete 36
Brokkoli-Schinkenpastete 38

Calenberger Knappwurst 104
Calenberger Rotwurst 137
Champignonleberpâté 29
Champignonleberwurst 47
Corned Beef 231
Corned Beef mit Gelee 231
Corned Beef, Deutsches 232
Corned Calf mit Thunfisch und Gelee 236
Corned Chicken mit Südfrüchten 235
Corned Mutton (Kraftfleisch vom Schaf) 234
Corned Mutton mit Bohnen 234
Corned Pork (Kraftfleisch vom Schwein) 233
Corned Turkey mit Champignons 235

Damwildpastete 34
Delikatess-Fleischsülze 183
Delikatess-Leberwurst 44
Delikatess-Rotwurst 127
Delikatess-Schweinskopfsülze 207
Delikatess-Sülze mit Rindfleisch 203
Deutsches Corned Beef 232
Dresdner Blutwurst 135
Dresdner Leberwurst 70

Eisbein in Aspik (Konserve) 205
Eisbein in Rotweinaspik 208
Eisbeinsülze 204
Eisbein-Zwiebel-Sülze 204
Elsässer Wurstsülze 221
Ente in Orangenaspik 196
Entenleberterrine 32
Entenpastete 33
Ententerrine 33

Feine Hamburger Leberwurst 62
Feine Leberpastete 27
Feine Leberpâté 28
Feine Leberwurst 25
Feines Rindfleisch in Aspik mit Champig-
    nons 233
Fenchel-Champignon-Rotwurst 164
Feta-Leberpastete 39
Filetpastete 36
Filetpastete, Rote 123
Filetrotwurst 123
Fleischblutmagen 133
Fleischleberwurst 52
Fleischmagen 133
Fleischmagen, Weißer 240
Fleisch-Mischwurst 162
Fleischpinkel, Oldenburger 110
Fleischpresssack 251
Fleischpresssack, Fränkischer 252
Fleischrotwurst 131
Fleischrotwurst, Thüringer 131
Fleischsülze 202
Fleischsülze Ia 184
Fleischsülze, Fränkische 253
Fleischsülzwurst 201
Fleischsülzwurst, Fränkische 211
Fleischwurst, Berliner 132
Fleischwurst, Norddeutsche 103
Flönz 152
Forellenensülze 226
Forellenpastete 40
Frankfurter Leberwurst 59

Frankfurter Leberwurst mit Einlage 60
Fränkische Fleischsülze 253
Fränkische Fleischsülzwurst 211
Fränkische Leberwurst 62
Fränkischer Fleischpresssack 252
Fränkischer Roter Presssack 141
Fränkischer Rotgelegter 134
Frische Blutwurst 154
Frische Blutwürstchen 154
Frische Leberwürstchen 84
Fruchtsülztorte in Champagneraspik 223
Füllsel nach Pfälzer Art 163

Gänsebrust in Gemüseaspik 197
Gänseleberpastete 30
Gänseleberwurst 54
Gänseleberwurst Straßburger Art 56
Gänseleberwurst, Pommersche 55
Gebackenes Blut 159
Geflügelfleisch in Aspik, Gewürfeltes 198
Geflügelleberwurst 79
Geflügelsülze 194
Geflügelsülzwurst 198
Gekochte Mettwurst 96
Gekochte Mettwurst mit Schnauze 98
Gekochte Mettwurst, Hamburger 97
Gekochte Mettwurst, Westfälische 97
Gekochte Zwiebelmettwurst, Zwiebelmett-
    wurst 99
Gekochte Zwiebelwurst 101
Gelegter Schweinskopf 206
Gewürfelter Schinken in Aspik 183
Gewürfelter Schweinskopf 212
Gewürfeltes Geflügelfleisch in Aspik 198
Gothaer grobe Sülze 248
Graupenwurst, Weiße 105
Graupenwürstchen, Schwarze 157
Griebenleberwurst 78
Griebenwurst 152
Grobe Leberpâté 29
Grobe Leberwurst Ia 52
Grobe Sülze, Gothaer 248

Grützblutwurst, Rote Grützwurst 158
Grützleberwurst 88
Grützwurst 88
Grützwurst, Westfälische 105
Gutsfleischwurst 130
Gutsleberwurst 57
Gutsleberwurst I a 57
Gutsrotwurst 130

Hähnchen-Frucht-Sülze 196
Hähnchenleberpastete 31
Hähnchenrotwurst mit Reis und Champig-
   nons 165
Hähnchensülze 195
Hallesche Leberwurst 60
Hamburger Gekochte Mettwurst 97
Hamburger Hausmacher Leberwurst 63
Hamburger Landleberwurst 64
Hamburger Rote Grützwurst 158
Hannoversche Bregenwurst 100
Hannoversche Leberwurst 64
Hannoversche Weißwurst 109
Harzer Weiße 109
Hausmacher Blutwurst 153
Hausmacher Leberpresssack 260
Hausmacher Leberwurst 67, 76
Hausmacher Presssack 213, 258
Hausmacher Rotwurst 138
Hausmacher Rotwurst, Saarländer Art 138
Hausmacher Schwartenmagen 262
Hausmacher Sülzwurst 211, 265
Hausmachersülze (Tellersülze) 210
Helle Leberwurst I a 44
Herstellung von Einlageschinken (Blutwurst-
   schinken) 116
Hessische Kartoffelwurst 98
Hessische Leberwurst 65
Hessischer Presskopf 245
Hessischer Presssack 258
Hessisches Weckewerk 108
Hildesheimer Leberwurst 48
Hirschpastete 35

Hochzeitswurst nach Art von Rinderwurst
   103
Holsteiner Leberwurst 66
Huhn-Reis-Wurst 111

Innereiensülze 217
Innereiensülze mit Fleck 216

Kalbfleisch, gewürfelt in Aspik 191
Kalbfleischpresswurst 267
Kalbfleischsülze 189
Kalbfleischsülze, Schwedisch 190
Kalbfleisch-Sülzpastete 190
Kalbsleberwurst 46
Kaninchenpastete 35
Kaninchenrotwurst 165
Karbonadensülze 186
Karbonadensülzwurst 186
Karpfenpresswurst 268
Karpfensülze 225
Kartoffelwurst 106
Kartoffelwurst, Hessische 98
Kartoffelwurst, Pfälzer 106
Kasseler Schwartenmagen 246
Kasseler Weckewerk 108
Kasseler Paprikasülzwurst 188
Kasseler Leberwurst 54
Knackwurst 104
Knappwurst 104
Knappwurst, Calenberger 104
Knöchelsülze 218
Knöcherlsülze (Topfsülze) 217
Kochmettwurst 96, 97
Kochmettwurst mit Ananas und Käse 113
Kohlwurst 99
Kölner Leberwurst 51
Krabben in Gemüse-Champignon-Aspik 227
Kraftfleisch vom Schaf, Corned Mutton 234
Kraftfleisch vom Schwein 233
Kräuterleberwurst 72
Krautleberwurst 89
Kümmelmagen 240

Lachsleberwurst mit Tomaten und Dill 92
Lachspastete 40
Lammsülze mit Frühlingsgemüse 224
Landblutwurst 148
Landleberwurst 77
Landleberwurst, Hamburger 64
Landrotwurst 139
Lebercreme 81
Leberparfait 27
Leberpastete mit grünen Bohnen 38
Leberpastete, Feine 27
Leberpâté, Feine 28
Leberpâté, Grobe 29
Leberpâté, Mittelgrobe 29
Leberpresssack 259
Leberpresssack, Hausmacher 260
Leberrotwurst 128
Leberwurst 56
Leberwurst I a, Grobe 52
Leberwurst I a, Thüringer 53
Leberwurst mit Apfel, Sellerie und Karotten 91
Leberwurst mit Einlage, Frankfurter 60
Leberwurst mit Feta und Paprika 91
Leberwurst, Aachener 50
Leberwurst, Berliner Feine 50
Leberwurst, Berliner Frische 85
Leberwurst, Braunschweiger 58
Leberwurst, grob, Braunschweiger 58
Leberwurst, Dresdner 70
Leberwurst, einfach 82
Leberwurst, Feine 45
Leberwurst, Feine Hamburger 62
Leberwurst, Frankfurter 59
Leberwurst, Fränkische 62
Leberwurst, Hallesche 60
Leberwurst, Hamburger Hausmacher 63
Leberwurst, Hannoversche 64
Leberwurst, Hausmacher 67, 76
Leberwurst, Hessische 65
Leberwurst, Hildesheimer 48
Leberwurst, Holsteiner 66

Leberwurst, Kasseler 54
Leberwurst, Kölner 51
Leberwurst, Lippsche 83
Leberwurst, Lippsche, fein gekuttert 82
Leberwurst, Pfälzer 67
Leberwurst, Pommersche 68
Leberwurst, Rheinische 68
Leberwurst, Sächsische 69
Leberwurst, Schlesische 70
Leberwurst, Schwäbische 71
Leberwurst, Thüringer 72
Leberwurst I a, Thüringer 53
Leberwürstchen 84
Leberwürstchen, Frische 84
Lippsche Leberwurst 83
Lippsche Leberwurst, fein gekuttert 82

Magen, Weißer 262
Mannheimer Presskopf 245
Mecklenburger Sülztörtchen 188
Mehlleberwurst 90
Mengwurst 161
Mettwurst mit Schnauze, Gekochte 98
Mettwurst, Gekochte 96
Mettwurst, Hamburger Gekochte 97
Mettwurst, Westfälische Gekochte 97
Mittelgrobe Leberpâté 29
Mixed Pickles in Aspik 225

Norddeutsche Fleischwurst 103

Oberfränkischer Presssack 260
Oberhessischer Schwartenmagen 263
Ochsenmaulsülze 220
Ohrensülze 219
Oldenburger Fleischpinkel 110

Panhas 159
Paprikasülzwurst, Kasseler 188
Pariser Blutwurst 132
Pfälzer Hausmacher Schwartenmagen 247

Pfälzer Kartoffelwurst 106
Pfälzer Leberwurst 67
Pfälzer Saumagen 100
Pfefferwurst 150
Pikante Rindfleischsülze 193
Pinkel 110
Pinkel, Bremer 110
Plunzen, Schwarze 151
Pommersche Gänseleberwurst 55
Pommersche Leberwurst 68
Pommersche Presswurst 144
Presskopf 256
Presskopf, Hessischer 245
Presskopf, Mannheimer 245
Presskopf, Roter 142
Presskopf, weiß 250
Presskopf, Wiener 242
Presssack 256
Presssack, einfach 255
Presssack, Hausmacher 213, 258
Presssack, Hessischer 258
Presssack, Fränkischer Roter 141
Presssack, Roter 140
Presssack, Schwarzer 141
Presssack, Weißer 213
Presssäckl 257
Presssülze 248
Presssülzwurst 250
Presswurst 142, 246
Presswurst Schlesische 143
Presswurst Tonato di Vitello 269
Presswurst, Berliner 145
Presswurst, Pommersche 144
Presswurst, Schwäbische 144
Putenleberwurst 80
Putenleberwurst, fein zerkleinert 80
Putenrotwurst 166
Putensülze 194

Räucherbauch-Erbswurst 113
Rehpastete 34
Rheinische Blutwurst 146

Rheinische Leberwurst 68
Rinderwurst 102
Rinderwurst, Hochzeitswurst nach Art von
    103
Rinderzungenpastete 37
Rindfleisch mit Lindenberger, gewürfelt in
    Aspik 192
Rindfleisch, gewürfelt in Aspik 192
Rindfleisch-Reis-Wurst 112
Rindfleischsülze 232
Rindfleischsülze in Meerrettichaspik 193
Rindfleischsülze in Senfaspik 193
Rindsbeinsülze 207
Rindssülze, einfach 214
Rindssülze, einfach mit Fleck 215
Rollwurst, Weiße 243
Rosinenleberwurst 75
Rote Filetpastete 123
Rote Grützwurst, Hamburger 158
Rote Wellwurst 160
Rote Zungenpastete 127
Roter Presskopf 142
Roter Presssack 140
Roter Presssack, Fränkischer 141
Roter Schwartenmagen 140
Rotgelegter, Fränkischer 134
Rotgelegter, Würzburger 134
Rotwurst 136
Rotwurst I a, Thüringer 128
Rotwurst, Calenberger 137
Rotwurst, Hausmacher 138
Rotwurst, Saarländer Art, Hausmacher 138
Rotwurst, Thüringer 135
Rotwürstchen I a, Schwarzacher 129
Rüssel-Pressmagen 254
Rüsselsülze 219

Sächsische Blutwurst 147
Sächsische Leberwurst 69
Sahneleberwurst 73
Sahneleberwurst I a 48
Sardellenleberwurst 73

Sardellenleberwurst I a 49
Sauerfleischsülze 202
Saumagen, Pfälzer 100
Schafpresswurst 270
Schalottenleberwurst 74
Schinken in Aspik, Gewürfelter 183
Schinkencreme 96
Schinken-Käsesülze mit Obst 228
Schinkenleberpâté 28
Schinkenleberwurst 53
Schinkenleberwurst mit Ananas, Gurken und
     Dill 90
Schinkenmagen 241
Schinken-Obst-Sülze 182
Schinkenpresskopf 241
Schinkenpresswurst 242
Schinkenpresswurst mit Trockenobst 266
Schinkenrotwurst 129
Schinkensülze mit Pilzen, Mandeln und
     Rosinen 227
Schinkensülzwurst 224
Schinkensülzwurst Hawaii 188
Schinkentorte 184
Schlegelwurst 124
Schlesische Blutwurst 136
Schlesische Leberwurst 70
Schlesische Presswurst 143
Schlesische Wellwurst 160
Schmalzfleisch 103
Schmorwurst 99
Schnittlauchleberwurst 75
Schwäbische Leberwurst 71
Schwäbische Presswurst 144
Schwartenmagen 262
Schwartenmagen, Hausmacher 262
Schwartenmagen, Kasseler 246
Schwartenmagen, Oberhessischer 263
Schwartenmagen, Pfälzer Hausmacher
     247
Schwartenmagen, Roter 140
Schwarzacher Rotwürstchen I a 129
Schwarze Graupenwürstchen 157

Schwarze Plunzen 151
Schwarzer Presssack 141
Schwarzwurst 153
Schwedische Kalbfleischsülze 190
Schweinskopf in Aspik 206
Schweinskopf in Rotweinaspik 208
Schweinskopf, Gelegter 206
Schweinskopf, Gewürfelter 212
Schweinskopfsülze 207, 209
Schweinskopfsülzwurst 212, 253
Schweiß 159
Sellerie-Karotten-Apfel-Rotwurst
     164
Semmelleberwurst 87
Semmelwurst 87
Semmelwürstchen 107
Siedleberwurst 85
Spargel-Karotten-Schinkenpastete 39
Speckblutwurst, frisch 149
Speckwurst 149
Spitzbeinsülze 218
Streichleberwurst 61
Sülze, einfach 214
Sülze, I a 204
Sülz-Fleischwurst, süßsauer 205
Sülzpresssack 212
Sülztörtchen, Mecklenburger 188
Sülzwurst 249
Sülzwurst, einfach, mit Kutteln 216
Sülzwurst, Hausmacher 211

Thunfisch-Schinkenpresswurst 268
Thüringer Fleischrotwurst 131
Thüringer Leberwurst 72
Thüringer Leberwurst I a 53
Thüringer Rotwurst 135
Thüringer Rotwurst I a 128
Tiegelblutwurst, Gebackenes Blut
     (Schweiß) 159
Tollatschen 161
Tomatenleberwurst 75
Touristenwurst 150

Trüffelleberpâté 30
Trüffelleberwurst 46
Truthahn-Erbswurst mit Karotten 112
Truthahnleberpastete 31
Truthahnpresswurst mit Champignons,
    Paprika und Karotten 267
Truthahn-Thunfischsülze, Amerikanische
    226

Weckewerk 108
Weckewerk, Hessisches 108
Weckewerk, Kasseler 108
Weiße Graupenwurst 105
Weiße Rollwurst 243
Weiße Schlesische Wellwurst 86
Weiße Zungenwurst 265
Weiße, Harzer 109
Weißer Fleischmagen 240
Weißer Magen, Schwartenmagen 262
Weißer Presssack 213, 261
Weißgelegter 239
Weißwurst, Hannoversche 109
Wellwurst 86
Wellwurst Schlesische 160
Wellwurst, Rote 160
Wellwurst, Weiße Schlesische 86
Westfälische Gekochte Mettwurst 97

Westfälische Grützwurst 105
Wiener Presskopf 242
Wildpastete 35
Wurstsülze 220
Wurstsülze, Elsässer 221
Würzburger Rotgelegter 134

Zerbster Bregenwurst 101
Zunge, gewürfelt mit feinen Gemüsen 200
Zunge-Lachs-Parfait 236
Zungen in Aspik 199
Zungenpastete 37
Zungenpastete, Rote 127
Zungenpresskopf 254
Zungenrotwurst 125
Zungenscheiben mit Champignons in
    Madeiraaspik 200
Zungensülze mit Champignons 199
Zungensülztöpfchen 201
Zungenwurst 126
Zungenwurst, Berliner 126
Zungenwurst, Weiße 265
Zwiebelleberwurst 78
Zwiebelmettwurst 99
Zwiebelmettwurst, Gekochte 99
Zwiebelwurst 102
Zwiebelwurst, Gekochte 101